CAPITALISMO-LENINISMO

LA CONVERGENCIA DEL NUEVO ORDEN CON EL SOCIALISMO CUBANO

Editor: Jorge Fernández Era

Diseño Portada: Frida Somoza Rodríguez

Copyright © 2020 Alexix Somoza

Todos los derechos reservados.

ISBN: 978-16-23751-75-3

CAPITALISMO-LENINISMO

LA CONVERGENCIA DEL NUEVO ORDEN CON EL SOCIALISMO CUBANO

ALEXIS SOMOZA

Alexis Somoza   CAPITALISMO-LENINISMO

ÍNDICE

9   Prólogo

15   Introducción. La revolución cubana: el Déjà vu nuevo
      del orden mundial

37   La era de Acuario

49   Las revoluciones inevitables conllevan a los socialismos
      inevitables

67   La masonería: "el socialismo espiritual"

107   Los bolcheviques de shopping en la quinta avenida

125   El empobrecimiento como forma de dominio

149   El hombre nuevo y el nuevo hombre

155   La doble moral y el doblepensar

163   Lenin llegó a San Pedro

195   El miedo como forma de dominación

223   Los comunistas en Goldman Sachs

239   La crisis de los tulipanes

259   Los instrumentos políticos son los mismos

265   "Dentro de la revolución todo, contra la revolución nada"

291   La agenda socialista para el 2030

297   El Came y el eurocapitalismo-leninista

303   Fidel Castro y el Windows 2.0

309   La cita del capitalismo y el socialismo en un lugar del
      posmodernismo

317   El trumpismo-leninismo y el marxismo inverso

323   No es necesario ser comunista para querer un
      mundo mejor

335   Las conclusiones del inmigrante

339   Conclusión: la convergencia histórica

359   La convergencia histórica: versión corta

361   Bibliografía

A mi madre, a mis hijos y a Cuba
por no haber tenido nada más que ofrecernos.

Prologo: Las falsas banderas y la convergencia inevitable

Con este libro, *Capitalismo-leninismo. La convergencia del nuevo orden con el socialismo cubano ,Alexis Somoza* pretende explicarnos cómo la humanidad ha sido forzada a vivir una transición histórica para la cual no estaba preparada. El poder financiero que controla el mundo, en su falso papel de Dios, ha pretendido acelerar el rumbo de la historia, y para ello ha creado un sinnúmero de mal intencionadas crisis para precipitar el colapso del sistema capitalista, , para acelerar las crisis políticas y poder cambiar justificadamente el curso de la historia a su favor como lo han hecho desde hace mas de dos siglos.

Las "falsas banderas" creadas para exagerar los desequilibrios estructurales que son propios de las contradicciones internas del capitalismo lo han convertido a simple vista en un sistema alejado del bienestar social, mas tóxico, más desigual y, por ende, lo han acercado al socialismo. A su vez, la prolongada disfuncionalidad del socialismo y la aceleración de sus contradicciones lo han forzado a la convergencia inevitable con el capitalismo.

Seguir interpretando el mundo con la vieja mentalidad de la guerra fría, nos obliga a seguir creyendo de manera errónea que todavía existe un mundo bipolar y que el capitalismo y el socialismo continúan siendo sistemas irreconciliables. Esta nostalgia nos impide entender que la convergencia entre los dos sistemas ya fue puesta en marcha y es una realidad palpable. Aferrarse a esas viejas trincheras es aferrarse a un enfoque caduco que no refleja con veracidad los ultimos acontecmientos ideológicos, políticos, económicos, tecnológicos y filosóficos que están colaborando en la aceleración de la convergencia entre ambos sistemas.

Cuando las coincidencias se multiplican infinitamente y se convierten en muchas coincidencias, estamos evidentemente frente a una gran verdad y no frente a simples coincidencias. Detrás de una vasta sumatoria de estas me atrevo a asegurar que, tras un siglo de antagonismos, ambos sistemas supuestamente irreconciliables han llegado a la conclusión de que están indisolublemente ligados entre sí y forman juntos un proceso contradictorio único de exclusión y atracción. Han empezado a pedirse prestado y han comprendido que uno existe porque existe el otro.

Después de recaudar tantos indicios convergentes les puedo afirmar que el capitalismo y el socialismo, en su intento de supervivencia, han agotado todas las opciones de renovación que cada sistema poseía. El pozo de los alegatos se ha secado, tanto para el socialismo como para el capitalismo. Han consumido las posibles salidas que le quedaban y ya no albergan ningún haz bajo la manga, están extenuados. Su última oportunidad para renovarse ya no está dentro de las posibilidades que el sistema les brindaba. La solución para cada uno la posee el otro. Ambos han llegado fatigados al mismo punto, a la misma meta y a la misma conclusión, uno primero y el otro más tarde. Al final, después de muchos *rounds*, no hay ganador ni vencedor: ha sido un empate técnico de dos sistemas distópicos.

Nos dirigimos hacia la demolición controlada y planificada de un capitalismo incompleto y de un socialismo que ya sabemos es disfuncional. Estas dos medias naranjas políticas serán sustituidas por una versión convergente o un nuevo socialismo de mercado trasnacional y biotecnológico.

Nos dirigimos a la era de los significados ideológicos promiscuos, del doblepensar orweliano, a la edad de las homologaciones y las homosexualidades. Nos encaminamos a una etapa en las que las verdades serán inverosímiles y las mentiras serán verosímiles por un largo periodo.

El mundo al que estábamos acostumbrados se hizo viejo apenas unos meses atrás, desde que surgió la plan-demia de la covid-19. La suspensión traumática que ha sufrido el sistema de funcionamiento socioeconómico del capitalismo con esta "falsa bandera" permitió al gobierno global y a las elites financieras disfrazar la incontenible recesión que se avecinaba para el 2020. Les permitió además resetear el viejo sistema, limpiar la basura, encubrir los verdaderos culpables y debilitar a los rivales económicos para poder llevar a cabo una demolición controlada del viejo capitalismo, conducido de manera artificial a un estado tóxico, para sustituirlo por otro de nuevo tipo denominado nuevo orden mundial, mejor conocido como convergencia capitalismo-leninismo.

Si bien la aproximación entre el capitalismo y el socialismo se estaba produciendo por un proceso de acercamiento gradual, para el nuevo orden mundial controlado por la elite financiera global la necesidad de acelerar esta convergencia se convirtió en una prioridad. La urgencia por hacer converger de manera acelerada el socialismo con el capitalismo, va más allá de la construcción demagógica de un capitalismo del bienestar más justo y menos salvaje. El verdadero objetivo, es introducir la metodología de control del socialismo dentro del sistema institucional democratico liberal .Así con la ayuda de estos métodos podrán conducir el rebaño de manera disciplinada hacia el nuevo orden capitalista-leninista cada vez mas predador en el que las ganancias se continuaran privatizando y las deudas se socializan.

Existe desde hace varios años el consenso entre los gerentes políticos de ambos sistemas para llevar a cabo la imposición de formas de control unitarios y totalizantes a nivel global, con el pretexto de corregir el viejo capitalismo neoliberal defectuoso que todavía impera en el mundo por un nuevo orden diseñado para imponer más orden con la ayuda de la tecnología y la experiencia socialista en la aplicación del control.

La invocación del socialismo y el *vintage* marxista que estamos viendo resurgir en el mundo, y que a muchos preocupa, no proviene de las fuerzas exteriores o de los agentes del comunismo: tiene su origen dentro de las propias filas y contradicciones del capitalismo. Es el resultado de la práctica predadora del neoliberalismo, de la gestión salvaje de un mercado desregularizado y del comportamiento errático de los hombres más ricos del mundo, encargados de salvaguardar la salud del sistema, quienes actúan como sicarios del propio capitalismo. Estos, curiosamente, ocupan los diez primeros lugares de la lista Forbes.

El autor, tomando como referencia el *déjà vu* del socialismo cubano, expone una novedosa teoría de convergencia basada en el análisis de veinticinco puntos convertidos en capítulos bien fundamentados, en los que coincide el socialismo implantado en Cuba y la agenda capitalista-leninista que intenta imponer el nuevo orden mundial, la cual ya es visible en los países liberales más avanzados, en los que existe un desvío y una transformación de las instituciones democráticas en órganos cada vez más reguladores del sistema, epatantes con el modelo socialista cubano.

Estamos ante la gran tormenta perfecta favorable al socialismo. Existe un consenso mundial para llevar a cabo el relato capitalista-leninista como fachada demagógica del nuevo orden mundial. El viejo relato cubano se ha convertido en el discurso aspiracional para el mundo. Lograr la equidad socialista, eliminar la injusticia social, combatir la pobreza, lograr el acceso masivo a la educación como un derecho y alcanzar un desarrollo sostenible o planificado es la tarea a resolver por la Agenda 2030 en los próximos diez años y es la meta asignada a todas las naciones bajo la supervisión de la ONU.

Resulta que la era acuariana, Warren Buffett, el peronismo argentino, el chavismo venezolano, la masonería internacional, los illuminatis, San Francisco de Asís, Xi Jinping y su modelo de un país, dos sistemas, la Fundación Bill y Melinda Gates, el Papa Francisco, el grupo de Bilderberg, el Partido Demócrata norteamericano, la Open Society Fundations, el socialismo del siglo XXI en América Latina, la teología de la liberación, Black Live Mathers, el Banco Financiero Internacional, Vladimir Putin, el doctor Tedros Adhanom, director general de la OMS, el sandinismo en Nicaragua, Kamala Harris, las estrellas de Hollywood, el arte urbano y Banksy, Bono, el Foro de Sao Paulo, el capitalismo del bienestar sueco y escandinavo, Manuel López Obrador en México, el socialismo petrolero de Kuwait, el senador Bernie Sanders, el socialismo español de Sánchez y los jesuitas coinciden ahora con los mismos ideales de justicia social de Fidel Castro.

En ese escenario de ingravidez ideológica, no tengo dudas de que un día no lejano Katy Perry entone las notas del Himno de la Internacional Socialista en el Yankee Stadium, acompañada de U2 y todos los que pensaron que el capitalismo doblegaría el caótico socialismo cubano, serán unos desamparados ideológicos por no haber previsto el "amor difícil" que existía entre el capitalismo, el Vaticano, la masonería, los demócratas norteamericanos, el poder financiero del mundo y el socialismo cubano ya visible.

Ahora bien, no nos alarmemos. Recordemos que muchas veces la lógica no es fruto de la lógica misma y la felicidad no surge de lo exhaustivamente planeado. Recordemos que somos una especie caótica emocionalmente, no previsible para los cálculos cuánticos elaborados por el poder financiero. A veces las verdades brotan en medio del absurdo en los momentos más impensados. Desde lo inverosímil se pueden llegar a conquistar grandes victorias y obtener inexplicables satisfacciones.

Mientras esperamos la llegada del apocalipsis capítulo 13 ya anunciado proféticamente por la Biblia, se conocerán una vez más los límites de resistencia de nuestra especie. Bajaremos al infierno para resurgir renovados. Serán unos años de sueños postergados hasta que no se liberen los demonios ocultos. Mientras esto sucede, serán el saber y el conocimiento las únicas herramientas que nos iluminen en esta oscura revolución involutiva.

Deseo que este libro les sirva al menos como brújula para entender los planes que el gobierno del mundo ya tiene reservados para cada uno de nosotros. Aspiro que a través de su lectura puedan encontrar las respuestas para aquello que no pueden cambiar y les proporcione las fuerzas para cambiar aquello que sí depende de cada uno de ustedes.

El autor

Introducción

La revolución cubana: el Déjà vu del nuevo orden mundial

> *El anhelo público por el orden*
> *invitará a muchas porfiadas*
> *personas inflexibles a imponerlo.*
> *La tristeza del zoo caerá sobre la sociedad".*
> "Entrando en un periodo",
> Leonard Cohen (1934-2016)

La incertidumbre que va a existir en este paréntesis histórico me recuerda aquella frase de Bertolt Brecht (1898-1956): "Las crisis se producen cuando lo viejo no acaba de morir y cuando lo nuevo no acaba de nacer". (1)

Con la llegada del 2020, entramos en un mundo que rebasa la capacidad de los posibles diagnósticos y reclama el surgimiento de una nueva racionalidad que sea capaz de enfrentar la nueva realidad.

La carrera por el determinismo histórico se ha convertido en obsesión tanto en los medios como en las redes, para los filósofos, los astrólogos, los economistas, los científicos, los *influencer* y los políticos. La incredulidad y el auge de las teorías conspirativas han deslegitimado la sensatez y la autoridad de cualquier relato serio y no serio. El destino que nos depara el nuevo mundo, después del reseteo que se ha llevado a cabo, ha incentivado una caterva de falsos profetas.

Esta crisis prevista como un tránsito se prolongó porque al parecer la demolición controlada del neolibera-lismo al que intentaron envejecer prematuramente con la invención de constantes Kaos, no resultó como estaba prevista y por tanto se empezará a reconectar el sistema de forma desarticulada y muy lentamente.

La falsa bandera se supo que era una falsa bandera, la demolición del capitalismo vigente no fue controlada como estaba pensada, los cambios previstos se frustraron y la idea de consolidar un hiperglobalismo totalitario según los cálculos cuánticos ha sufrido un revés profundo. Esto obliga al poder mundial a un rediseño de contingencia y a convencerse de que no son tan dueños del mundo como pensaban y que a pesar de los pronósticos seguimos siendo una especie con una dosis de rebeldía y caos que nos vuelve imprevisibles.

Los *ingenieros* a cargo del desmontaje creyeron que avanzarían cinco pasos hacia adelante y resulta que han retrocedido diez pasos hacia atrás, estropeando todo lo que había logrado avanzar el poder profundo. El nuevo orden, tal como estaba concebido por las élites financieras, ha sufrido un enorme revés y se ha reprogramado su salida al no haber tenido un exitoso lanzamiento.

Tal vez el mundo no estaba lo suficientemente maduro para asimilar los cambios, o quizás está lo suficientemente maduro para no asimilarlos. En cualquiera de los escenarios no teman, no va a ser necesario aprender mandarín en cursos intensivos de seis meses.

Sin ánimo de caer en la trampa del determinismo, suelo ser más conservador a la hora de vaticinar sobre el futuro inmediato. El nuevo mundo va a ser muy similar al que dejamos atrás hace apenas unos meses, y los cambios van a suceder gradualmente y a veces imperceptibles. Eso sí, notaremos una diferencia sustancial en el relato económico y nos reinsertaremos en un mundo mucho más empobrecido y caótico.

Estamos a mitad del camino entre la instauración de un gobierno mundial frenado por la resistencia de los territorialismos, los etnicismos o los patriotismos. Estamos a medio camino entre la muerte de un concepto de globalismo neoliberal basado únicamente en el intercambio económico a un posglobalismo como nueva forma de evolución colectiva que incluye la internacionalización de la conciencia, el conocimiento y las convergencias.

Lo que sí es un hecho es que los proteccionismos, los patriotismos y los etnicismos tendrán que convivir con la conciencia posglobalista que caracterizará la nueva evolución hacia la que se dirigirá el mundo tarde o temprano, y a la vez la conciencia colectivista no podrá prescindir de los proteccionismos y algunos territorialismos. Este tránsito en el que nos encontramos es un "proceso de aprendizaje evolutivo" mientras transcurre la transición desordenada del viejo capitalismo al NOM.

A pesar de que el neoliberalismo norteamericano fue a la lona apenas en el primer round frente al virus, todavía no hay nada escrito. En otras ocasiones lo hemos visto pelear al estilo cardiaco de Hollywood en el que Rocky Marciano suele definir el combate con un Trump-azo en los últimos cinco segundos.

Si nos detenemos y revisamos los objetivos y los métodos que nos quieren imponer como nuevo orden mundial, podríamos identificar que esos ideales y esos métodos (para nosotros los nacidos en el comunismo) son conocidos. Eso nos da cierta ventaja a la hora de entenderlo respecto al resto, por el simple hecho de haberlos vivido.

Para los otros, quizás sea más traumático el proceso de reconocimiento, pero para nosotros es como si hubiese sido parte nuestra en vidas anteriores. Por tanto, no somos portadores de buenas noticias.

Gracias a esta ventaja sabemos que el nuevo orden no es tan nuevo como nos quieren hace ver, ya que fuimos sobrevivientes de las consecuencias de su desorden anterior en la primera etapa de nuestras vidas. Ahora, en la segunda etapa, todo parece indicar que tampoco escaparemos al padecimiento que este nuevo desorden arrastra.

Para nosotros, herederos de la guerra fría y como parte del hombre nuevo cubano, reconocemos que el comunismo marcó una etapa de nuestra primera adolescencia intelectual y le agradecemos a Cuba que no haya tenido nada más que ofrecernos, tal como comentó alguien una vez. De manera similar lo captó Bertrand Russell (1872-1970) cuando dijo: "Del absurdo he obtenido tres consecuencias: mi rebeldía, mi libertad y mi pasión". (2)

La otra parte incompleta tuvimos que configurarla posteriormente con la gestión autodidacta en bibliotecas foráneas. Eso nos ayudó a conformar un pensamiento más integral reconstruido con ingredientes de todas partes, al que ya coincidimos en llamar pensamiento poscomunista crítico cubano.

Lo que deseo exponer aquí no es una tesis geocéntrica ni mucho menos una alabanza chovinista. El isleño, en su exagerado amor por el himno nacional, a veces desafina, y solemos ubicar a Cuba no en el mar Caribe, sino en el ombligo del mundo. No es menos cierto que el proyecto revolucionario logró insertar a la Isla en la modernidad política, convirtiéndola en un referente importante antes no mencionado, pero lamento decirles, estimados compatriotas, que no es el ombligo del mundo. Esta vanidad la adquirimos desde la conquista, cuando Cristóbal Colón (1451-1506) exclamó enaltecido que Cuba era "la tierra más hermosa que ojos humanos habían visto",según consta en algunos libros de historia. No nos mintió, pero fue muy presuntuosa.

Pretendo lograr una aproximación a la convergencia astrológica entre el socialismo y el capitalismo partiendo desde la experiencia de Cuba como referente. A medida que avancemos en nuestro análisis, podrán constatar que este nuevo orden para nosotros, los *born in Cuba*, no es tan original como parece.

Con mi empirismo no pretendo amplificar las conspiraciones que circulan constantemente en los canales de conjuras. No me detendré a dilucidar si algún Rockefeller financió o no la expedición del yate *Granma*, si la desaparición de Camilo Cienfuegos (1932-1959) fue un complot *illuminati*, si la empresa israelita Wolf Prize es inversionista en los laboratorios cubanos de nanotecnología, si el rector del Instituto Superior de Arte (ISA) de Cuba es satanista por otorgarle recientemente el Honoris Causa a Marina Abramovic (1946), o si los millones de dólares que costó la producción del concierto de Rolling Stones en La Habana fue financiado por los Papeles de Panamá.

Solo pretendo compartir un razonamiento que no deja de ser especulativo, sustentado en un grupo de similitudes convertidas en capítulos en este libro, un tanto sospechosas, que quizás no sean más que puras coincidencias bien ordenadas, como pie forzado para reflexionar sobre la convergencia de los dos sistemas en el capitalismo-leninismo o nuevo orden mundial, alertando así sobre el modelo que se nos avecina a mediano plazo.

Con la aceptación del neoliberalismo como sistema político, el gobierno del mundo sabía que aplicaba la eutanasia al sistema económico capitalista. Sabían que los mercados desregulados provocarían las constantes burbujas financieras, las crisis recurrentes, las desigualdades sociales aumentarían y se expandiría el toxismo del modelo capitalista acelerando su crisis.

La quimera llamada covid-19, aunque su efecto es incuestionablemente letal, fue creada artificialmente por los laboratorios norteamericanos y expandida por los chinos como falsa bandera por su origen artificial e intencional. Fue una operación de sabotaje pensada para paralizar el funcionamiento de la economía con las medidas de aislamiento que infartaron el sistema de funcionamiento económico. Aumentaron las desigualdades, el pánico, el descontento político, la distribución muy desigual de las riquezas, y el Estado ha tenido que subvencionar lo social de manera emergente.

Todo ha sido un gran complot para acelerar la parte toxica del neoliberalismo, catalizar el colapso definitivo del modelo conservador y así poder acelerar la aproximación al socialismo.

En síntesis, podríamos resumir que lo que hemos visto desde el montaje combinado del neoliberalismo con sus cíclicas crisis especulativas y los constantes falsos Kaos epidemiológicos, no es más que una estrategia de aceleración de la mutación de un modelo de capitalismo patriótico que impera con el objetivo de acelerar su traspaso fluido a la convergencia de un capitalismo-leninismo al estilo cubano.

Intentaré demostrar la singular afinidad metodológica que existe entre este nuevo orden y el comunismo versión de salsa cubana, y las coincidentes empatías entre los instrumentos de dominación que se aplican en la Cuba socialista y los que pretende utilizar el supuesto nuevo orden mundial capitalista-leninista.

Ahora bien, ¿por qué específicamente es el método cubano es el que entusiasma al gobierno global masónico sionista dueños del poder financiero del mundo y no les interesa el estudio de otros modelos socialistas como por ejemplo el leninismo bolchevique, el modelo chino de "un país, dos sistemas" o el de otros países excomunistas?

Por ejemplo, el modelo chino ha demostrado con su concepto "un país, dos sistemas" un aporte a la teoría marxista ya que han podido lograr la coexistencia de manera óptima y paralela del totalitarismo comunista y el capitalismo competitivo y exitoso. En el concepto chino, la coexistencia de ambos sistemas en un gobierno no se da de manera convergente, sino de forma paralela. Los chinos están poniendo en la mesa de juego, un concepto mediante el cual quieren demostrar que la rentabilidad del modelo económico capitalista no se riñe con el totalitarismo y la restricción absoluta de las libertades. Incluso parecería que intentan demostrarle al liberalismo que estaban equivocados al haber creído que en el respeto a las libertades personales se asentaba la prosperidad del desarrollo económico. Los chinos están tratando de demostrar que se puede ser multimillonario y ser militante de Partido Comunista Chino (PCCN). Están tratando de decirle al mundo occidental que las libertades individuales son un dolor de cabeza para los políticos y a la vez son innecesarias para lograr el progreso económico.

Parte del éxito de este modelo chino depende de condiciones culturales muy específicas que no podrían ser aplicables al resto del mundo, ya que ellos han podido edificar la productividad sobre relaciones de producción semifeudales, neoesclavistas, y bajo un sistema opresivo de total impunidad y una disciplina oriental que serían imposibles de reproducir en otras culturas del mundo.

Entonces, ya descartado el modelo no convergente chino, Cuba queda como primera opción como referente de la convergencia, ya que brinda un grupo de ventajas prácticas más realistas adaptables a la mentalidad de la mayor parte del mundo. A pesar de ser un modelo igualmente autoritario y represivo, Cuba ha aplicado un comunismo más flexible comparado con el modelo rígido exsoviético y el represivo imperio chino. Los ingenieros del nuevo orden hallan atractivo que muchos puntos de la agenda globalista ya en Cuba han sido resueltos.

Sin perder de vista la base del fundamentalismo ideológico comunista y el antiimperialismo norteamericano, en Cuba existe un liberalismo moral y una tolerancia para con las minorías: los conflictos como la liberación femenina, la aceptación del homosexualismo y los transexuales, el antimachismo y el combate a la violencia de género, el igualitarismo racial, la permisibilidad del aborto, la poligamia, el derecho al divorcio, el control sobre la incipiente propiedad privada, la dosificación de las libertades de expresión en una zona de permisibilidad oficial, la educación laica, la existencia de un porcentaje mínimo de católicos puros dentro de la población, la existencia de una pobreza generalizada que frena la natalidad, la escasa presencia de grupos sionistas en la demografía social, la dominación disciplinaria y opresiva de un pueblo en condiciones precarias de manera exitosa, la riqueza concentrada en las manos de la élite de poder, la convivencia armónica entre varias razas de manera sincrética y la posible aprobación del matrimonio entre personas del mismo sexo.

Estos puntos de la agenda globalista en Cuba están ya superados y es materia avanzada para el NOM. Lo atractivo del modelo es también esa mezcla de comunismo tropical que impidió la implantación del modelo estalinista rígido y su gradual trasformación hacia un socialismo capitalista de Estado que pueda servir como guía a la hora de aplicar el nuevo orden mundial en su versión salsa cubana.

Las similitudes que hemos encontrado no están en los fines de cada ideología, porque cada una apunta a propósitos distintos. Más bien sus coincidencias se dan en el estilo, en los métodos, en la forma de organización centralizada y en la pericia a la hora de gobernar. La élite financiera está dispuesta a dejar a un lado las viejas diferencias de puntos de vista y priorizar la convergencia con el socialismo como método, aunque el socialismo como ideología solo sirva como pretexto demagógico.

En la metodología del nuevo orden existe una empatía con las fórmulas de resistencia estoica y con la manipulación de la estética de la destrucción cubana que no debemos pasar por alto. El modelo cubano de control puede encajar perfectamente como el antecedente experimental del gran modelo dirigista de control que se quiere imponer globalmente.

Quizás la tenaz resistencia del poder cubano conquiste a mediano plazo su gran recompensa histórica si llegara a imponerse el globalismo autoritario llamado NOM. Esto será una gran paradoja. ¿Será que a la larga sabían que el mundo giraría de manera contraria hacia un socialismo de mercado autoritario y esa certeza hizo que valiera la pena su aguante?.

Imaginemos que el sistema opresor cubano al final demuestre que tenía razón en ser opresor porque necesitaba resistir a como diera lugar para esperar su coronación como parte del NOM y en vez de abrirse se integre de manera fraternal con ese nuevo control global autoritario que desean imponer. En ese caso los representantes de ambos lados estarán de acuerdo en restarle importancia a las diferencias ideológicas entre los seguidores del leninismo y los seguidores de Milton Friedman (1912-2006) y lleguen a una convergencia. En este escenario la revolución cubana habría triunfado doblemente, la primera vez en 1959 y ahora colaborando con la ingeniería del NOM del siglo XXI.

La ONU (Organización de las Naciones Unidas) está enfrascada en promover contra reloj la "Agenda 2030", basada en un NOM sustentable, un mundo más justo, y en combatir la pobreza, la desigualdad, la repartición equitativa de la riqueza y el cuidado del medio ambiente.

También los diez primeros nombres en la lista Forbes como los hombres más ricos del mundo —David Rockefeller, Jacobo Rothschild, George Soros, Bill Gate, Mark Zuckerberg, Jack Ma, Warren Buffett y Jeff Bezos— abogan por un NOM sustentable, un mundo más justo, combatir la pobreza, la desigualdad, por una repartición equitativa de la riqueza y el cuidado del medio ambiente.

Los expresidentes y políticos de Estados Unidos —Bill Clinton, Hillary Clinton, Barack Obama, George Busch, Joe Biden, Jimmy Carter, Geoge Busch, Al Gore, Bernie Sanders, Alexandria Ocasio-Cortez, Nancy Pelosy, John Podesta y Kamala Harris— también han promovido lo mismo.

La iglesia católica regresa al origen del evangelio cristiano, al franciscanismo y rescata la "Doctrina social" en su discurso en pro del NOM. Los Papas Juan Pablo II (Karol Józef Wojtyła), Benedicto XVI (Joseph Aloisius Ratzinger), Francisco (Jorge Mario Bergoglio), la "Mafia San Galo", el concilio ecuménico y la teología de la liberación hacen igual, así como organizaciones mundiales como el Foro de Davos —para programar la economía mundial—, el FMI (Fondo Monetario Interna-cional), la Unesco (Organización de las Naciones Unidas para la Educación, la Ciencia y la Cultura), la Unicef (Fondo de las Naciones Unidas para la Infancia), el Banco Central Europeo —que agrupa a diecinueve países de la Unión Europea—, la FAO (Organización de las Naciones Unidas para la Alimentación y la Agricultura) y la OMS (Organización Mundial de la Salud).

Los países socialistas y el progresivismo de las izquierdas como Cuba, China, Vietnam, Venezuela, Nicaragua, España, Suecia, Francia, Dinamarca, Islandia, Noruega, Argentina,Kuwait, la Internacional Socialista, el Sanders Institute, el Grupo Puebla, el DIEM 25 y la Internacional Progresista desde hace años también vienen insistiendo en la necesidad de un mundo más justo. Es el mismo llamado que hacen las seis primeras ONG más importantes del mundo: Open Society Fundation, Open Society Institute, Médicos Sin Fronteras, Partners in Heallth, Greenpeace, Bill and Melinda Gates Fundation y Oxfam International.

Como vemos, esta es la gran tormenta perfecta para el socialismo ya que existe un consenso mundial para llevar a cabo el relato socialista como fachada del NOM. El viejo discurso cubano se ha convertido en el discurso aspiracional del nuevo mundo.Lograr la equidad socialista, eliminar la injusticia social, combatir la pobreza, lograr el acceso masivo a la educación como un derecho y alcanzar un desarrollo sostenible o planificado es la tarea a resolver por la Agenda 2030 en los próximos diez años y es la meta asignada a todas las naciones bajo la supervisión de la ONU.

Resulta que la era acuariana, Warren Buffett, el peronismo argentino, el chavismo venezolano, la masonería internacional, los illuminatis, San Francisco de Asís, Xi Jinping y su modelo de un país, dos sistemas, la Fundación Bill y Melinda Gates, el Papa Francisco, el grupo de Bilderberg, el Partido Demócrata norteamericano, la Open Society Fundations, el socialismo del siglo XXI en América Latina, la teología de la liberación, Black Live Mathers, el Banco Financiero Internacional, Vladimir Putin, el doctor Tedros Adhanom, director general de la OMS, el sandinismo en Nicaragua, Kamala Harris, las estrellas de Hollywood, el arte urbano y Banksy, Bono, el Foro de Sao Paulo, el capitalismo del bienestar sueco y escandinavo, Manuel López Obrador en México, el socialismo petrolero de Kuwait, el senador Bernie Sanders, el socialismo español de Sánchez y los jesuitas coinciden ahora con los mismos ideales de justicia social de Fidel Castro.

parece indicar que no estamos muy lejos de poder presenciar el eclipse entre el capitalismo y el socialismo y en esta fusión podremos ver cómo el modelo autoritario socialista cubano se integra a las filas del nuevo orden mundial y coincidan en el discurso como justificación de los medios.

Hace un par de años atrás se pensaba que la teoría de un NOM era una conspiración remota. De ahora en adelante, con la llegada del año 2020, ya no es teoría, es un hecho real y trae como agenda imponer un único gobierno a nivel mundial en un plazo de diez años como máximo. Presidentes de diferentes países, el ala liberal norteamericana, las élites financieras del mundo, el Banco Mundial, las Naciones Unidas y el Vaticano están abiertamente colaborando en la creación a marcha forzada de un gobierno mundial que sea capaz de erradicar la pobreza y las crisis existentes, centralizando la economía y el poder político en un solo gobierno mundial.

Mientras el modelo rígido socialista cubano subsiste a duras penas, permanece inamovible en el punto acordado para la cita pactada con el NOM. El inesperado proceso de homologación del NOM con las bases del sistema cubano se ha llevado a cabo durante años de forma lenta y progresiva y cada día que pasa falta menos para que el leninismo-capitalista de Estado cubano converja en el punto acordado secretamente con el capitalismo-leninista que definirá la línea del NOM.

El doble significado del discurso socialista expandido como un efecto eco por los relatos cristiano, ONUista, franciscano, jesuita, fidelista, illuminati, masónico y sustentable que intentan revertir la distribución desigual de la riqueza y la pobreza en el mundo, realmente lo que persiguen a través de la portada humanista es implementar el capitalismo-leninista como método para consolidar y centralizar la riqueza y no para redistribuirla de manera justa.

Un mejor orden social en el mundo sabemos que es una necesidad innegable, y la implantación de ese mejor orden inevitablemente tiene que darse con el aporte del discurso socialista. Pero esta apropiación del discurso socialista también justificaría la injerencia de las herramientas de control implementadas por el socialismo dentro de la nueva forma de operación del capitalismo.

Será necesario sustituir el actual orden desigual implantado por el capitalismo liberal para lograr la planeación de la justicia equitativa que plantea el nuevo orden de desarrollo sustentable.

Para lograr la sustentabilidad en el desarrollo del mundo es necesario implantar un esquema socialista de distribución planificada que no es más que una forma encubierta de consolidación de todo el poder mediante el método de control que ofrece el socialismo al estilo cubano. Es por ello que afirmamos que si vemos el socialismo cubano estamos viendo el Déjà vu nuevo orden mundial.

Si pensábamos que los restos de socialismo que sobrevivieron a la guerra fría no resistirían y se verían obligados a girar en torno a la hegemonía del capitalismo con tal de no sucumbir, todo parece indicar que las manecillas de la historia han empezado a girar en sentido contrario de lo planificado y el grado de toxicidad y agotamiento del neoliberalismo capitalista lo han obligado a girar a favor de una alianza con el socialismo con el auspicio de la iglesia católica, la ONU y el poder político y financiero del mundo. Fidel Castro en 1991, a dos años del "otoño de las naciones", estaba convencido de que el socialismo renacería de las cenizas del marxismo en el siglo xxi y que al igual que se espera una segunda venida correctiva de Cristo en esta centuria, también habrá una segunda venida correctiva del socialismo. En la Cumbre de Cozumel y en posteriores reflexiones expresó de manera casi profética su confianza en la segunda vuelta del comunismo en el nuevo siglo, y aseguró casi de manera bíblica que el socialismo volvería a imponerse. Estas aseveraciones más que místicas responden al conocimiento profundo que tenía Castro de la naturaleza incompleta de ambos sistemas "antagónicos", que los obliga a enfrentarse y presuponerse mutuamente.

Conocía las razones que estimularían el resurgimiento socialista en el mundo y en especial en América Latina, el cual ha sido denominado el "socialismo del siglo xxi. La causa fundamental es que el mundo occidental conservador, las fuerzas neoliberales, el Tea Party, las neoderechas e incluso una parte del liberalismo democrático no han querido aceptar que en el pensamiento intelectual de Europa y en especial en el de América Latina existe un neomarxismo cultural no erradicable arraigado por la pobreza y la distribución desigual de las riquezas que son como un fantasma que viene y va a lo largo de la historia, provocando ciclos favorables y desfavorables al neomarxismo enquistado en el ADN cultural contemporánea y en el pensamiento intelectual y social.

Cuando el neomarxismo es parte de la cultura intelectual y política, su resurgimiento solo depende de las fluctuaciones del bienestar, de la prosperidad y de la aceleración o no de las contradicciones internas del capitalismo asociadas a las profundas desigualdades. De manera inversa, la vigencia del liberalismo democrático también impregnado en la cultura contemporánea fluctúa y amenaza al socialismo según los mismos resortes del bienestar, de la prosperidad y la sostenibilidad de la pobreza, al no dejar de ser parte de las contradicciones internas del socialismo.

Mientras regresaba la "marea rosa" *(pink tide)*, la misión de Cuba era preservarse como un buen vino añejo. Para ello había que centrase en el inmovilismo y resistir a toda costa para lograr la supervivencia y así estar preparados cuando llegara ese *Turn to the Left* o renacer de las izquierdas y las democracias socialistas en América Latina y en el mundo, tal como lo dejó trazado Fidel Castro antes de morir. Según su idea, Cuba, en los periodos históricos más adversos de espera, se convertiría en una zona de reserva ecológica del socialismo o en la semilla marxista cuando prevalezca en el mundo la idea de la extinción del socialismo. Cuando el ideal esté aparentemente aniquilado, el sistema cubano sería un bastión, el proveedor de los retoños y la esperanza del socialismo del siglo xxi.

Los Castro sabían que después de aquel "otoño de las naciones", en el que se disolvió la Unión Soviética y el bloque comunista en Europa, la ausencia de socialismo en breve tiempo suscitaría el retorno de "la marea rosa" o el resurgimiento de las ideologías comunistas en un rojo menos intenso y mezclado o una especie de socialismo rosa en el que el rojo renacería, pero más diluido. Sabían que sería inevitable el *vintage* poscomunista y, por ende, esta nostalgia propiciaría el regreso del socialismo en una versión de nuevo tipo adaptada al siglo xxi. Este concepto fue creado originalmente en 1996 por el sociólogo alemán Heinz Dieterich Steffan, y retomado de manera deformada en la versión chavista con la asesoría de La Habana y por el nuevo orden mundial para implantar el capitalismo-leninismo.

Sabían que el neoliberalismo destruiría el bienestar y aceleraría el lado salvaje del capitalismo, dejando en estado paupérrimo muchas zonas de asistencia social. Esto provocaría un acercamiento inevitable del capitalismo a las ideas del socialismo por las carencias que crearía la propia ausencia de ese bienestar social.

También sabían que las frecuentes crisis o falsas banderas creadas por los enemigos internos para precipitar la toxicidad del sistema harían más contradictorio el capitalismo y a los individuos más insatisfechos y rebeldes.

Otro factor importante, un tanto molesto para los Castro, era la aceptación de que el socialismo en su estado avanzado de decrepitud y de prolongada disfuncionalidad inevitablemente también se estaba acercando gradualmente al capitalismo para pedirle prestadas sus fórmulas económicas y poder sobrevivir.

En sus previsiones nunca sesgaron en sus intentos expansionistas porque sabían que con la exportación del socialismo y su consolidación en otros países tendrían más puntos de apoyo y alargarían su agonía. Por eso el comunismo cubano, desde los peores momentos de crisis del sistema y cuando parecían acorralados, no renunciaron a la fórmula de expansión del marxismo socialista por América Latina. Como bien dijera Antonella Party, "Una de las características de la Revolución Cubana es su carácter expansionista". Por tanto, "también una característica imperialista del régimen de La Habana es la de crear focos de subversión en la región" con el objeto de implantar varios modelos de izquierdismo por la vía democrática y con respaldo civil. Ya desde 1991 Fidel Castro y Lula da Silva crearon el Foro de Sao Paulo con el objetivo de reunir los partidos políticos de izquierda, crear una estrategia común para aprovechar el descontento que existía en Latinoamérica y el mundo por el paso del huracán neoliberal, poder acceder al poder por consensos y por las urnas de manera democrática e implantar el socialismo en diferentes versiones en Latinoamérica a través del aprovechamiento de las noblezas del sistema democrático participativo.

A ello finalmente le sumamos la colusión con el nuevo orden mundial en esta suerte de guerra fría que se desarrolla en el interior del capitalismo por la puja de dos diferentes fracciones, en las que la parte conservadora aboga por el auténtico liberalismo y la parte demócrata supuestamente liberal conspira para contribuir con la destrucción del hegemonismo norteamericano y precipitar la llegada de la "marea rosa" y la convergencia del capitalismo-leninismo en el mundo. Si lograra imponerse la opción demócrata de izquierda antiliberal y con ella el totalitarista nuevo orden mundial, sería el momento de reivindicación y florecimiento por el que tanto ha esperado la semilla socialista cubana para retoñar. En ese momento el totalitarismo cubano aseguraría su supervivencia al insertarse en la corriente totalitarista de moda a nivel trasnacional que desea imponer el nuevo orden mundial. En ese caso Fidel Castro sería el profeta del renacimiento del socialismo en el siglo xxi.

Si esta previsión ocurriera, Cuba quedaría entonces como un doble referente político. Seguiría siendo un símbolo de resistencia para la "izquierda social club" y para el liberalismo de centro derecha que trata de impulsar el capitalismo-leninista de Estado o el marxismo inverso a nivel global.

En ese escenario de ingravidez ideológica, no tengo dudas de que Katy Perry entone las notas del Himno de la Internacional Socialista en el Yankee Stadium acompañada por U2 y todos los que pensaron que el capitalismo doblegaría el socialismo cubano serán unos desamparados ideológicos por no haber previsto el "amor difícil" que existía entre, el capitalismo, la masonería internacional, el poder financiero mundial ,el vaticano y el socialismo cubano.

Por eso pienso que la longevidad que ha alcanzado el experimento cubano (que, por cierto, ya rebasó las bodas de oro), quizás ha sido posible (por un pacto que no me consta) con la élite de poder global europea, incómoda con la hegemonía que logró Estados Unidos después de la Segunda Guerra Mundial y que se ratificó después con la caída del comunismo. El contrato, a grandes rasgos, estipularía una especie de tregua trazada con los illuminatis europeos con fines investigativos a cambio de la indulgencia.

Cuba ha sido un modelo de estudio para los ingenieros encargados de construir el nuevo orden mundial policentralista interesados en hacer mas laxa la territorialidad de los países para poder controlarlos a través de formaciones de poder trasnacionales que parezcan como cuasi Estados únicos.

El antiimperialismo norteamericano que sostuvo Fidel Castro por décadas ha sido el mejor comodín del sistema de cara al nuevo orden, ya que son enemigos de Estados Unidos. Increíblemente, también es el objetivo de interés de una cúpula imperialista antinorteamericana enfrascada en derrocar el imperialismo conservador que encabeza Donald Trump mediante una guerra antiimperialista. Lo anterior parece complejo de explicar, porque es una realidad inversa, o mejor dicho, una verdad inverosímil.

La irreverencia cubana a más de un presidente de Estados Unidos le ha obligado a tomar un par de aspirinas para aliviar los dolores de cabeza. La tozudez comunista por años sostenida por la fuerza a noventa millas de Estados Unidos ha sido un goteo imperceptible que conspira a favor de la bancarrota moral del imperio. Es una barricada moral para los Buenavista Social Club de la izquierda desacotejada y es un retardante desestabilizador de los propósitos hegemónicos de Estados Unidos en América Latina.

En síntesis, aunque parezca contradictorio, Cuba ha contribuido a la consolidación de un nuevo modelo de imperialismo que propone el NOM apoyado en su legendario antiimperialismo norteamericano. Los cubanos, al ser antiimperialistas connotados, se convirtieron en aliados estratégicos del NOM imperialista europeo. A la vez Cuba y el NOM se convierten en antiimperialistas al ser enemigos del otro imperialismo conservador norteamericano. El patriotismo tradicionalista y el anticomunismo que caracteriza la política republicana de Donald Trump son los rasgos que hacen que Cuba y el NOM converjan de manera afín en estos objetivos precisos. Como dice el refrán: "El enemigo de mi enemigo es mi amigo".

La plastinación del sistema cubano ha sido consensuada y mantenida entre los ingenieros cubanos y los ingenieros del NOM. Estos últimos están interesados en preservar el féretro para poder experimentar las distintas formas de poder centralizado plausibles.

Este inmovilismo les ha servido para poder medir un factor clave: la capacidad de resistencia de los pueblos bajo un modelo de dominación en condiciones difíciles. La elite política cubana puede dar cátedra al NOM sobre cómo someter por largo tiempo a los individuos en condiciones adversas sin que la sociedad se recaliente y llegue al estallido social.

Desgraciadamente el mundo de hoy está en manos de un grupo de plutócratas de poca vocación civilista, para los que el humanismo político y las libertades no son prioridad. Su prioridad es asegurar el poder global para llegar a alcanzar un refugio seguro para anclar sus enormes riquezas. Pretenden además lograr ese control del mundo disfrazados de filántropos opresores debajo de las sotanas de nobles objetivos.

Por eso es sospechoso el retardo de un modelo condenado como el cubano. Sabemos que cuando a este poder cabalístico global le ha estorbado un sistema, un gobierno o un líder, no han escatimado para desestabilizarlo apelando a todo tipo de métodos sucios, como los complots, golpes de Estado, sanciones económicas, intentos de atentados, invasiones justificadas con fines altruistas y otras estrategias secretas. Si alguien tiene duda de quién domina el mundo de manera sucia, remítase a Noam Chomsky.

El estoico socialismo cubano no ha sido ajeno a todas estas jugadas sucias. Muchas las ha sorteado con astucia, pero a pesar de su pericia, pienso que su anclaje en los últimos años ha estado consensuado a niveles globales con las élites capitalistas financieras y su resistencia no ha sido más que un compás de espera para llevar a cabo el encuentro en un punto acordado de la historia con el NOM.

Recordemos que Trump y la línea conservadora que forma parte de su base son el gran enemigo de Obama, de Soros, de los Clinton, los Rothschild, de Buffet, de Bill Gate y los Castro.

La longevidad del poder cubano los ha hecho más sabios, y su solidez se debe a una mezcla de habilidad política y al rol geopolítico que juega estratégicamente la Isla para los intereses de las élites que rigen el mundo en un pacto denominado "el experimento de desgaste prolongado".

La base del acuerdo es dejar correr el experimento, jugar de manera hostil simbólicamente, como si pareciera lo contrario, y no forzar el final de la dictadura.

Más que el anticapitalismo, es la capacidad de daño y desgaste anti-Estados Unidos lo que sigue siendo un objetivo estratégico para el NOM, ya que el liberalismo patriótico conservador norteamericano es el principal rival que enfrenta la expansión del nuevo orden mundial.

En su discurso en la 74 Asamblea General de las Naciones Unidas (ONU), corazón del nuevo orden mundial, Donald Trump enfatizó de manera categórica: "El futuro no pertenece a los globalistas, el futuro pertenece a los patriotas. El futuro pertenece a las naciones soberanas e independientes". (3)

En un artículo en la prestigiosa revista *The Economist* (de su propiedad), Jacob Rothschild ha calificado al presidente Donald Trump como "la mayor amenaza" (4) y "un peligro presente para el nuevo orden mundial" (5). Seguidamente aseguraba: "los internacionalistas que lo formaron están gritando en sus tumbas" (6). A manera de conclusión sugería que Donald Trump "debe ser retirado del cargo para preservar el NWO" (7).

No sé cómo debería Trump tomar esto: si como una sugerencia o como una amenaza viniendo de quien viene. Ya sabemos cómo se las gasta esta cúpula cuando les estorba alguien. Si tienen dudas les reitero una vez más consulten a Noam Chomsky.

En una entrevista para *Project Syndicate*, George Soros, otro de los rostros visibles del NOM, aseguraba que a pesar de los límites que le pueda poner la constitución, no dudaba de que Trump intente ser un dictador, "porque está peleando literalmente por su vida".

Los portales 4 Tmx y News Front, sin pelos en la lengua, han publicado un artículo bajo este titular: "Presidente de Estados Unidos será asesinado si se opone al Estado Profundo"

(8). Más adelante enfatizaban: "Si un presidente de Estados Unidos se opone al Estado Profundo o a los dueños del enclave financiero-militar-mediático-parlamentario, sería neutralizado rápidamente". (9)

Amén del resultado de esta pugna en la cúpula de la pirámide considero que el experimento cubano culminará cuando logre pasar el NOM por el punto de encuentro, y eso sucederá solo con el debilitamiento del conservadurismo norteamericano, con la destitución de Trump o su desaparición física.

Recuerden que Trump ha dicho varias veces: "no estamos Soros y sabemos lo que queremos", y lo respaldan otra parte de la elite financiera patriótica, el Tea Party conservador en Estados Unidos, las neoderechas, los separatistas, los nacionalistas, el ala conservadora de la iglesia, los neofascistas, los anglosajones, el evangelismo y los anti-NOM que son cada vez mas.

Mientras esto no ocurra, también puede pasar que la dictadura cubana se vea obligada a girar más de lo previsto en torno al capitalismo de Estado mientras que el esperado colapso del imperio del norte no llegue. Al final, si esto sucediera, los cabalistas no pierden nada en esta apuesta, ya que eran conscientes de la disfuncionalidad del sistema cubano, y tampoco hicieron nada por corregirlo.

A continuación, permítanme explicarles de manera desglosada en este libro por qué considero que no es muy disparatada mi teoría de que el capitalismo y el socialismo van a converger en un capitalismo-leninista en el nuevo orden mundial al que Cuba y la iglesia se incorporarían. Si no les convence lo suficiente mi teoría, al menos puede contribuir a la comprensión de los planes que se tienen reservados para ustedes en un futuro cercano.

Al final, después de haberles compartido este Déjà vu no pueden decir que los cubanos no los advertimos.

La era de Acuario

Acuarius
"Cuando la luna está en la séptima casa
Y Jupiter se alinea con marte
 entonces la paz guiará los planetas
Y el amor dirigirá las estrellas.
Este es el amanecer de la era de Acuario
La era de Acuario,
¡Acuario! ¡Acuario!
La armonía y el entendimiento
simpatía y confianza abundando
No hay mentiras más o burlas.
Los sueños dorados de vida de las visiones.
Revelación mística cristalina
Y la verdadera liberación de la mente
Acuario! Acuario!
Cuando la luna está en la séptima casa
Y Júpiter se alinea con Marte
Entonces la paz guiará los planetas
Y el amor dirigirá las estrellas.
Este es el amanecer de la era de Acuario.
La era de Acuario,
¡Acuario! ¡Acuario!".

Los más adultos recordarán este éxito del grupo norteamericano Quinta Dimensión titulado "The Age of the Aquarius" (La era de Acuario), compuesto en 1967 para el filme musical *Hair*, cuyo éxito le permitió en 1969 sostenerse por seis semanas consecutivas en la primera posición en la lista de los cien hits de *Billboard*.

Según los astrólogos, la era del aguador se inició el 4 de febrero de 1962. A esta opinión llegaron los astrónomos de todos los países del mundo en los años sesenta.

Esa década, bajo la influencia de Acuario, se caracterizó por ser un periodo fértil para el surgimiento de revoluciones como la cubana y muchas otras a diferentes escalas en todo el mundo. El mundo occidental fue sacudido por el conflicto de la guerra fría y por el auge de las ideas neomarxistas, estructuralistas de la escuela de Frankfurt y el avance de las izquierdas.

En pleno auge de la ideología *hippie*, se gestaba el más importante movimiento de cambio juvenil de la historia. El reformismo de esos jóvenes marcó una revolución en todos los espacios sociales: en lo moral, lo sexual, lo religioso, lo político y lo cultural. Sentían que había llegado el momento de decir *enough* y de iniciar la construcción de nuevos modelos sociales en el mundo. Creyeron que cambiando la moral, la relación con la religión, la revolución del sexo, la música, la filosofía, las revoluciones socialistas, la nueva moda y las drogas serían la fórmula perfecta para logra la transformar el mundo.

Según Rafael Palacios, "astrológicamente era el tiempo propicio, puesto que los planetas comenzaban a situarse en el profético punto de cambio de la era de piscis a la de Acuario, por lo que los jóvenes de aquel tiempo comenzaron a verse influenciados por el aura de libertad cósmica".

En ese mismo año 1968 mientras el tema "Acuario" no bajaba de escala en los *Billboard*, en Cuba un joven trovador de nombre Silvio Rodriguez (1946), influenciado por esa libertad cosmica, compuso el equivalente cubano de "Acuario" titulado "La era está pariendo un Corazón".

Es cierto que existen canciones, libros, arquitectura, modas y hasta perfumes que definen una época, y en "Acuario" y "La era está pariendo un corazón" convergen uno de esos casos. Pienso que si Milos Forman (1932-2018) como director del musical *Hair* o Galt Mac Dermot (1928-2018) como compositor de la música de la obra, hubieran conocido a tiempo este cancion, no hubieran vacilado en incluirla como parte del musical.

He decidido incluirla porque en esta canción se da la convergencia del espiirtu de las juventudes de los dos sistemas distintos atrapadas en un mismo sentir.

Tambien la he incluido para los que no la conocen, porque creo que merecen conocerla, y para los que la ya la conocen, les quiero invitar a revivir el espiritu limpio y puro que caracterizó a esa epoca.

A mí en lo personal me trae mucha nostalgia por lo que se fue, por lo que no fue y por lo ya no volverá.

La era está pariendo un corazón

Le he preguntado a mi sombra
a ver cómo ando, para reírme,
mientras el llanto, con voz de templo
rompe en la sala
regando el tiempo.
Mi sombra dice que reírse
es ver los llantos como mi llanto
y me he callado, desesperado
y escucho entonces
la tierra llora.
La era está pariendo un corazón
no puede más, se muere de dolor
y hay que acudir corriendo pues se cae
el porvenir.
La era está pariendo un corazón
no puede más, se muere de dolor
y hay que acudir corriendo pues se cae
el porvenir

en cualquier selva del mundo
en cualquier calle.
Debo dejar la casa y el sillón
la madre vive hasta que muere el sol
y hay que quemar el cielo si es preciso
por vivir.
Por cualquier hombre del mundo
por cualquier casa.

Recordemos que el signo de Acuario es el aguador o portador del agua y en la antigua Sumeria portar el agua era un símbolo de la sabiduría y el conocimiento. Representa la libertad, la independencia y simboliza la revolución y el saber filosófico.

En su influencia positiva estimula el surgimiento de muchos de los cambios ya augurados desde hace muchos siglos, como por ejemplo el auge de los adelantos científicos, las comunicaciones, los grandes cambios sociales, la formación de gobiernos mundiales, la elevación de una conciencia cósmica universal en oposición a los nacionalismos estrechos, el cuidado del planeta, expansión espiritual opuesta al dogmatismo, el humanitarismo, el desarrollo de la investigación espacial, la conquista de otros mundos fuera de la Tierra y muchos otros avances y coyunturas históricas que hoy son parte de nuestra vida cotidiana.

Todo el año 2020 estará bajo el influjo de la transición entre la era de Piscis a la era de Acuario. Esta transición debió iniciarse a principios del siglo XX y su punto de inflexión estaba pronosticado en este mismo año tal como lo estamos observando. Así que oiremos hablar de este año como un parte aguas en la historia en el futuro.

Nos encontramos en el umbral de otro gran momento revolucionario protagonizado por los ciclos de Saturno-Plutón y de Júpiter-Saturno, que tendrán lugar respectivamente a principios y finales de este convulso año. Según los especialistas, desde principios de este 2020 hemos percibido la conjunción de Saturno-Plutón en el signo de Capricornio, que iniciarán un nuevo ciclo combinado que durará aproximadamente treinta y tres años.

"En este caso la conjunción Saturno-Plutón tendrá lugar en el signo de Capricornio, del cual Saturno es regente. Esto supone cierta fuerza para la energía saturnina que puede reflejarse en un endurecimiento de los poderes políticos y que limiten los derechos sociales adquiridos. Pero el poderoso Plutón ya se encuentra transitando por Capricornio desde 2008, y ha venido poco a poco socavando los valores materialistas y sacando a la luz la podredumbre política y económica que había permanecido en la sombra, y no es previsible que deje de hacerlo mientras se encuentre en este signo. Así que lo que ocurra en esta conjunción dependerá de la capacidad que tengamos para buscar alternativas que posibiliten una regeneración social y política lo menos traumática posible.

"Probablemente la clave del proceso puede estar en la trascendental conjunción de Júpiter-Saturno en Acuario, que tendrá lugar a finales de 2020 y que podría suponer un momento más agudo en esta transición entre eras". (1)

Los cambios de era como los vividos en 1960 y ahora en este 2020 generan épocas convulsas en donde los viejos valores se resisten a desaparecer, mientras que los nuevos paradigmas pugnan por manifestarse y ganar terreno.

Todos estos cambios provocados por la revolución de Acuario están tomando a las personas por sorpresa y estamos entrampados en la agorafobia obligatoria, desarticulados socialmente y segregando adrenocromos innecesarios.

La agenda filosófico-política que quiere imponer el NOM combinada con la era Acuario, representa un peligro difícil de explicar y filosóficamente es muy complejo. Es innegable que el NOM es en sí una filosofía revolucionaria, como también lo fue el fascismo, el comunismo, el neoliberalismo, la comida rápida en Estados Unidos, las redes sociales y el reguetón en sus inicios. Esta vocación revolucionaria, cuando converge con un periodo acuariano, se potencializa y tiene muchas posibilidades de imponerse, ya que acuario en sus conjunciones viene desintegrando las viejas estructuras, barriendo la basura e impulsando cosmológicamente el avance de nuevas ideas revolucionarias. Es aquí donde radica el peligro, ya que el NOM totalitarista, con su fachada revolucionaria, puede camuflarse como supuesta filosofía nueva y progresista.

Acuario significa para el NOM una oportunidad astral y una coyuntura ideal para imponerse como auténtica filosofía del cambio positivista. Todos lo que conocemos las verdaderas intenciones del NOM y quienes están detrás con extensas chequeras sabemos que no es una filosofía nueva y sus patrocinadores son lo más alejado al patrón de un revolucionario. Entonces el peligro estaría en que la era acuariana le sirviera como plataforma de cambio a una ideología que en realidad es una revolución inversa y que tanto acuario como los que hayan creído en ella como un paso evolutivo terminen estafados al constatar que una excepcional coyuntura y también conjunción cósmica dispuesta para el logro de avances luminosos para la humanidad haya sido manipulada por una ideología regresiva al servicio de una elite con ambiciones desmedidas de control y poder.

¿Qué pasaría, entonces?: terminaríamos más encadenados después del paso de acuario y habríamos perdido una extraordinaria coyuntura cósmica única para desencadenarnos y lograr ser más libres.

El mal se habría valido de las fuerzas del bien para imponer el mal.

Tenemos que dejar de ser acuarianos ingenuos y tener en cuenta que todo lo que sucede en acuario no es auténticamente acuariano.

En el NOM, estaríamos viviendo un proceso revolucionario invertido al estilo del doble pensar, tal como lo definió Orwell. Dentro del significado revolucionario coexiste otro significado desviado en su misma práctica. Estamos ante la muerte del relato político directo y el auge del doble pensar o doble relato. Se corre el riesgo que el progresismo de Acuario pueda ser utilizado como un renacimiento de doble moral que alimente "el ojo del gran mordor".

Si se intenta llevar a cabo este desvío, buena parte de la humanidad ya está en vigilia y el propio desvío generará otros impulsos revolucionarios acuarianos como respuestas que se convertirán en las revoluciones correctas en contra de las revoluciones inversas o las revoluciones de las utopías contra las distopías.

Estos desvíos solo sucederían si el poder económico y el positivismo tecnológico se creen capaces de poder desviar las leyes de Dios y subvertir el positivismo que trae Acuario. Esta arrogancia del mal no cesará en su afán de invertir los impulsos astrológicos a su favor para arrastrar la humanidad hacia el valle de las tinieblas. Ante tal peligro la duda que surge es: ¿hacia dónde irían los cambios?

En este 2020 vamos a vivir inmersos en el epicentro de la madre de las crisis del sistema capitalista. Veremos el desmontaje de un viejo sistema neoliberal tóxico y la reinvención de uno nuevo más global perfeccionado o al menos distinto. Participaremos del abstencionismo de la iglesia, del acoso a las libertades, las crisis biológicas de baja intensidad, el rebote de los nacionalismos contra el globalismo, la posible caída de un imperio y su convivencia con uno nuevo, el colonialismo socialista de la mano del dataísmo, la revuelta del neofascismo, el destape de la pedofilia como cultura satánica, la despoblación, el luciferismo, la crisis de los plutócratas, la ingobernabilidad de todas las instituciones del mundo y la gran sacudida de toda esta basura a nivel político, económico y social.

La historia avanza a extrema velocidad, y no somos capaces de adaptarnos (por más voluntad que tengamos) al paso que llevan los cambios constantes. Se hace inminente el advenimiento de una nueva conciencia más despierta y más veloz o más 5G.

Esa energía con la que hoy despertamos es muy similar a la que hubo en la década del sesenta que logró impregnarse en el espíritu juvenil del planeta. Es una lucha entre el bien y mal a nivel cosmogónico. A nivel científico es la época en la que las corrientes positivas y las negativas se unen y se produce la luz. A nivel personal tenemos en las manos la complicidad de los planetas para llevar a cabos todos los cambios que deseemos hacer en nuestras vidas y nuestro entorno.

La convergencia entre conjunción astrológica y el cocido lento del nuevo orden mundial no es fortuita, y la regencia de acuario nos pone en sintonía con la interdependencia global de todas las naciones que se aspira como idea "revolucionaria". Las sociedades podrán experimentar una fraternidad y una identidad entre todos los proyectos comunes en un ministerio global limando los bordes ideológicos de los sistemas políticos.

Los gobiernos nacionales todavía estarán con nosotros por un largo tiempo, pero la responsabilidad será progresivamente asumida por instituciones internacionales como las Naciones Unidas (ONU) u otro tipo de entidad global manejadas por el poder privado del mundo, que serán la fuerza politica más poderosa internacionalmente, a la que se subordinarán las diferencias que existan entre capitalismo y socialismo y entre cristianos y ortodoxos.

Las viejas políticas de dividir para poder gobernar han finalizado y serán sustituidas por la uniformidad del control tecnológico y el dataísmo.

Todos estos movimientos astrológicos están creando una conciencia similar a la conciencia transformadora que prendió la llama del cambio cubano y otras formas de revoluciones llevadas a cabo por la generación acuario al saber sintonizar sus proyectos con la energía acuariana planetaria.

No queremos decir que se tengan que repetir las mismas revoluciones y retrocedamos al pasado revolucionario de las guerras frías. Lo que quiero decir es que surgirán otras diferentes, pero inevitables revoluciones, de distintas y dudosas procedencias.

Quizás estas nuevas revoluciones se abstengan al uso de la violencia armada y no surjan de las revanchas sociales. Los cambios revolucionarios ahora no llevan implícito la lucha de clases y se producirán en las aéreas de la tecnología, el saber y la conciencia humana. Los cambios que sí involucren intereses clasistas serán los involutivos, que se darán por el uso inadecuado de esa tecnología con fines de control político.

A lo tecnológico también se aplica el doble pensar, ya que un avance tecnológico puede significar un paso involutivo y un paso involutivo puede significar un gran avance revolucionario por el simple hecho de saber retroceder. Existen pasos revolucionarios reaccionarios y no reaccionarios.

Entonces la tecnología de la mano de acuario no es suficiente garantía para el alcance de objetivos progresistas, ya que la conjunción acuariana puede acelerar el logro de descubrimientos involutivos que atenten contra la naturaleza humana.

Aquí caemos en la dicotomía de las revoluciones positivas y las revoluciones negativas. Un ejemplo de ello es el descubrimiento de la energía atómica, el internet, el pensamiento de

Friedrich Nietzsche (1844-1900), la globalización, el Bitcoin, otras revoluciones socialistas, la quimioterapia, y la Coca Cola Zero.

Puede que si bien Acuario acelere muchos otros cambios revolucionarios y con ello sus contribuciones positivas, a la par estimule también lo negativo que traen implícitos. Esta versión "The Dark Side of the Moon" de las revoluciones en general es parte de la negatividad acuariana.

Creo que el control sobre esa parte maligna de las revoluciones incumbe más a la ética de los gobernantes que a los planetas. La toxicidad de las revoluciones no está en acuario ni en sus cuadraturas, esa toxicidad se da en las cuadraturas políticas.

Las crisis de las innovaciones en la ideología y en la política nos indican un agotamiento y una improductividad que darán paso inevitablemente a nuevas soluciones. Esto nos obliga a echar mano del reciclaje de la mano de la tecnología como única fuente innovadora capaz de dar soluciones nuevas a las crisis ideológicas como recurso de supervivencia. Veremos que los sistemas ya no serán políticos ni ideológicos, serán sistemas tecnológico-financieros, y lo político y lo ideológico quedarán en un segundo plano subordinados.

Los sistemas políticos y económicos actuales están perdiendo credibilidad en todo el mundo y darán nacimiento paulatinamente a otros nuevos sistemas de gobierno que no se sabe qué tan justo puedan ser. Las utopías ya no descansan en sistemas ideológicos unitarios, sino más bien en las alianzas y en las convergencias están las nuevas utopías. Los sistemas dueños de la verdad absoluta que vimos en la transición de Acuario en los años sesenta ya mutaron.

El modernismo fue la época del positivismo artístico-intelectual, político, ideológico y del bienestar del capitalismo. En contraposición con la modernidad, la postmodernidad es la época del desencanto. En ella los individuos, los gobiernos y las ideologías renuncian a las utopías únicas y se acogen a la idea de progreso conjunto e interdisciplinario.

Para entender un poco el contexto histórico del que se nutren las ideologías modernas debemos partir de la idea de progreso que tenían las vanguardias políticas del siglo xx. Sus actitudes y sus sistemas se basaban en la innovación política y evolución de nuevos fenómenos inéditos de progreso. Sin embargo, hoy la postmodernidad y su idea de progreso global o conjunto están basadas en la hibridación y el reciclaje, y se caracterizan por el eclecticismo, la mistificación, el nomadismo discursivo saltando de un estilo a otro. Se valen de la deconstrucción, toman y manipulan elementos estilísticos del pasado según convenga al nuevo pastiche y superponiéndolos en el presente llamado la convergencia.

En esta nueva era acuariana posmoderna, las tecnologías homologarán lo mejor de los sistemas en la convergencia y los obligará a la convivencia con factores comunes cada vez más homologantes. El smartphone, el facebook, el twitter, tesla y el dataísmo y cada avance tecnológico concentrarán en su hegemonía las diferencias entre los ciudadanos de uno u otro sistema y las políticas ya no serán moldeadas por los "ismos" del capitalismo, del socialismo, del neoliberalismo o del catolicismo, más bien serán creadas desde las diversas etnicidades centralizadas tecnológicamente por un nuevo orden de relaciones sin fronteras y sin determinismos.

Todo converge tan de prisa que el poder de entender las verdaderas implicaciones de estos nuevos aportes está más allá del control de los políticos, de los bacteriólogos, de los capitalistas, de los socialistas y de los propios creadores de los avances tecnológicos.

Los poderes están obligados a improvisar constantemente ante la soberanía del poder económico y las tecnologías, y las ideologías han quedado inservibles. En un mundo económicamente hipocondríaco, los discursos biológicos, tecnológicos y especulativos en la economía terminan humillando al relato político.

Una nueva era política ha comenzado, en la que la guerra fría ha mutado de lo militar a lo tecnológico y lo biológico. A pesar de su origen racional, la misma racionalidad (vista como forma de entendimiento) se queda siempre rezagada ante sus mismos frutos.

Primero vendrán los cambios, después los excesos y detrás las medidas legislativas para corregir su lado toxico. A su vez, mientras esto sucede, surgen nuevas innovaciones y se repite el ciclo. Acuario provoca que los cambios vayan muy por delante de su comprensión y de las legislaciones para regularlos.

En este periodo acuariano escasean los líderes, escasean las vanguardias políticas, escasean las innovaciones ideológicas y sobran las tecnológicas. Los cambios históricos regidos por las ideologías se han terminado, y todo cambio al viejo estilo ya sería un retroceso. Por ello, en la tecnología está la comprensión de este momento acuariano, ya que las tecnologías serán los nuevos líderes revolucionarios y ellas marcarán los nuevos cambios históricos.

Este es el amanecer de la Era de Acuario.

Las revoluciones inevitables conllevan a los socialismos inevitables

La teoría del caos formulada por el físico-químico de origen ruso Ilya Prigogine (1917-2003) sostiene que la realidad es una mezcla de desorden y orden y a la vez y ninguno de estos dos estados han logrado existir de forma pura en ningún cuerpo, objeto o sistema.

En ella, el orden y el desorden suelen alternarse de manera cíclica, y cuando existe un periodo de paz es porque existe una armonía entre ambas fuerzas. Cuando se rompe esta alternancia equilibrada es cuando surge el caos, y es mediante el caos que nacen nuevas estructuras "disipativas". Para Ilya, el caos es el motor impulsor del progreso, ya que cada crisis es capaz de generar nuevas estructuras disipativas nacidas del propio caos.

Los físicos aseveran que detrás de todo orden hay un desorden oculto. De manera inversa sucede algo similar también: detrás de todo caos ha de haber un orden oculto. El no percibirlos, no implica que no existan. A veces el exceso de equilibrio nos hace pensar que el caos no está presente y a veces ante tanto caos no logramos distinguir la armonía oculta. Pero por más caótica o estable que sea una situación, siempre estará el orden de manera oculta en acecho del caos y así posteriormente volvería el caos en acecho del orden.

Cuando el sistema se caotiza aceleradamente, o se recalienta, llega a un punto que los físicos denominan punto de bifurcación. "Como su nombre lo indica, es un punto donde el sistema puede evolucionar hacia una de dos posibilidades: o bien retorna al estado de equilibrio original para preservarse, tal cual lo prevé la termodinámica clásica, o bien deja de caotizarse y empieza a auto-organizarse hasta constituir una nueva estructura, denominada estructura disipativa". (1)

"En el ámbito físico-químico, Prigogine postuló que los desequilibrios no desembocan siempre en la anarquía, sino que algunas veces permiten la aparición espontánea de posteriores organizaciones o estructuras perfectamente ordenadas. El universo funciona de tal modo que del caos pueden nacer nuevas estructuras y es paradójicamente el estado de no equilibrio el que puede ser el punto de partida que permite pasar del caos a la estructura". (2)

Estos símiles entre la físico-química y el pánico que estamos viviendo después de la pandemia nos ayudan a entender las leyes naturales que rigen los periódicos cambios revolucionarios que suceden constantemente bajo los periodos acuarianos.

Ambas ideologías —me refiero al comunismo y el posglobalismo— surgieron del enfrentamiento con la toxicidad de dos viejas fórmulas capitalistas. Estas dos caducas concepciones de capitalismo serán los úteros de la revolución bolchevique, de la cubana y del capitalismo-leninista que arrastre el nuevo orden mundial.

Cuando el caos se convierte en una forma de enriquecimiento de unos pocos, trae consigo otros tipos de caos sociales, ya que la riqueza obtenida de la no-prosperidad surge de las perdidas, del empobrecimiento o las frustraciones de muchos.

La concentración de la riqueza en manos de una elite corrupta polariza las clases sociales y genera descontento. El exilio del bienestar pone en crisis y envejece el relato político del capitalismo y del socialismo. El espacio que deja este bienestar exiliado lo ocupa inmediatamente la ideología antisistema que se propaga de manera necesariamente oportunista como la humedad al resto de las zonas sociales, poniendo en peligro la salud de ambos sistemas.

En el caso de Cuba, la fastuosidad del Capitolio de La Habana hecho a imagen y semejanza del capitolio de Washington contrastó con el capitalismo neofeudal puesto en marcha por la plutocracia cubana. La gloriosa constitución del cuarenta fue pisoteada por la rumba y las comparsas en los carnavales de julio. Las aspiraciones de muchos cubanos quedaron comprimidas entre Las Vegas y Coral Gables. La política derivó en politiquería y la chambelona anuló el altruismo ético y el amor patriótico de la juventud ortodoxa encabezada por Eduardo Chivás (1907-1951).

En la medida que la república fue perdiendo su encanto, la falta de libertades patrióticas eran bochornosas. La típica grieta socioeconómica que siempre ha favorecido a la izquierda se fue ensanchando cada vez más y terminó despertando a la bestia de la guerra de los cien años. La corrupción generalizada que practicaron los anteriores políticos, que culminó con el golpe de Estado de "nuestro hombre en La Habana", Fulgencio Batista y Zaldívar (1901-1973), fueron un suicidio para la adolescente democracia cubana. La impotencia patriótica trazó la ruta del cambio por la vía de la violencia armada. El civismo liberal de la llamada generación del centenario intercambió la persuasión política democrática por la típica revancha jacovinista.

El exsargento de menguado coeficiente educacional que se autoascendió a general de la noche a la mañana por un decreto genital, dejó de ser el hombre en La Habana y sus días como *consigliere* estarían contados. El presidente por cuartelazo ya no era conveniente para sus mentores ni era querido en Cuba. Fulgencio Batista y Zaldívar quedó abandonado con su ejército mal pagado entre la indiferencia de su estado mayor, ubicado en Washington, y la furia de un pueblo que había perdido muchos de sus mejores hijos a manos de los sicarios del régimen.

El resultado lo sabemos: un desmoralizado Batista no pudo con la furia popular y le regaló el primer día del año 1959 a la joven Revolución partiendo apresuradamente sin comerse las doce uvas con el botín de 300 millones de dólares que había robado.

Ya después de sesenta años de instaurado el comunismo disfuncional en Cuba, me quiero referir a otro momento de toxismo capitalista similar que nos pone a prueba frente a otra crisis social causada ahora por el neoliberalismo hegemónico y el irracionalismo financiero. Esta nueva crisis, aunque es global, tiene su referente en las mismas causas que originaron los cambios en la Isla hace seis décadas. Los motivos y causas se reiteran, solo que en este caso la revolución sería hacia adentro del propio sistema capitalista.

Como sabemos esta crisis tiene un efecto acumulativo ya que desde hace un siglo venimos repitiendo el efecto Robin Hood invertido. A diferencia de la literatura y el cine se viene robando a los pobres y la clase media para dárselo a los ricos. Esto se debe al desequilibrio estructural inherente a las fuerzas internas del capitalismo al que se refirió primero Marx y también Slajov Zizek.

El equilibrio financiero en el capitalismo suele ser efímero, y los tiempos de crisis son más prolongados últimamente que los de armonía. Esta tendencia al desequilibrio sucede porque conviven en su centro fuerzas contradictorias en constante interacción. El caos y el orden están en constante intercambio dinámico, y el propio sistema apenas sale de una turbulencia y ya está madurando la siguiente.

Refiriéndose a esto Federic Bastiat (1801-1850) dijo: "Cuando el saqueo se convierte en el modo de vida de un grupo de hombres en una sociedad, no tardarán en crear un sistema legal que lo autorice y un código moral que lo glorifique" (3).

Con el triunfo del economicismo neoliberal empujado por la mancuerna Thatcher-Reagan en los noventa, se creó un fundamentalismo financiero sin restricciones y surgieron nuevos facilismos legales diseñados para proteger a la plutocracia. Se creó de un cuerpo jurídico como al que se refería Bastiat, que fuera capaz de dar fuero a los banqueros e inversionistas y despejara el camino libre para la especulación no supervisada.

Las especulaciones financieras no son parte de la economía normal, solo un desprendimiento paralelo en zona bursátil. Son una especie de ilusionismo monetario que se genera en una zona económica ficticia de mucha complicidad que no refleja ni se refleja en lo social. La economía normal somos nosotros, y no somos dueños de bancos ni políticos ni corredores de bolsa, ni manejamos fondos de inversiones.

Tenemos una economía con dos formas económicas que se mueven en planos diferentes. Fíjense en un ejemplo: en estos momentos la economía real está en recesión, el nivel inflacionario ha subido, la deuda del gobierno alcanza una cifra récord, la impresión de dinero basura esta descontrolada, el dólar ha perdido valor, existe un caos civil desde la muerte injusta de un afroamericano, los chinos devaluaron el yuan, la productividad económica esta frenada por la pandemia, el petróleo cae a precios negativos nunca vistos, el nivel de desempleo actual puede alcanzar entre 20 y 30 millones y se pronostica llegue al 30 %, y en la economía especulativa los índices bursátiles se mantienen al alza sin que la recesión que estamos viviendo influya en ellos o les importe.

Solo porque las diez compañias de tecnología y laboratorios que conforman el 30% de los ingresos de la bolsa han tenido resultados impresionablemente alcista ,eso es suficiente para que el mercado financiero se mantenga a la alza ya que las ganancias de big-ten absorben las perdidas del otro 70% y sostienen el mercado en rubros positivos.

Este desfase entre los indicadores de una economía y otra tiene su explicación en la política de apuntalamiento de los mercados dentro de la crisis. El comportamiento desamarrado de las bolsas en rangos positivos responde a la necesidad de seguir corriendo el capitalismo financiero a como dé lugar, ya que es el grueso de la economía de Estados Unidos. Se pretende mantenerlo artificialmente inyectándole a la especulación más especulación y readecuando las reglas que no obstruyan a las nuevas circunstancias. La Reserva Federal (FED) comprara parte de la deuda publica y empresarial basura e inyectará dinero a los mercados para forzar una inflación controlada manejada desde el Estado que terminará siendo una inflación artificial para evitar caer en una deflación política y económica.

La tendencia al menos hasta que no estabilicen los indicadores será salir de la crisis con más especulación y con mas deuda publica. Esta puede ser la burbuja de las burbujas, y cuando estalle será una eclosión atómica o la causa de un reseteo económico.

Para los neoliberales, acostumbrados a obtener fáciles ventajas de los colapsos económicos, las guerras regionales y los pánicos biológicos, la última de las crisis denominada la Covid-19 no es lo que se pensaba, o quizás sí.

El shock que ha paralizado el mundo a causa de la pandemia de la covid-19 ha creado las condiciones objetivas y subjetivas para el cambio revolucionario, según lo define el materialismo. Aunque en este caso no estamos frente a una revolución antagónica, sí estamos inmersos en una revolución profunda, pero dentro del sistema. Adam Smith lo definió muy bien cuando dijo que "vivimos en una época tan progresista, que defender al capitalismo es también un acto revolucionario".

Debemos ser conscientes de que no estamos frente a una simple crisis pasajera u otro de los tantos pánicos financieros causados por las euforias especulativas llamadas burbujas. Esta tragedia no tiene comparación y es la madre de las crisis.

Llama la atención como un poderoso y simple enemigo biológico a la vez ,ha logrado lo que no pudieron lograr Engels

(1820-1895), Lenin (1870-1924), Stalin (1878-1953), Fidel Castro (1926-1916), Putin (1952), Mao (1893-1976), Osama Bin Laden (1957-2011), Saddan Hussein (1937-2006), el ayatollah Khomeini (1902-1989), la armada imperial japonesa, la KGB y muchos otros. Me refiero al poder de propiciarle un nocaut al sistema de funcionamiento del capitalista, mandándolo a la lona momentáneamente.

Este simple y a la vez poderoso virus ha provocado la demolición controlada del capitalismo toxico y nos ha dejado en el umbral de una depresión mucho más aguda que la ocurrida a principios de los años treinta del siglo XX, según indican los expertos.

La Gran Depresión, también conocida como la crisis de 1929, fue un oscuro pasaje en la historia que sometió al mundo en una profunda crisis económica y social, cuyas secuelas perduraron aproximadamente una década posterior.

Las causas ya las sabemos y no quiero detenerme más en ello. El origen como siempre ha sido el mismo: la especulación financiera desmedida practicada por una plutocracia tóxica. Nos concentraremos en las consecuencias y las similitudes entre la primera versión de la depresión y esta segunda que se avecina para poder establecer las causas que en una y otra han propiciado el resurgimiento de las revoluciones internas y la posible influencia socialista.

La Gran Depresión comenzó en 1929 y se prolongó hasta 1940. Durante la depresión, el desempleo llegó al 25 %. La producción económica bajó casi un 30 %. Miles de bancos quebraron. Millones de personas perdieron sus casas. Un buen número de empresas cerraron, aumentó el gasto público y la economía decreció negativamente más de un 50 %.

El sistema financiero se vio afectado luego de haber tenido una gran época desde 1925 hasta 1929 de mucha generación de riqueza para la economía. Después que la euforia financiera tocó su techo, estalló la crisis que se conoce como la Gran Depresión, provocada por una burbuja financiera.

James Bullard, presidente del Banco de la Reserva Federal de San Luis, dijo recientemente que el desempleo podría llegar al 30 % en cuestión de meses, es decir, cinco dígitos más altos que en la crisis de 1930, y que la producción económica podría caer a un nivel del 50 %, tal y como prevén los especialistas suceda a finales del año electoral 2020. Existen otras previsiones similares, pero todas coinciden en ser muy desalentadoras.

La desesperada respuesta que vemos hoy por parte del gobierno central para intentar contener la caída nos recuerda aquellos también desesperados programas de estímulos económicos que empleó Roosevelt durante la depresión.

La inserción de enormes programas de ayuda de corte socialistas o sociales se hacen para amortiguar el desplome del nivel adquisitivo de la demanda, la pérdida del ahorro, las bancarrotas y el desamparo. Pronto se crearán estrategias de estímulo económico a corto plazo muy similares a las implementadas en la gran depresión, que sirvieron para generar trabajo a decenas de millones de personas en la construcción de obras públicas y lograr activar la economía.

La emisión indiscriminada de dinero dinamiza el fluido economico y al menos ayuda a frenar el descontrol a billetazos, aunque sabemos que ese dinero no tiene respaldo, incrementa la deuda pública, aumenta la inflación, deprecia el dólar y es dinero Fiat o Fiat-nuro, como mejor se le conoce.

Será necesaria la vuelta al neo-keyniasismo, a la restitución del papel regulador del estado centralista, la planificación de parte de los recursos económicos a nivel de gobierno y otras fórmulas de corte socialista similares a los programas de estímulo, como los que puso en marcha Roosevelt para resolver la crisis.

Veamos más indicadores comparativos que no son más que un espejo.

El comercio internacional entre 1929 y 1932 cayó un 66 %. Todas las monedas se vieron obligadas a devaluarse, y en especial el dólar y la libra cayeron un 40 %. El cierre de empresas disparó el desempleo y empobreció a la población. Esta situación se prolongó durante gran parte de la década de los treinta. Como ya dijimos, la desocupación llegó a un 25 %. Esto estimuló un rebote esperado de ideologías nacionalistas como el fascismo y otras totalitarias como el comunismo o socialismo.

Los gobiernos se vieron obligados a intervenir en la economía con programas sociales antes valorados como comunistas, para paliar la miseria. El plan más destacado fue el New Deal del presidente Roosevelt en Estados Unidos: consistió en potenciar la protección social por parte del Estado y fomentar la creación de empleo mediante ayudas a la industria y a la agricultura, e impulsando las obras públicas.

Esto produjo una valorización de la alternativa socialista y trajo consecuencias políticas e ideológicas posteriores.

Aumentó la desconfianza ante los sistemas políticos imperantes y hubo una crisis de las instituciones liberales y democráticas. Como respuesta se adoptaron medidas de política económica proteccionistas.

Con ello aumentó la desigualdad y se afectó la cohesión social y la estabilidad del sistema. El nivel de bienestar alcanzado durante la década de los veinte en muchos países occidentales se vio truncado. No obstante, no solamente la clase obrera se vio afectada. Las clases medias se proletarizaron o empobrecieron, lo que causó una gran polarización social.

"Las consecuencias políticas fueron, quizás, las más llamativas. Las democracias liberales comenzaron a ser puestas en duda, desde diferentes corrientes políticas e ideológicas. En algunos países los totalitarismos de carácter fascista, como en

Alemania e Italia como principales ejemplos, sedujeron a muchas personas que ansiaban una salida a la difícil situación que se vivía. Por otra parte, desde otros sectores se comenzó a ver al socialismo soviético como una posible alternativa. A pesar de las muchas diferencias, la intervención económica del Estado, aunque con muchos matices, era un elemento en común. Las intervenciones estatales parecían aptas para paliar los efectos de la crisis".

"También en los países con un sistema capitalista liberal se implantó la idea de intervenir en la economía. Un ejemplo fue el New Deal estadounidense entre 1933 y 1938. Su objetivo fue sostener a las capas más pobres de la población, reformar los mercados financieros y redinamizar una economía estadounidense, mediante un programa de intervención pública en la economía".

Después de este recuento de daños no sé si me estoy refiriendo a la depresión de 1930 o a la más reciente, provocada por el neoliberalismo globalista y adjudicada a la pandemia.

En esencia, el Estado se convertirá en un Estado clientelar en el que la mayoría de las zonas sociales empobrecidas crearán una dependencia de la protección del gobierno paternal y de planes socialistas y la acción protectora de los poderes públicos para lograr su subsistencia.

La grieta socioeconómica que generará esta depresión en avance traerá consigo una gran polarización social y política, arrastrará más violencia extremista, más marchas, más boicots irracionales, y con ello más represión, más intolerancia del gobierno y más uso de la fuerza para garantizar la gobernabilidad, en franca violación de las libertades constitucionales.

Una sociedad norteamericana agrietada es una sociedad debilitada. Son esas mismas grietas las que serán usadas como ventanas por las ideologías liberales de izquierda y la noeoderecha para contaminar la base y la cúpula social con el socialismo como ideología terapéutica, tanto para los gobernantes como para los resentidos.

No veo como el Tea Party y la cúpula patriótica republicana serán capaces de contener la avalancha de muchos conatos liberales que son solo la punta de lanza del avance del ideario socialista en Estados Unidos.

El neoliberalismo norteamericano está muy debilitado, y los supuestos mecanismos correctivos que debían activarse por parte de los mercados liberados en una situación de crisis no se han prendido y no ha funcionado esa parte de la profecía. El capitalismo neoliberal no cuenta con los correctivos para sanear el gran desequilibrio social que él mismo ha provocado, y no lo logrará si no le pide prestadas determinadas soluciones al socialismo.

Si por orgullo conservador no entienden que el salvavidas del capitalismo neoliberal actual está en su asociación con el socialismo, estarían poniendo en riesgo la supervivencia del propio capitalismo, debilitándolo hasta la muerte, y terminarán legitimando al socialismo mixto como vencedor final.

Ya en mis sueños creo haber oído a lo lejos las voces de Lenin y Fidel Castro salidas de una gran niebla, diciéndonos con un gran eco y un tono muy pausado: mantenemos nuestra apuesta, ja ja ja... más sabe el viejo por viejo que por diablo.

Después haber logrado escapar de esta pesadilla, debo hacer conciencia que no existirá más capitalismo tal y como lo conocimos sin la ayuda de su archirrival: el socialismo. Si no apelan a la inserción de antibióticos de corte socialista, no sé cómo se podrán zanjar esas grietas y evitar que no se ensanchen más y más hasta fracturar las paredes sociales del sistema.

Los déficits sociales y las rebeliones ideológicas, aunque tengan un origen en la desigualdad económica, no se contrarrestan con medidas proyectadas desde la economía. La lógica económica ya es incompatible con el bienestar social, y las órdenes de mando deben venir del gobierno como única entidad encargada de regular y equilibrar los mercados con lo social.

La solución está en la interacción de estos dos importantes rubros, pero desde una perspectiva invertida, es decir, con medidas socialistas proyectadas desde lo social a lo económico, y lo económico subordinado a lo social, subvirtiendo el anterior orden que existía, en el que lo social está subordinado a lo económico. Solo subordinando lo económico a lo social por un periodo de excepcionalidad histórica se logrará reencontrar el equilibrio y el bienestar popular.

Nuevamente regresaron mis sueños y como siempre venía acompañado de la consabida neblina, con mucho eco. Veo a un líder republicano con el *Das Kapital* en sus manos diciéndoles a sus seguidores: "He aquí la nueva biblia, hermanos".

Vuelvo a despertar de esta pesadilla, aun peor que la otra, y me doy cuenta de que la recuperación económica va ser tan lenta que la recuperación social, no va a esperarla en su paso. Entonces tendremos dos zonas sociales en crisis y a diferentes velocidades. Mientras una va más lenta, la otra va más rápida. Evidentemente lo social lleva prisa y es prioridad por su peligrosidad. Es necesario disminuirle el paso para acoplarlo al paso de recuperación de la economía, hasta que confluyan en el bienestar y esa manera de restarle velocidad es a través de la implementación de subsidios sociales, menos libertades y aumento del control.

Por último, hace relativamente poco tiempo vuelvo a tener otro sueño al parecer en el mismo set con neblina, con eco y también oscuro, donde Hamilton, Marx, Brezhnev, Adam Smith, Montesquieu, Freidman y alguien más que no alcance a ver reían sin consuelo y me dio la impresión de que se reían de nosotros mismos.

Después de este sueño menos trágico logré entender el mensaje y supe que la gran recesión acelerará la convergencia entre el capitalismo y el socialismo en todas sus versiones en un modelo nuevo de capitalismo-leninismo. Quizás optemos por un mundo más homologado al estilo de las socialdemocracias del Estado del bienestar o converjamos en un modelo sueco, pero más deshelado.

Cuando me detengo a observar este paisaje de posguerra me pregunto: ¿cuándo dejamos intoxicar la economía y la política con tanta avaricia y tanto egoísmo irresponsable?

Solo veo como respuesta que la riqueza se sigue concentrando en menos manos, provocando más malestar e irritación. "El sueño americano" ha desaparecido como meta y el capitalismo ha convertido el poder de subsistir en la nueva meta del nuevo sueño americano. Ya sin la convergencia con el socialismo, el capitalismo estaría imposibilitado de honrar la promesa del sueño americano.

Existe en estos momentos una elite económica compuesta por ocho personas que manejan el equivalente al 50 % del dinero que se mueve en el mundo. Evidentemente estamos viviendo un periodo acelerado de repartición desigual de las riquezas si se toma en cuenta que en 2010 eran necesarias 388 personas para igualar ese equivalente de la riqueza del 50 %. Es decir, hoy solo la fortuna de ocho oligarcas financieros equivale al dinero que poseían hace diez años 380 hombres ricos. Es kafkiano ver cómo ha crecido el nivel de compresión de las riquezas hacia un polo en la tabla social y cómo se ha disparado la desigualdad en la distribución del dinero en las sociedades neoliberales y neomarxistas de manera impune apenas en solo diez años.

En lugar de tener una economía que crezca de la prosperidad y genere prosperidad para todos, hemos creado una economía para el 1 %, según los reportes de las ONG.

La invocación del socialismo y el *vintage* marxista que estamos viendo resurgir en el mundo, y que a muchos preocupa, no proviene de las fuerzas exteriores o de los agentes del comunismo: tiene su origen dentro de las propias filas y contradicciones del capitalismo. Es el resultado de la práctica predadora del neoliberalismo, de la gestión salvaje de un mercado desregularizado y del comportamiento errático de los hombres más ricos del mundo, encargados de salvaguardar la salud del sistema, quienes actúan como sicarios del propio capitalismo. Estos, curiosamente, ocupan los diez primeros lugares de la lista Forbes.

A partir de la gran depresión mundial, en los países europeos surgieron formas de gobierno e ideologías totalitarias y hubo una expansión del auge del comunismo en países como Alemania, Italia y España, y en América Latina, que luego desembocaron en la Segunda Guerra Mundial en 1939 y otros conflictos regionales.

El panorama nuestro no es más alentador que el de 1929, y la debilidad que muestra el viejo modelo de capitalismo neoliberal genera un reacomodo del apetito felino de otras corrientes ideológicas dentro del propio capitalismo. La pugna interna por el dominio y la conducción del sistema es cada vez más radical entre las fuerzas liberales y conservadoras.

La radicalización política que hoy se vive en Washington ha dibujado el mapa de radicalismos políticos que se viven en la sociedad norteamericana actual y en menor grado en el resto del mundo. Los discursos radicalistas conservadores hoy dominan la discusión política y el debate ideológico parece un escenario de batallas con un nivel alto de polarización. Así contemplamos cómo nos alejamos paulatinamente del discurso político civilizado y del "pactismo" democrático que han servido como palancas de sostenimiento de la salud del sistema democrático.

Las carencias, el desempleo, el odio social, la polarización de las riquezas, los rebotes nacionalistas, el odio racial, la inflación, la devaluación del dólar, la inactividad económica, el decrecimiento de la oferta y la demanda, en fin, la falta de prosperidad, es directamente proporcional al colapso de las democracias, de las libertades, inauguran una nueva etapa de totalitarismo y favorecen la penetración oportunista de ideas extremistas tanto de izquierda como de derecha.

Esta nueva revolución del capitalismo se puede resumir como el efecto Tucídides dentro del propio capitalismo, caracterizado por la pugna de una vieja concepción imperialista contra otras nuevas concepciones de imperialismo en ascenso.

Para la elite sionista europea, este es el momento idóneo para terminar de impulsar un posglobalismo a un estadio superior, arrastrando al mundo a un neofascismo bajo la guía de un marx-trix centralizado que sea capaz de conducir el mundo hacia un liberalismo autoritario, mejor conocido como el nuevo orden mundial, soñado por Adam Weishaupt (1748-1830) desde 1776, para lo que fundó la Orden de los Iluminados de Baviera.

Para esta elite (fundamentalmente europea) el capitalismo que hemos conocido hasta hoy ha sido un precapitalismo experimental que les ha servido para lograr la concentración de poder que hoy poseen y poder pasar a la etapa superior del plan, que consiste en restituir el control a las grandes monarquías del viejo continente.

Para nosotros, los que solo somos estadísticas, un colapso estructural del sistema capitalista (por ser dominante) no nos conduce a nada bueno, ya que contamina al resto de todas las zonas geopolíticas del planeta. Se convierte en una crisis a mayor escala que escapa de los predios de las finanzas interconectadas para convertirse en la gran crisis de la civilización moderna, que, dicho en pocas palabras, es una crisis de los valores por los que apostamos, de los valores por los que nos regimos, y por ende es una gran crisis de los valores espirituales.

El punto de inflexión al que ha llegado el capitalismo que estamos viviendo ha sido posible porque ha sido intoxicado para que de su toxicidad renaciera (sin forzarlo) el nuevo orden más perfeccionado de control posglobal.

Estas elites han permitido que el concepto de riesgo especulativo que habitualmente se suscribía a las zonas de la economía ficticia exclusivamente, se haya desbordado exprofeso y contamine el resto de las zonas sociales. Ahora este concepto de riesgo especulativo no solo enferma a la economía, sino que también nos irá enfermando, al propagar el pánico, el estrés y la incertidumbre a todas las zonas de la sociedad contemporánea en general, convirtiéndonos en portadores y segregadores de adrenocromo.

Recordemos que, visto de manera muy simple, una revolución social se origina del desacuerdo de un grupo mayoritario de la población en contra de un líder o de un modelo político hostil. En la mayoría de las revoluciones estos desacuerdos surgen cuando existe desigualdad económica, cuando desaparece la prosperidad, cuando aumenta el desempleo, cuando los niveles de pobreza avanzan de forma precaria mientras el Estado y una elite económica destruyen el nivel de vida del resto de las clases y se da una polarización desproporcionada de la distribución y la de la riqueza.

La combinación de los síntomas de la depresión de 1930 anteriormente descritos, mezclados con la era acuariana, resultan una suerte de un coctel molotov imprevisible capaz de hacer estallar un sinnúmero de fogatas sociales dentro la estructura del tóxico sistema capitalista neoliberal.

Surgirán sin lugar a dudas conatos de revoluciones inevitables dentro del propio capitalismo, y con ello se acelerará el desmontaje del viejo sistema ya conocido por otro renovado en el que implícita o explícitamente será necesaria la convergencia con las formas socialistas que también vienen en avance hacia el capitalismo producto de las revoluciones internas que también está sufriendo el socialismo, que lo harán homologarse inevitablemente con el nuevo capitalismo.

Ambos sistemas recurrirán forzosamente a la convergencia para autocompensarse, después del desmontaje de sus viejos modelos. En ese escenario de convergencia quizás cada uno tendrá la responsabilidad de salvar al otro brindándole la otra parte que le falta, para así librarse mutuamente de sus respectivos colapsos o de morir a manos del otro.

Estamos ante el fin de las fórmulas de renovación interna de cada sistema. Ambos, capitalismo y socialismo, están agotados en sí mismos y han consumido todas las opciones de renovación posibles dentro de los límites de sus propios discursos. Para renovarse necesitan expandir las fronteras de sus relatos y los cambios que necesitan ya no están dentro: vienen de afuera y los tiene su contraparte. Después de haberse agotado en sí mismos, la única manera de evolucionar que tiene cada uno es salir a buscar lo más útil que tiene el otro en un plano de convergencias centrista.

La inevitable revolución del capitalismo hará inevitable su convergencia con el socialismo, y la inevitable revolución dentro del socialismo hará inevitable su convergencia con el capitalismo.

La Masonería:
El socialismo espiritual

La gran masonería es una orden universal y está constituida por muchas grandes logias, como por ejemplo las Grandes Logias de Oriente, las Federaciones, los Soberanos Consejos, las Potencias Masónicas y los Rosacruz, aglutinadas alrededor de sus respectivos comités ejecutivos, dirigidos por un gran Maestre local y un gran Maestre internacional. No existe una masonería uniforme, ya que la Gran Fraternidad es la suma de muchas masonerías particulares adaptadas a las condiciones propias de cada país y a cada periodo histórico. A veces adopta conciliaciones con los ateos, otras veces simula tolerancia por el cristianismo, también ha tenido alianzas con las monarquías, con las repúblicas, y hasta con los socialistas y comunistas. Sus particularidades también dependen del carácter heterogéneo de su base social.

Los orígenes de la masonería indican que fue fundada alrededor de 1717 en Inglaterra, cuando cuatro logias masónicas se reunieron en la Taberna (de singular nombre) del Diablo, según la *Enciclopedia of Freemasonry* y fundan La Gran Logia Inglesa. Más adelante, en 1765, se funda el primer salón masón en Marsella, Francia, y oficialmente la masonería cuenta por primera vez con su logia.

La doctrina filosófica de la secta es el resultado de la mezcla de varias corrientes, filosofías, prácticas teosóficas y religiones ancestrales. Se cree que, a través de la masonería, la Orden de los Templarios, abolida en 1312, ha subsistido apañada dentro de los muros de las logias masónicas hasta nuestros días. También han incorporado a su dogma aportes de las creencias albigenes y de otras distintas sectas árabes, tales como los ismailis, los kahmathitas, los hashishiyin o asesinos y los batinis, que ya contaban con una estructura de rangos y llegaban hasta el grado siete. El sistema de iniciación de los fatimas es muy similar al sistema utilizado por Weishaupt (masón fundador de los illuminatis) para la regir la iniciación de sus adeptos dentro de la orden. El relato masón que posee como idea central el Dios-naturaleza parte de los dogmas maniqueos y tiene mucho en común con la narrativa de los paulicianos. El amor por la filosofía, el saber y la búsqueda de la verdad tiene un origen griego y se considera que nace de la influencia de la filosofía gnóstica, que era la corriente de los sabios adoradores del conocimiento. Muchos estudiosos consideran que entre la masonería y la cábala existen innumerables similitudes e influencias, y que la cábala ha dejado importantes aportes a la orden. También se asegura que la masonería ha bebido del saber de las sectas más antiguas: egipcias, caldeas, indobrahmanicas, griegas y persas. Es innegable el origen espiritual satanista que tiene la masonería, ya que existen pruebas que demuestran que en sus grados superiores se le rinde culto a Satanás, se le cantan himnos y lo veneran como el Dios verdadero. En esta veneración por el luciferismo, han incorporado las prácticas de las ciencias ocultas dentro de la orden, tal como lo describen sus tratados. "No hay iniciación completa —decía Ragon— sin el estudio de las ciencias ocultas. Las ciencias ocultas fueron el patrimonio de las inteligencias privilegiadas" (1). Por otro lado, el origen sionista de la masonería es ya sabido, y el uso enmascarado que hace el judaísmo de la orden masónica para controlar el mundo de manera encubierta es un secreto a voces. También la influencia que tuvieron los jacobinos franceses dentro del liberalismo masónico definió su inclinación socialista e influyó en su posterior apoyo a los bolcheviques rusos y al comunismo en Europa en el siglo xx. También en el siglo xix ayudaron a expandir las revoluciones desde Rusia, Hungría, Alemania,

Francia, Portugal, Italia y en América Latina en México, Venezuela, Colombia, Chile y Cuba. Así lo siguen haciendo hasta nuestros días.

En dependencia de cada país y coyuntura histórica su doctrina se acomoda. Por ejemplo, la Orden de Chile, en su constitución de 1862, planteaba que la masonería se basaba en el estudio de la moral universal y la práctica de todas las virtudes. La misma Orden de Chile, en 1912, cambió su definición por una similar que definía la francmasonería como una orden filosófica y progresista dedicada a la investigación de la verdad y la práctica de las virtudes. Para los masones de Estados Unidos, "es una ciencia moral". Para la Asociación Masónica Internacional, con sede en Ginebra, la masonería se ocupa de la "investigación de la verdad, el estudio y la práctica de la moral". Para los masones belgas de la constitución del Gran Oriente, la orden se dedica "a la investigación de la verdad y el perfeccionamiento de la humanidad". En Alemania "trabajan por el bienestar de la humanidad, procurando en lo moral ennoblecerse". En Estados Unidos, Cuba, Venezuela y Colombia inspiró el amor por la libertad, la igualdad y la fraternidad.

La palabra masón significa en frances albañil. Toda su simbología gira alrededor de las herramientas y del oficio del albañil. Para los masones cada hermano es una persona con conocimientos profesionales y experiencia que se dedica al oficio simbólico de la construcción o reconstrucción de la naturaleza, a la que ellos definen como el mundo y la sociedad. Cada miembro iluminado es un albañil o un reparador que colabora en la construcción o resanación del templo, que no es más que el mundo. Es por ello que la constitución en los tres grados inferiores hace hincapié en la investigación de la verdad y la construcción de los valores como herramientas de reconstrucción del templo-naturaleza. En síntesis, simbólicamente son una especie de doctrina constructivista y una orden que reconstruyen el mundo con la ayuda del saber y la iluminación filosófica con el objeto de imponer un modelo de religión gnóstica en la que el templo es el mundo y Dios es el sol y fuente de vida.

Los símbolos masónicos, como dijimos, están relacionados con la construcción. Por ejemplo, la escuadra y el compás simbolizan la rectitud que tiene que tener el hermano y representan la igualdad de todos y el respeto mutuo que debe perdurar entre los albañiles.

"Logia" proviene del griego "logos", que significa defensa, argumentación, verbo, palabra. Para los masones, estos lugares de reunión son donde se habla o se transmite enseñanza a través de la palabra. La logia es una especia de ágora que contribuye a la superación filosófica. Los masones son concientes que el saber y el conocimiento son las armas más importantes para impulsar los cambios en la resanación del mundo.

La secta puede ser interpretada de cuatro formas: suele ser vista como una orden filosófica gnóstica, como una *nont profit* filantrópica y benéfica, como una orden secretista subversiva y conspiradora o como una religión. En algunos casos se suelen mezclar en la descripción dos definiciones de estas o hasta tres de manera mezcladas.

La orden de los albañiles es vista como organización filosófica gnóstica de iluminados. Son un grupo de hombres instruidos en el saber filosófico que han llegado a un nivel de sabiduría inusual, entrenados en la búsqueda de la verdad, en la investigación. Tienen una estructura de rangos a los que se llega por el grado de conocimiento y lealtad. Es una doctrina que estimula la apetencia por el estudio. La conquista del gran secreto conlleva una larga acumulación gnóstica para poder alcanzar un alto rango o grado y escalar en la organización.

Puede ser interpretada como una religión, porque está basada en ritos, ceremonias místicas y códigos simbólicos. Poseen un pontífice, hacen uso de la oración. Existen altares y templos. Sus consagraciones típicas, sus celebraciones religiosas, sostienen relaciones con deidades. Adoran un dios todocreador que es el sol.

En su versión conspirativa podemos alegar que han sido capaces de consolidar un enorme poder político que ha venido acumulado la organización de generación en generación a través de la captación y colocación en cargos públicos de importantes masones como el príncipe de Gales, George Busch (padre), George Washington, Theodore Roosevelt, Lord Byron, Thomas Jefferson, Gerald Ford, Napoleón Bonaparte, Wiston Churchill, Mijail Gorbachov, Isaac Newton, Voltaire, Simón Bolívar, Benito Juárez, Belgrano, San Martín, Sarmiento y José Martí, captados para lograr la imposición de un gobierno social teocrático y sionista en todo el mundo.

No reconocen ninguna ley ni autoridad y definen como hombre libre a aquel individuo iniciado que es dueño y soberano de sus pensamientos y decisiones.

El culto del satanismo secretista en algunas logias del mundo ha aumentado la imagen oscurantista de la masonería. A ello le sumamos que el secretismo y el hermetismo se han convertido en el objetivo fundamental de la orden, lo que acrecienta las sospechas de que en su cúpula se traman turbias intenciones luciferinas. En conformidad con los reglamentos masónicos, en algunas logias o tenidas (como suele llamarse) se profesa el agradecimiento al ángel de la luz caído descuidando a Dios, y rinden tributo a Satanás como su padre y fundador. A través de este tipo de prácticas estimulan el culto a Lucifer como esencia filosófica y teórica del satanismo. Se han convertido en órdenes oscuras y lujuriosas. No por gusto son necesariamente secretas, herméticas y desautorizan a sus miembros a divulgar las reglas bajo las que opera la masonería. Los miembros están sometidos a un espionaje interno profesionalmente articulado. Como dijera José María Cardenal: "¿Cómo se puede entender una sociedad que por su condición secreta se mantiene oculta en los predios de las tinieblas o lo oscuro desde un secreto inaccesible o un tipo de clandestinidad nóstica?".

Como hermandad fraternal y benéfica se combate internamente toda manera injusta del ejercicio de los derechos. Entre los masones no hay desigualdades, no existen poderosos y excluidos, no hay débiles y fuertes, no hay imperfectos y perfectos, no importan las creencias políticas, todos son iguales.

Cada Logia cuenta con su mesa directiva y su consejo administrativo, conformado por una nomenclatura que va desde el honorable presidente, primero y segundo secretario y un tesorero. Solo siete conforman el consejo directivo, que se reelige cada año. Los cinco primeros son reconocidos como "las cinco lumbreras".

Entre la enorme cantidad de ritos solo unos doce son los más vigentes. Entre los más comunes están el de Herodon, practicado por masones en Escocia, Alemania y Hungría; el francés; el escocés antiguo, reformado por los masones de Bélgica y Holanda; el escocés filosófico que llevan a cabo los suizos; el joanita, en Alemania; el eléctrico, ejercido en otra zona de Francia; el sueco de Swedenborg, utilizado también en Noruega; el Mizraim, aplicado por algunas logias en París; el York o masonería Real Arco, originario de Inglaterra y transpolado a China, Puerto Rico y Chile; el escocés antiguo, más generalizado en Chile y Cuba en 1814; y el rito del Gran Oriente Territorial Español Americano, practicado en Venezuela, Colombia, Chile y Cuba entre 1834.

A pesar de sus variantes, "El místico lazo" de la doctrina francmasónica a nivel general es la misma en todos los rincones del mundo. Sus rituales solo son una práctica externa susceptible de ser interpretada en diferentes versiones. La abundancia de los ritos no altera la esencia universal de su práctica ni de su dogma.

En todas las formas de ritos existe una constante para "Los hermanos del místico lazo", y ese factor común radica en la persistencia de los tres primeros grados definidos como el aprendiz, el compañero y el maestro en todas las logias del mundo. A pesar de estos tres grados básicos simbólicos existen muchos más grados superiores, que van del cinco al siete y llegan hasta el grado noventa y nueve según el tipo de rito. Los grados se corresponden al conocimiento y comprometimiento. Mientras más alto sea el masón, más erudito debe ser y más comprometido con los secretos, ya que tendrá acceso a otros niveles clasificados de la fraternidad, reservado para los más iluminados. El conocimiento estratégico es reservado para los grados superiores. Las logias de triangulo en formación o los círculos fraternales, en los que abundan los tres grados básicos, son considerados grados inferiores y son devotos, no aptos espiritualmente para recibir toda la información, el saber y los secretos de la orden.

Los grados fluctúan en dependencia de cada rito: francés: 7 grados masónicos, de los cuales 3 son simbólicos y 4 filosóficos; escocés antiguo y aceptado: 33 grados masónicos; escocés rectificado: 6 grados masónicos; de Memphis y Mizraím: 99 grados masónicos; de York: 13 grados masónicos.

Según José María Caro, existen varios rangos importantes: al masón de cuarto grado se le denomina Maestro Perfecto; el de grado 11 se conoce como el Sublime Caballero Electo; el de 16, Príncipe de Jerusalén; el de 19, Gran Pontífice o Sublime Escocés de Jerusalén; el de 28, Caballero del Sol o Príncipe Adepto; el de 30, Caballero Kadscho Gran Inquisidor; por último, el de grado 32, Soberano Príncipe del Real Secreto.

Existe en la masonería mucha ambigüedad en su práctica y en sus estatutos. Los estatutos de la Gran Logia Inglesa de 1723 definen que "un masón está obligado por su profesión a obedecer a la ley moral, y si entiende rectamente el arte, jamás será un ateo estúpido ni un libertino irreligioso" (2). Esto, a pesar de que marca una ruptura con la religiosidad obligatoria en esa época, deja abierta una zona de tolerancia para quien desee mantener sus hábitos religiosos siempre y cuando priorice la doctrina moral masónica y sus principios altruistas basados en la nobleza de los actos, la honestidad, el honor y la solidaridad entre hermanos.

La propia esencia misma de la masonería es el secreto. Lo oculto, lo inaccesible, el saber supremo inalcanzable, la lealtad en busca de una fuente de iluminismo abstracta y el hermetismo clandestino es lo que hacen atractivo el mito conspirativo de la masonería. Esta es la fuente de muchas falsas (y otras no tan falsas) especulaciones que alimentan un mito esotérico alrrededor de la orden. En esta etapa de posmodernismo conspiranoico, las grandes instituciones han perdido toda credibilidad y las fuerzas alternativas y místicas cobran cada vez más interés por su hermetismo supranatural y esoterismo místico.

Lo que diferencia a la masonería básica de la masonería esotérica es que la externa o de triángulo opera bajo los códigos morales de la buena conducta, y la esotérica, que es la que rebasa los tres primeros grados, es más conspirativa y solo la dominan los illuminati. La primera es más terapéutica, más moral, educativa, y la segunda es más secreta o, como prefieren algunos denominarla: más discreta.

En la primera etapa la masonería básica o el Triángulo Azul, que comprende a la mayoría de los iniciados en los tres primeros grados, el acceso al conocimiento y los secretos es limitado y tergiversado en ocasiones. Sobre esto el Gran Maestro Albert Pike expresó: "Como todas las religiones, todos los misterios, el hermetismo y la alquimia ocultan sus secretos a todos, menos a los adeptos y sabios o electos, y usa explicaciones y representaciones falsas de sus símbolos para engañar a los que merecen ser engañados. Así, la masonería celosamente oculta sus secretos e intencionalmente extravía a los intérpretes presumidos". (3)

En la etapa de ascensión a la masonería esotérica, que exige el juramento para obtener grados superiores, el iniciado va dejando atrás esa noción romántica de la organización como una orden fraternal forjadora de valores éticos que busca la verdad y los valores y la fraternidad entre los hermanos y empieza a verla como una secta en la medida que empieza a adentrarse en las capas del secretismo clasificado y las conspiraciones que ocultan otras intenciones mas trascendentales, muy distintas a las entendidas en la masonería básica.

El propio creador de los illuminati Weishaupt, también creador de la instrucción de los iniciados al grado de Mago, le recuerda que están sellando un pacto y asumiendo un compromiso ético a ciegas. A través de un cuestionario les recalcarán el principio Maquiavélico: "Acordaos que el fin legitima los medios, que el cuerdo debe tomar para bien todos los medios del malvado para el mal: los que hemos usado... no son sino un piadoso fraude" (4). En la misma ceremonia se somete al iniciado a otras preguntas, y entre ellas resaltan estas: ¿Habéis pensado maduramente que aventuráis a un paso importante al tomar compromisos desconocidos? ¿Si llegáis a descubrir en la Orden algo malo o de injusto por hacer, qué partido tomarías? ¿Haría aun esas cosas (malas o injustas) si la Orden me la mandase? ¿Aun cuando podría ser injustas, desde otro aspecto, dejan de serlo desde que llegan a ser un medio de llegar a la felicidad y para obtener el bien general? (5). Como vemos aquí, el fin justifica o santifica los medios.

El origen del secretismo radica en un sentimiento de paternalidad conspirativa y de aristocracia gnóstica que considera que el mundo no está apto para saber y recibir las revelaciones que los grandes maestros custodian.En el fondo es un sistema de castas al que se accede por lealtad y después viene el conocimiento.

Se propagan falsas quimeras cognoscitivas dentro de las logias que funcionan como filtros de depuración y le hacen ver a los iniciados inferiores y al mundo que en la masonería se practica la creencia en la buena moral, la fe, la fraternidad, compartimentando el saber entre los diferentes niveles y logias. A los niveles inferiores se le oculta mucha información, y el acceso al conocimiento y las estrategias que guardan las doctrinas superiores está dividido por rangos superpuestos como un organigrama militar en el que los soldados no conocen realmente los objetivos de las misiones y los rangos superiores solo saben parcialmente los objetivos que se manejan secretamente desde el estado mayor.

Muchos masones no consideran adecuada la denominación de sociedades secretas y prefieren el término de sociedades discretas. Según ellos, operan como sociedades secretas en las dictaduras y como sociedades discretas en las democracias o sistemas liberales, pero en realidad funcionan sobre la base del secretismo y la discreción, tal como dijera Gran Maestre italiano grado 11 Héctor Ferrari: "Mantenemos el secreto sobre los afiliados y sobre nuestras resoluciones internas: es homenaje a antiguas tradiciones" (6). Más adelante citaba: "Es prohibido tanto a las logias como a cada hermano de cualquier grado u oficio, fuera del Gran Maestre y del jefe de los ritos, el publicar en el mundo profano, por cualquier motivo o cualquier medio, documentos, actas, circulares, cartas y escritos oficiales u oficiosos, atingentes a la Masonería, sin haber obtenido antes licencia por escrito del Gran Maestre". (7)

Es difícil, con los siglos de experiencia masónica acumulados, poder definir el verdadero objetivo de la masonería.

Ese objetivo es mutante según los contextos históricos y es reservado para los altos grados o príncipes.

A cualquier masón o no practicante se le pregunta el fin de la masonería y apela a la clásica definición que enmarca a la orden como defensora de los valores morales de la solidaridad, la fraternidad, la beneficencia, la honestidad, el honor y otros comportamientos éticos elevados. En los niveles inferiores existe un subdiscurso o una subdoctrina construida para despistar al mundo, a los seguidores y a los propios miembros de no probada lealtad. Los verdaderos fines nadie los conoce, son exclusivos de los grados altos, que son los guardianes de los verdaderos intereses. Aquí radica la mística masónica y el grado de peligrosidad o positivismo según sean sus objetivos herméticos.

Como dijera José María Cardenal: "No se organizan sociedades secretas para marchar al unísono con la sociedad en que se vive: el secreto es necesario precisamente cuando se quiere conspirar contra ella". "Como los tres grados de la Masonería ordinaria —dice Luis Blanc— comprendían un gran número de hombres opuestos, por estado y principios, a todo proyecto de subversión social, los novadores multiplicaron las gradas de escala mística para subir y crearon las traslogias, reservadas a las almas ardientes; instruyeron a los altos grados (...) santuario tenebroso cuyas puertas no se abrían al adepto sino después de una larga serie de pruebas calculadas para comprobar los progresos de su educación revolucionaria, para probar la constancia de su fe, para ensayar el temple de su corazón". (8)

Es decir, que pueden existir tantos niveles de masonería como grados. El verdadero fin es ocultista y solo está consensado en sus estado mayor. El resto de los hermanos practican una masonería limitada, demagógica o incluso errada, pero a pesar de ello los mantienen porque cotizan y son útiles como base social para la organización.

Más que una doctrina externa y su verdadero fin oculto, la masonería no se puede medir como una ideología, mucho menos una teología, a pesar del misticismo simbólico que usa. Tampoco puede ser englobada como una sociedad humanista. Al final su centro conceptual es nulo y solo es la ley de discreción y del secreto. Lo que constituye la esencia de su real doctrina es el ocultismo, el secretismo y la prédica en las logias comunes en el que los primeros tres grados azules es una cáscara filosófica. Para los rangos inferiores puedes estar profesando una fe a una hermandad místico-filosófica que no coincide con lo que aprendes cuando eres un masón medio.

Los ideales de la doctrina masónica que le sirven como fachada a la que se imparte en la etapa azul comprenden los tres primeros grados y se basan en:

1.   La francmasonería es un movimiento filosófico activo, universalista y humanitario, en el que caen todas las orientaciones y criterios que tienen por objeto el mejoramiento material y moral de la humanidad, sobre la base del respeto a la personalidad humana.

2.   La francmasonería no es órgano de ningún partido político ni agrupación social. Se afirma en el propósito de estudiar e impulsar, al margen y por encima de aquellos, los problemas referentes a la vida humana, para asegurar la paz, la justicia y la fraternidad entre los hombres y los pueblos, sin diferencia alguna de raza, nacionalidad o creencia.

3.   La francmasonería reconoce la posibilidad de mejoramiento indefinido del hombre y de la humanidad, en un principio superior, ideal, que denomina "El gran arquitecto del universo".

Tal reconocimiento de un principio originario y de una causa primera deja a cada uno de los masones sus puntos de vista particulares sobre la naturaleza del mismo, absteniéndose de todo acto confesional. Por lo tanto, no prohíbe ni impone a sus miembros ningún dogma religioso, y rechaza todo fanatismo.

4. La francmasonería establece que el trabajo es uno de los deberes y derechos del hombre. Exige a sus adeptos, como contribución indispensable al mejoramiento de la colectividad. Propugna y defiende los postulados de libertad, igualdad y fraternidad y, por consecuencia, combate la explotación del hombre por el hombre, los privilegios y la intolerancia.

5. La francmasonería reconoce que es posible alcanzar la paz entre los hombres y las naciones de forma definitiva, superando la violencia y utilizando la razón. Que para el advenimiento de la paz es necesario ser actores y participar en la historia, asumiendo un compromiso inteligente y ético.

6. La francmasonería reconoce la necesidad de trabajar por la vigencia universal de los derechos humanos.

La masonería, acogida a su doctrina del secreto o la discreción, a lo largo de los siglos desde las sombras ha intervenido de manera oculta en muchos cambios históricos sin presentar su verdadero papel protagónico y ocultando su verdadera cara como instigadora de los conflictos. El poder masón necesita diluir sus intenciones manipulando y financiando las fuerzas del cambio, y rehúye de aparecer en las primeras filas.

La masonería extranjera propició la caída del imperio austriaco. El conocido crimen de Sarajevo, que fue la chispa que detonó la gran guerra, fue planificado por la masonería. Judicialmente está comprobado que los principales culpables eran masones. Fueron aliados de Lenin y los bolcheviques para derrocar a la monarquía rusa, y desde 1905 venían conspirando para fomentar la Revolución Rusa. La masonería rusa era antirrusa y antipatriótica. Obedecía al pie de la letra las directrices de la gran masonería occidental, interesada en desestabilizar los intereses nacionales. Esta labor al servicio de otros poderes extranjeros está documentada en las correspondencias de los masones rusos con el estado mayor de la masonería internacional, en complicidad con los servicios de inteligencia extranjeros. La iglesia ortodoxa siempre definió a la masonería como una orden conspirativa satánica anticristiana interesada en socavar los valores nacionales para saquear las riquezas de Rusia.Los revolucionarios rusos no han hecho ni hacen más que ejecutar un plan trazado muchos años antes por uno de los Supremos Pontífices de la Masonería" (9). La oscura estrategia para derrocar al Papa, precipitar su exilio de Roma y conducirlo a refugiarse en Rusia, elaborado por Albert Pike en 1895, fracasó como otros tantos intentos de aniquilar el cristianismo destruyendo su figura emblemática. Conspiraron para lograr la revolución de 1819 en España, conocida como el motín militar de Cádiz. La mayoría de los líderes más destacados de las revoluciones políticas, filosóficas y religiosas en Portugal eran masones, y casi todos los instigadores del golpe de Estado de 1910, en el que se instauró la República Portuguesa, pertenecían a la secta. Detrás del asesinato del rey Carlos y su hijo estuvo la mafia masónica. Después de 1813 el gobierno de Londres fue tomado por integrantes masones. Bajo la guía de Lord Palmerston, Inglaterra se convirtió en el epicentro exportador de revoluciones a Brasil, Portugal, Holanda, Bélgica,

Italia, Cerdeña y Hungría. Se sabe que coordinaron en Francia la caída de la monarquía y el aniquilamiento de Napoleón I para poder hacerse del control político de Francia. Existen documentos que prueban que los motines de la Revolución Francesa costaban muchos miles de libras a los masones, y los agitadores tenían grandes sumas de oro en su poder, financiado por las logias inglesas y europeas con el apoyo de la francmasonería francesa. Su interferencia en la revuelta francesa fue tan notable, que se puede afirmar con toda propiedad que la Revolución Francesa fue una revolución masónica.

En los Estados Unidos Albert Pike fundó la primera orden francmasónica del Rito Escocés en 1801 en dos regiones, en sur ,la de Arkansas, y en el norte, la de Boston con el apoyo de los conservadores y terratenientes que ya venían practicando ceremonias anticristianas y satánicas.En 1867 Albert Pike inicia en Nashville,la Orden de los Caballeros del Ku Klux Klan de la cual el con el rango de "gran dragón" era el jefe máximo.

En América su influencia fue más positiva, pero igual la orden estuvo involucrada en todas las conspiraciones por la emancipación de los países de América frente al dominio colonial español y portugués fundamentalmente. Muchos masones formaron parte de las grandes conspiraciones libertarias. Por ejemplo, en México, está comprobado que el emperador Maximiliano fue sentenciado a muerte por el comité revolucionario en 1867, y la masonería internacional y mexicana fraguaron su caída para después de su muerte instaurar como presidente de México a un alto grado masón de nombre Benito Juárez. El asesinato del presidente de Ecuador García Moreno el 6 de agosto de 1875, después de haber librado con suerte dos atentados anteriores, fue el resultado de un inmenso y meticuloso complot masónico para propiciar un cambio de gobierno.

En Cuba los aires revolucionarios ilustrados tuvieron un impacto positivo en la historia de la Isla y fueron un factor catalizador de la independencia de Cuba, ya que confluyeron alrededor de las logias nacionales muchos patriotas intelectuales con sed de libertad, hartos del colonialismo español. La nacionalidad cubana está construida sobre la sangre y el sacrificio de muchos masones honestos, ilustrados y valientes patriotas.La historia y la cultura de Cuba están modeladas por la fuerza del carácter de esos masones que soñaron con un ideal de país y fueron creandolas bases de lo que somos hasta hoy, legándonos una cultura patriótica, parte intangible de la idiosincrasia del cubano.

Los primeros pasos se dieron cuando los ingleses, que ocuparon La Habana en 1762 por un periodo de casi un año y gracias al pacto borbónico entre España y Francia, fueron los que importaron la masonería a la Isla, al traerse consigo su propia logia militar, de nombre El Templo de las Virtudes Teologale, primera logia expresamente establecida en Cuba a la que se le concedió la carta de autorizo el 17 de diciembre de 1804. Con ellos vino una corriente de librepensamiento que despertó los anhelos de libertad de muchos cubanos.

El primer cuerpo masónico soberano que existió en Cuba fue la Gran Logia Española de Francmasones del Rito de York. Esta se formó de la reunión de las tres logias de origen extranjero radicadas en Cuba: Templo de las Virtudes Teológicas, Constancia y Delicias de La Habana.

Andrés Cassard, cubano de origen francés, es considerado el padre de la masonería cubana. Tuvo bajo su tutela las logias Fraternidad no.1, Prudencia no.2 y San Andrés no.3. Estas tres se unieron en 1859, fundando la Gran Logia de Colón.

Después de empezarse a consolidar una incipiente masonería criolla, las organizaciones libertadoras nacen dentro del secretismo de la fraternidad. Es así como empiezan a surgir conspiraciones como la de los Rayos y Soles de Bolívar, encabezada por José Francisco Lemus y Escamez, que aspiraba a fundar la República de Cubanacán y se desarrolla con una marcada influencia de los hombres de la escuadra y el compás. También surgieron paralelamente otra infinidad de conspiraciones, entre las cuales se destacan la de la Gran Legión del Águila Negra y la Conspiración de la Escalera.

El investigador Eduardo Torres Cuevas señala: "En la historia del movimiento independentista cubano un lugar especial lo ocupa la logia Independencia. Gracias a Manuel Anastasio Aguilera es que conocemos los orígenes de esta logia mambisa, de la cual se tenía referencia por los trabajos de Fernando Figueredo Sacarrás, quien fue iniciado en ella. La logia Independencia formó parte del conjunto de instituciones que surgieron durante la Asamblea Constituyente de la República de Cuba en Guáimaro. Esta reunión patriótica tuvo efecto a partir del 10 de abril de 1869. En ella se aprobó la primera Constitución de la República, se adoptó un símbolo nacional, la bandera, no así el himno, y se eligió el primer presidente de la misma. La elección recayó en Carlos Manuel de Céspedes y del Castillo".

Producto del auge de este clima conspirativo y secretista, por un Real Decreto emitido por el gobierno de España, fechado en el año 1824, las logias masónicas se declararon ilegales y sus integrantes tuvieron que comenzar a reunirse en la clandestinidad, porque sus miembros corrían peligro de ser apresados y encarcelados. Después de haber sido autorizadas en 1834, se vuelven a declarar ilegales posteriormente. Se siguió trabajando de manera clandestina, y el efecto social y político no tuvo mucho impacto en varios años.

Muchos conspiradores fueron perseguidos y tuvieron que optar por el exilio, lo que creó en el exterior una fuerza de apoyo que fue muy necesaria. "La emigración fue trascendental, ya que se constituyeron núcleos fraternales que mucho aportaron a la causa de la independencia. En Cayo Hueso se funda la logia

Félix Varela No. 64 y más adelante la de Francisco Vicente Aguilera, de la cual es electo V.M. el patriota Fernando Figueredo Socarrás. En Nueva York trabaja La Fraternidad No. 387, a la que pertenecerían Benjamín J. Guerra y Gonzalo de Quesada y Aróstegui, tesorero y secretario, respectivamente, del Partido Revolucionario Cubano fundado por Martí, quien a su vez se había iniciado en España, desde muy joven, en la logia Armonía" (10).

Entre los próceres de la Guerra de los Cien Años que poseían grados importantes dentro de la masonería insular se encuentran Carlos Manuel de Céspedes, Máximo Gómez, Antonio Maceo, Fermín Valdés Domínguez, Perucho Figueredo, Benjamín J. Guerra, Francisco Vicente Aguilera, Calixto García, Julio Sanguily, Félix Varela, José Antonio Saco, Vicente Antonio de Castro, Narciso López ,Gonzalo de Quesada, Juan Gualberto Gómez, Antonio Zambrana, Bartolomé Masó y Rafael María de Mendive (mentor de Martí). El propio José Martí se integró a la masonería en España y pertenecía a la logia Armonía. Sus atributos de masón fueron donados a Cuba por Fermín Valdés Domínguez y se conservan en un museo. Hace unos años fueron hallados, junto con su firma comprobada, documentos de la logia Fernandina de Jagua, en la ciudad cubana de Cienfuegos, que demostraban que José Martí ostentó el grado de maestro masón.

En la etapa de la lucha insurreccional en la Sierra Maestra, muchos rebeldes provenían de la masonería oriental, como es el caso del comandante Hubert Matos y su ayudante, el teniente Napoleón Bécquer, que provenían de ser funcionarios de la logia Manzanillo.

Merecen ser reconocidos tres presidentes de la república masones que llevaron a cabo también aportes importantes al país, amén de sus desaciertos: Tomás Estrada Palma, José

Miguel Gómez y Gerardo Machado, así como ilustres políticos, entre ellos Enrique José Varona.

También en América Latina la masonería jugó un papel político entre los siglos xviii, xix y xx, ya que muchos masones se desempeñaron como presidentes. Tres de los presidentes de Argentina han sido masones: Juan Domingo Perón, Raúl Alfonsín y Mauricio Macri. Entre los presidentes mexicanos, muchos pertenecieron a la masonería: Miguel Alemán Valdés, Lázaro Cárdenas, el candidato a presidente trágicamente asesinado Luis Donaldo Colosio, Porfirio Díaz, Plutarco Elías Calles, Benito Juárez, Adolfo López Mateos, Francisco Madero, José López Portillo, Carlos Salinas de Gortari, Enrique Peña Nieto y el actual, Andrés Manuel López Obrador.

En Chile, Arturo Alessandri Palma, Carlos Ibáñez, Pedro Aguirre Cerda, Juan Antonio Ríos y Gabriel González Videla. En Colombia, Antonio Nariño, José M. Castillo y Rada, Simón Bolívar, Francisco de Paula Santander, Domingo Caicedo, Joaquín Mosquera, Rafael Urdaneta, José Ignacio de Márquez, Pedro Alcántara Herrán, Juan de D. Aranzazu, Tomás Cipriano de Mosquera, Rufino Cuervo, José Hilario López, José María Obando, José María Melo, Eustorgio Salgar, Juan A. Uricochea, Manuel Murillo Toro, José María Rojas Garrido, Santos Acosta, Salvador Camacho Roldán, Julián Trujillo, Sergio Camargo, Manuel María Ramírez, Francisco Javier Saldúa, José Eusebio Otálora, Ezequiel Hurtado, Eduardo Santos, Darío Echandía y Alberto Lleras Camargo.

En Estados Unidos, John Adams, James Buchanan, George H. W. Bush, Gerald Ford, James A. Garfield, Warren G. Harding, Rutherford B. Hayes, Andrew Jackson, Thomas Jefferson, Andrew Johnson, William McKinley, James Monroe, Franklin Pierce, James K. Polk, Theodore Roosevelt, William Howard Taft, Harry S. Truman y George Washington.

La simbología masónica es adorada de manera inconsciente por muchos cubanos, es parte de la semiótica histórica y cultural nacional, al estar presentes los símbolos masónicos en los principales símbolos patrios como el escudo, la bandera el himno nacional. "La bandera cubana tiene marcado simbolismo masón ya para los masones independentistas, que la crearon con el triángulo rojo que simboliza la grandeza del poder que asiste al Gran Arquitecto del Universo. Sus lados iguales indican la divisa masónica de libertad, igualdad, fraternidad y la división tripartita del poder democrático. Su estrella de cinco puntas es sinónimo de la perfección del maestro masón: la belleza, la virtud, la fuerza, la sabiduría y la solidaridad. Además, la bandera en su conformación integra los tres números simbólicos de la masonería. El número tres, presente con las tres franjas azules, que representa la armonía perfecta; el número cinco, resultante de sumar todas sus franjas, significa el espíritu vivificador, que perpetua la naturaleza; y por último el siete, que se obtiene de sumar las franjas, el triángulo y la estrella, es un digito considerado divino de los antiguos judíos y los griegos". (11)

Antes de la Guerra del noventa y cinco se reestructura la masonería simbólica, pues tras sucesivas fusiones entre las Grandes Logias, en 1891 surge la "Gran Logia de la isla de Cuba".

Después de concluida forzosamente la guerra del independencia del 95, en octubre de 1898, en la Conferencia de París, España se ve obligada a vender Filipinas a Estados Unidos por 20 millones de dolares y ceder los territorios de Cuba, Guam y Puerto Rico. Los estadounidenses establecen entonces una ocupación militar en Cuba, que se prolonga hasta 1902. Esta transición se conoce como la etapa de formalización del traspaso de poder de España a Estados Unidos asegurado por la enmienda Monroe.

En esta etapa de transición política de la naciente democracia liberal republicana, la masonería cubana necesitaba un paréntesis de sosiego. Se produce un giro en cuanto a los objetivos y su rol socio-político.entre 1945 y 1958 se fundaron 133 logias y se erigieron múltiples monumentos escultóricos alegóricos a José Martí y Antonio Maceo en casi todas las ciudades importantes de la Isla. La misión se transformó más doctrinaria y más introspectiva. Su acción social enfatiza en su crecimiento como organización, en la educación y la beneficencia. "En 1917 los masones salvan de la quiebra al asilo de niños y ancianos La Misericordia, que existe hasta hoy con el nombre de Hogar Nacional Masónico Llansó, y más adelante asumen obras como el amparo a la Casa de Beneficencia de Matanzas y al asilo para niños José María Casal, además de la creación del Auxilio Masónico, como una forma de ayudar a los familiares de masones fallecidos, que aún hoy subsiste. Asimismo, se crean diversas instituciones, como las Agrupaciones Masónicas, el Zapato Escolar y el Traje Masónico —ambas con el objetivo de ayudar a las escuelas públicas y a las familias de escasos recursos—, la Escuela Nacional Masónica, para niños huérfanos de padres masones, y la Universidad Masónica José Martí, todas como una forma de cooperar con la causa de la educación en el país. También se organizó la Asociación de Jóvenes Esperanzas de la Fraternidad, con el propósito de velar por el desarrollo moral, físico e intelectual de los jóvenes" (12).

En lo político solo se limitaron a presentar protestas públicas formales en las que se definía la posición moral de la masonería frente a determinadas anomalías políticas. Fue en 1933 cuando Lisardo Muñoz Sanudo, gran comendador, dirige una carta al presidente de la república Gerardo Machado solicitándole, en nombre de la orden, su renuncia al cargo, ya que no era ya deseado ni por los cubanos ni por los masones como presidente de la república. Con el golpe militar de Fulgencio Batista y Zaldívar en 1952 los masones retoman la queja formal política y hacen público su rechazo. Proponían al sargento —ascendido a general por un decreto genital— una solución democrática basada en la realización de nuevas elecciones en las que no era conveniente que participaran ninguno de los golpistas, para poder rescatar la institucionalidad democrática. Entre 1949 y 1959 fue relevante el apoyo a la lucha contra la dictadura de Batista que brindó el Gran Maestro Carlos Manuel Piñeiro y del Cueto, quien rompió con Fidel Castro después del triunfo rebelde por diferencias sustanciales que lo obligaron a emigrar al exilio.

En la etapa republicana, la masonería cubana mantuvo un perfil más bajo, a diferencia del activismo revolucionario que tuvo en el pasado siglo. No obstante, sí mantuvo una actitud crítica que canalizó a través de los mecanismos formales. Fue sabido su apoyo a los opositores de los regímenes corruptos y opresivos que transitaron de 1900 a 1959 y apoyaron de manera secreta el movimiento revolucionario, dando refugio a los perseguidos políticos.

Los practicantes de la masonería que existían en la Cuba republicana prerrevolucionaria ascendían a 34,000. Con el triunfo de la insurgencia fidelista en 1959, en los primeros años de instauración del comunismo se redujeron a 13,200 militantes. Para 1981 empezaban a recuperarse, ascendiendo a 19,582 miembros. En la actualidad, dicho crecimiento puede derivarse en gran medida de la apertura que en los últimos años ha mostrado el régimen hacia algunas instituciones no gubernamentales de carácter religioso, lo que ha influido a que asciendan a más de 28,000 los afiliados. En fin, le ha costado casi sesenta años recuperar el numero de afiliados que tenían antes de la revolución del 1959.

En esta expansión también ha colaborado la creación, a partir de 1985, de la ley número 54, la cual confiere los derechos de libre asociación para la población cubana. A partir de esta iniciativa hubo disimiles solicitudes de grupos, desde los disidentes políticos hasta la Iglesia católica, incluyendo a las iglesias protestantes y a grupos pequeños como los abacuá, judíos y homosexuales, brindando un marco de seguridad y respaldo civil a los interesados en acercarse a la orden.

En esta etapa inicial revolucionaria, caracterizada por la sucesión de radicales cambios sociales se implemento la ofensiva materialista dialéctica antiteológica. Muchos masones huyeron del país atemorizados, ya que en las dos primeras décadas comunistas hubo una escalada de hostilidades caracterizada por el cierre de templos, el bullying social, campañas de desprestigio de la secta , la persecución de los miembros hostiles de las órdenes secretas y religiosas, lo que dividió a la masonería en la masonería conspirativa del exilio, retomando las tradiciones del siglo xix, y la masonería benéfica e inofensiva, en tenso equilibrio con el comunismo y monitoreada por los servicios de inteligencia cubanos.

Una vez en el exilio, el gran maestro J. J. Tarajano funda en 1980 en Estados Unidos, después de muchos esfuerzos, la Gran Logia de Cuba de A.L y A.M., que contó con el beneplácito de la Conferencia de Grandes Maestros celebrada en Washington. Los masones cubanos que optaron por no abandonar la Isla y tuvieron que pactar con el régimen reconfiguraron la orden y crearon la Gran Logia Cubana, con sede en La Habana, como templo rector de toda la actividad masónica, en una frágil convivencia con el socialismo, la cual igualmente fue reconocida en la V Conferencia de la Confederación Masónica Interamericana.

Los años posrevolucionarios han sido de los más difíciles para la orden, obligándola a mantener un fino equilibrio con el totalitarismo. Los primeros intentos conspirativos en contra del giro comunista que tomó la revolución cubana en 1961 fueron aplastados.Muchos de los masones disidentes sufrieron cárcel, fusilamiento o exilio por conspirar contra el régimen comunista. A pesar de que fue diezmada, amordazada, infiltrada, debilitada y silenciada, la Fraternidad Masónica no fue prohibida, como sucedió en otros países a lo largo de la historia. Esta consideración se debe al gran prestigio que posee desde las luchas independentistas.Porque la independencia de Cuba yace sobre los cimientos masones. Se sabe que la masonería es parte de la cultura no reconocida oficialmente, por la diversidad socioeconómica de sus miembros y porque es la más antigua de las once órdenes fraternales que existen en Cuba.Por las conexiones a nivel internacional que posee con el poder mundial y tambien por que muchos años fue penetrada por la inteligencia cubana y monitoreada con el consentimiento de su gran maestro y varios oficiales de intelegencia infiltrados como masones ilustres.

Para ello, la estrategia seguida durante décadas por el régimen cubano ha sido tanto el agotamiento económico y la intimidación como la penetración mediante espías, para provocar el fomento de las divisiones internas.

Para muchos no es una novedad que en Cuba no existe una organización u asociación seudoindependiente que no esté monitoreada e infiltrada por los agentes de la Seguridad del Estado. La masonería no fue una excepción. El 28 de marzo de 2011 los cubanos y la comunidad masónica supieron con pesar, a través de la serie de la Televisión Cubana titulada "Las razones de Cuba", en un capítulo subtitulado "Ayudas peligrosas", que el Gran Maestro de la Gran Logia de Cuba que desempeñó este cargo entre 2000 y 2003, doctor José Manuel Collera Vento, era a su vez el agente Gerardo de la Seguridad del Estado cubana (DSE).

Según declaraciones del ex Gran Maestro y oficial de inteligencia, la CIA, mediante la Usaid, y la Donner Canadian Foundation, trabajaban en la posibilidad de financiar a los masones en la Isla para estimular y fomentar un clima de insubordinación y para ello brindaron apoyo y donaron miles de dólares. Según la periodista Camila Acosta, "Tal fue la calidad del espionaje de Collera Vento, que llegó a recibir la Medalla del Congreso de los Estados Unidos. Su desclasificación, en el año 2011, se debió a que tuvo que declarar en el juicio de Allan Gross, contratista de la Usaid que fue detenido en Cuba en 2009, cuando intentaba instalar, dentro de la comunidad judía cubana, sistemas de comunicación satelital (internet) sin filtraciones. Collera Vento había sido el contacto de Gross en Cuba; su declaración en el juicio fue crucial para condenarlo".

Como lo reveló el propio Collera Vento, hubo otros miembros de la masonería cubana que también trabajaron y colaboraron con los servicios de inteligencia del Ministerio del Interior Cubano (Minint) "para preservar los sagrados intereses soberanos de nuestro pueblo".

Después de más de treinta años colaborando con los servicios de inteligencia cubanos desde 1976, se deduce que en su periodo (2000-2003) como Gran Maestro de la Logia Cubana, la masonería estuvo expuesta, ya que Collera Vento, en su traición, violó varios estatutos del dogma de la institución y el secreto masónico, lo que le costó su expulsión, dejando a la orden desmoralizada y dividida. Con este hecho se da una particularidad histórica para los masones, ya que la temida organización más secretista y conspiracionista del mundo fue penetrada y humillada por otra con igual tradición secretista y conspirativa en manos del gobierno cubano.

Después de la desmoralización en los círculos masones internacionales y esta crisis interna de la fraternidad, han tratado de recomponerse, pero no han perdido su docilidad y obediencia en la búsqueda de no transgredir los parámetros sobre los que le permite operar el sistema totalitario socialista cubano para poder sobrevivir. Según Sergio R. Vidal, miembro del Proyecto Espejo, "la apoliticidad asumida por la masonería cubana en los últimos tiempos la ha puesto en el plano más oscuro de sus 160 años de historia" (13). También Gerardo Cepero, miembro del mismo proyecto, opina que "la masonería no debe asumir una posición política activa, sino crear una conciencia política de lo que es correcto o ético. Si tú profesas ciertos valores tienes que defenderlos a costa de todo" (14).

El propio José Martí (Grado Gran Mason) definía a la masonería: "Obrar irrevocablemente, perfeccionar el ejercicio de la libertad, preparar a los ciudadanos a la vida pública, ayudar al logro de toda noble idea, estos son, sin uno más, sin nada de incógnito, sin nada oculto, los misterios de la orden masónica". (15)

En la actualidad, desde su doctrina filantrópica y benéfica, se alinean con el programa del nuevo orden mundial del cual son los autores intelectuales y buscan alianzas con el socialismo, al cual desean hacer confluir con el capitalismo de forma acelerada en la primera mitad del siglo xxi. Digo esto porque mediante la fraternidad desestiman la propiedad privada, la cual consideran contraria a la perfecta igualdad que reina en el templo, en perfecta armonía con las concepciones del socialismo. También, como coincidencia singular, luchan por la imposición de un régimen teocrático social y buscan la eliminación de toda desigualdad. Abogan por una sola familia universal y no la variedad de familias individuales, así como la existencia de una sola iglesia, que imagino no es la cristiana precisamente.

A través de una organización secreta supranacional son capaces de desestabilizar gobiernos o sistemas económicos y pueden convertir a las naciones independientes en marionetas de los designios de la masonería financiera global que domina el mundo mediante una campaña de ataques subversivos desde el exterior y con la colaboración de los masones infiltrados dentro de las estructuras de poder de cada país como un estado profundo. El propio Weishaupt (fundador y jefe de los illuminatis) decía: "Soplar por todas partes un mismo espíritu, dirigir hacia el mismo objeto, con el mayor silencio y con toda la actividad posible, a todos los hombres esparcidos sobre el haz de la tierra" (16). Más adelante afirmaba: "Pero todo eso debe hacerse en silencio. Nuestros hermanos deben sostener mutuamente, socorrer a los buenos en la opresión y tratar de ganar todos los puestos que dan poder para el bien de la Orden". (17)

En su libro *La dictature de la Franc-Maconnerie*, Michel A. G. corroboraba cómo "los parlamentarios francmasones, que son en cierto grado una emanación de la orden, deben quedarle tributarios durante su mandato (...) En toda circunstancia de su vida política tienen la obligación de plegarse a los principios que nos rigen" (18). Continuaba: "Deben, en el seno del Parlamento, formar grupos que obren de la mejor manera en bien de los intereses de la masonería". (19)

En Estados Unidos, el país con más de cuatro millones de masones en 1960, Mr. Marritt, Gran Maestro de Ceremonias y Gran Maestro, en su contestación al brindis "El gran Consistorio de California" declaró: "Nosotros sostenemos que ningún hombre o corporación de hombres tiene el derecho de influir en nuestra conducta política. No reconocemos partido. Votamos según los principios de la Masonería del Rito Escocés. El hombre que pertenece al Rito Escocés y no lo hace así, viola toda obligación, desde la primera hasta la trigésima tercera, cada una de ellas". (20)

Por eso es que en Italia y algunos otros países los illuminatis francmasones fueron perseguidos y prohibidas sus organizaciones temporalmente. El Estado trataba de impedir las influencias negativas que pueden ejercer las órdenes secretas extranjeras en combinación con sus subsidiarias locales en contra de los intereses nacionales. No podían permitir que el Estado profundo penetrara e infiltrara en todos los puestos claves de control como la defensa, la educación, la economía, el aparato jurídico, la política y las monarquías con los dobles agentes masónicos entrenados y con poder para sabotear el funcionamiento del sistema.

El peligro es que los países o los sistemas políticos terminan siendo víctimas de las falsas banderas creadas no por superpotencias, sino por una simple sociedad secreta que trabaja desde las sombras y agrupa al poder financiero internacional que pone al servicio de la subversión una robusta chequera para lograr agravar las situaciones económicas de los gobiernos que se convierten en sus objetivos, creándoles trastornos financieros, sociales y un clima adverso que acelere su descomposición.

Con la ayuda del poder profundo, que no son más que infiltrados en los puestos claves del poder, y la financiación de fuerzas sociales anárquicas de choque, saben fabricar una desestabilización social y poner patas arriba cualquier nación. Después de aquel glorioso 5 de mayo de 1789, a casi doscientos veintinueve años podemos ver con más claridad los efectos y estragos que provocó la mano oscura de la masonería en la revolución francesa. Este repaso nos ayuda a entender con más precisión sus métodos. En nuestros días continúan operando de la misma forma mediante los oscuros manejos, las intrigas secretistas, la doble moral masónica, la influencia de sus infiltrados, la creación de disturbios y crisis artificiales a través del soporte y el poder seductor de su gran chequera.

Donde existe en la historia un movimiento revolucionario destructor de un antiguo orden social, está la mano oscura de la masonería illuminati. Ya hemos hablado de la íntima relación de la masonería sionista con los partidos revolucionarios jacobinos, bolcheviques y socialistas y todas las otras formas de desestabilización de gobiernos, sistemas y monarquías a través de las crisis provocadas artificialmente, la violencia callejera y el terror. "El congreso masónico de Saintes, en 1847, y los que le siguieron, prueban con demasiada claridad que la masonería tiene por fin el socialismo y por medio la revolución" (21). A partir de este congreso y desde hace ciento setenta y tres años, la masonería viene tratando de imponer el socialismo, el materialismo dialectico, el igualitarismo absoluto, la libertad anarquista, la imposición de una sola ideología o teología de corte social teocrática, el anticonservadurismo, la extinción de la pequeña y mediana burguesía, la renuncia a la propiedad privada, el anticristianismo, el luciferismo, la fraternidad universal ,la globalización del mundo como un solo gran templo, el antipatriotismo ,el antietnicismo y el control totalitario en lo que han llamado nuevo orden mundial y yo denomino capitalismo-leninismo.

Albert Pike, Soberano Pontífice de la Masonería Universal, afirmaba algo muy revelador del verdadero secreto masón: "Nosotros desencadenaremos a los nihilistas y ateos y provocaremos un cataclismo social formidable que demostrará a las naciones, en todo su horror, el efecto de toda la incredulidad absoluta madre del salvajismo y del más sangriento desorden. Entonces, por doquiera, los ciudadanos, obligados a defenderse a sí mismos contra la loca minoría revolucionaria, exterminarán a estos destructores de la civilización y la multitud desilusionada del cristianismo, cuya alma deísta está hasta ese momento sin brújula, sedienta de un ideal, pero sin saber dónde rendir su adoración, recibirá La Verdadera Luz, la universal manifestación de la pura doctrina de Lucifer, sacada finalmente a pública luz, manifestación que resultará del general movimiento de reacción que seguirá la destrucción del cristianismo y del ateísmo, ambos vencidos y exterminados al mismo tiempo". (22)

En un fragmento del discurso de Albert Pike en un acto de iniciación de los miembros del 32 grado fechado el 4 de julio de 1889 citado por Jan Van Helsing en su libro *Las sociedades secretas y su poder en el siglo xx,* el lider del "Rito Escocés" afirmaba que: "Veneramos un Dios que de hecho,es un Dios al que veneramos sin superstición. Todos nosotros, iniciados de alto grado,debemos continuar viviendo nuestra religión en la pureza de la enseñanza de Lucifer". Mas adelante proseguía: "La verdadera religión filosófica es la fe en Lucifer, Dios de la luz y del bien,lucha por los seres humanos contra Adonai, Dios de la oscuridad y del mal".

Como vemos, el poder cabal masón, en su falso papel de Dios al servicio de Lucifer, ha pretendido acelerar el rumbo de la historia contemporánea y ha diseñado una ingeniería con la ayuda de las tecnologías para acercar el socialismo al capitalismo. De manera inversa, intentan acercar el capitalismo al socialismo, manipulando los destinos universales para su conveniencia.

Las "falsas banderas" creadas para acelerar los dese-quilibrios estructurales que son propios de las contradicciones internas del capitalismo lo han convertido en un sistema alejado del bienestar social, en un modelo tóxico y, por ende, más cercano al socialismo. A su vez, la prolongada disfuncionalidad del socialismo también lo acerca inevitablemente a la conver-gencia con el capitalismo para poder sobrevivir. Ambos sistemas se piden prestados y han llegado a la conclusión que uno posee la mitad que le falta al otro, están indisolublemente ligados entre sí y forman juntos un proceso contradictorio único. Es decir, uno existe únicamente porque existe el otro.

En el orden religioso intentan imponer en el mundo el paganismo antiguo. A través del orden autocrático, con el objeto de sustituir a Cristo por el Sol, la masonería, en su renuncia al cristianismo, ha construido su propio Dios, que no es más que el Sol, que no es un todo creador, sino un constructor como fuente de emanación natural.

En el orden filosófico proponen una fusión del saber filosófico con el materialismo histórico. En lo humano optan por una disciplinariedad que provoca una escasez de libertades contraria al liberalismo absoluto que pregonan, lo científico subordinado al control y en lo político la convergencia del capitalismo con el socialismo en el gran templo en un nuevo orden capitalista-leninista global.

El ministro inglés Disraeli, refiriéndose al poder oculto de los masones, afirmaba: "Los que gobiernan el mundo no son los que parecen gobernarlo, sino los que operan tras bastidores" (23). Detrás del secreto masónico está su fuerza, porque como enemigo no es visible y como ente subversivo no es palpable. Nadie puede destruir y condenar una fuerza que de por sí es invisible.

Los masones, desde los inicios de su orden, profesaban su inclinación al radicalismo partidista, pero por lo general siempre han preferido apoyarse en las fuerzas liberales y en los partidos e instituciones liberales. Han contado con la ideología liberal como mancuerna, ya sea en su versión original o radical. Desde el congreso masónico en 1881, los participantes acordaron que "El partido liberal, que es la expresión profana de la Masonería, debe sacudir su pereza" (24). En la actualidad dominan el ala liberal socialista del partido demócrata norteamericano, y los gobiernos de influencia de izquierda o socialistas se han convertido en la marioneta de la masonería y el poder sionista mundial para imponer los objetivos de la agenda del NOM en Estados Unidos y el mundo. Esto no quiere decir que no cuenten también con masones conservadores infiltrados o captados dentro del partido republicano y la derecha mundial. Parece bastante cohesionado el Tea Party en su radicalización conservadora y al menos aparentan una fuerza unida como barricada en defensa del verdadero liberalismo, el capitalismo, las libertades individuales y las ideas patrióticas frente al servilismo de los demócratas y las izquierdas, que por conveniencia sirven a los intereses de la masonería leninista-capitalista.

La masonería promueve una sociedad global fraternal apátrida. Para sus seguidores son más importantes los derechos universales y transnacionales que los conceptos de patria o nación. La propia doctrina de los illuminatis plantea que "El amor a la Patria es incompatible con los objetos de un amor inmenso, con el fin ulterior de la Orden" (25). Más adelante aseguran: "La Francmasonería proclama la fraternidad universal; sus esfuerzos tienden constantemente a ahogar entre los hombres los prejuicios de casta, de distinción de color, de origen, de opinión, de nacionalidad" (26). Este principio antinacionalista de "alianza universal de los pueblos" es el principio del internacionalismo proletario socialista y el estado supranacional, que ya es parte de la agenda del NOM y de la ONU.

El nuevo Orden Mundial Masónico Illuminati, según las conclusiones del Congreso Internacional, mediante las traslogias adora el culto a Lucifer o Satán como el dios positivo en contra de Dios como dios negativo.

En el resumen del Congreso Antimasónico Internacional de Trento se recogieron varios puntos o conclusiones que definían las verdaderas intenciones de la francmasonería.

El párrafo 5 de estas concusiones define la francmasonería como "una secta política que procura apoderarse de todos los gobiernos para hacer de ellos ciegos instrumentos de su acción perversa, y que tratan de sembrar por doquier la rebelión". (27)

La conclusión 6 define la agenda del NOM al esclarecer que "el objeto de la Francmasonería, sembrando la revolución por todos los ámbitos del globo, es el establecimiento de la República Universal, basada sobre la rebelión contra la soberanía divina, sobre la destrucción de las libertades y las franquicias locales, sobre la abolición de las fronteras y perversión del sentimiento patriótico, sentimiento que después del amor de Dios, ha inspirado al género humano sus más heroicas anegaciones". (28)

Por último, en el punto 8 de las conclusiones de este congreso se afirma que "La Francmasonería es directamente responsable del socialismo moderno, porque ha sustituido el ideal cristiano de la felicidad social por su ideal propio" (29). Deja claro la afinidad, apoyo y financiamiento que han gozado los movimientos revolucionarios jacobinos, bolcheviques de izquierda y liberales o demócratas por parte de la francmasonería, para a través de ellos instaurar la convergencia del capitalismo-leninismo y poseer el control totalitario del mundo. Mediante el ocultismo y el secretismo, el hermetismo y el teosofismo, les proporcionan las herramientas que usan en la mística falsa y en el doble lenguaje. En el propio misterio está la maldad en la manera de obrar.

Después de ser desenmascarado su secretismo subversivo, la orden fue prohibida y perseguida en diferentes países y diferentes periodos. En 1735 fue inhabilitada en Holanda. Después le siguieron Suecia y Ginebra en 1738. Más adelante tomaron la iniciativa los gobiernos de Baviera, cuna de los illuminatis, en dos periodos: 1784 y 1785. También en 1795 en Austria, en Badén en 1813, en Rusia en 1822 y Prusia en 1798. En Inglaterra, en 1798, el Parlamento congeló la orden y los acusó de prácticas sediciosas y de traición. En 1906, en Argentina, el gobierno negó el estatus de persona jurídica a la sociedad Gran Oriente Nacional del Rito Argentino, después de muchos intentos que hiciera la orden para lograr el reconocimiento oficial.

El uso del doblepensar orwelliano es característico del relato masón cuando lo que se dice es lo contrario de lo que se persigue y el doble significado admite que se oculte el verdadero propósito. Lo que tiene un significado para los individuos, para la alta masonería tiene otro. Detrás del discurso procristiano, esconden un profundo anticristianismo. Detrás de las arengas liberales se refugia un profundo totalitarismo. En el trasfondo de las prédicas populistas masónicas de igualdad, libertad y fraternidad está la complicidad con las restricciones de las libertades, la desigualdad y el aislamiento de los humanos.

Dom Benoit distinguía entre las habilidades masónicas: "Afirmar los principios y disimular las consecuencias". El propio Weishaupt afirmaba que se deben dejar ver "Siempre los principios y nunca las consecuencias. La destrucción social y los desequilibrios políticos que traen consigo los principios de la igualdad y la libertad son ocultos en la primera lectura. Generalmente, buscando un fin, promueven otro. Por ejemplo, cuando destruyeron los principios del cristianismo en la Revolución Francesa lo hicieron en nombre de los derechos humanos del hombre. Hoy, cuando hablan de una agenda global para lograr un desarrollo sustentable encubren la convergencia del socialismo con el capitalismo en un nuevo orden capitalista-leninista.

A pesar de que el poder de la masonería en Europa y América Latina dista mucho de lo que fue en el siglo xviii y xix, todavía goza de un alcance supra territorial, ya que ha aumentado considerablemente su radar de influencias. Por tanto, al poseer el control del poder financiero y político trasnacional, han cumplido con éxito la primera parte del plan en casi todos los países europeos con la implementación de la zona euro. Estamos ahora en el tránsito de la segunda etapa, la cual está basada en la consolidación de su dominio mundial, en el que confluyen el judaísmo y el socialismo en el gran gobierno mundial masón capitalista-leninista.

En los inicios de este siglo xxi existe una homologación de los relatos ideológicos de las instituciones capitalistas con las prédicas del humanismo de izquierda o socialista y coincidentemente las plataformas ideológicas del NOM, del Fondo Monetario Internacional, del Banco Mundial, de las ONG más reconocidas, del cristianismo católico, de los diez hombres más ricos del mundo, de la ONU y la OMS y por último de la francmasonería —fundamentalmente en los grados azules básicos— coinciden con el relato revolucionario de Fidel Castro y coinciden de manera sospechosa en la búsqueda de la igualdad, la fraternidad, el derecho a la educación laica y gratuita, la filantropía social, establecen la separación de la Iglesia del Estado, el mejoramiento humano, el apoyo a los más necesitados, la afiliación a los movimientos revolucionarios de cambio, son estudiosos de los problemas sociales, humanistas, que toman partido al lado de la razón y la justicia, teniendo por divisa la libertad y el bienestar de los pueblos, el uso del materialismo dialectico y el respeto por la libertad individual y nacional.

El manifiesto comunista escrito por Marx tiene origen en unos de los grupos revolucionarios mas secretos de la masonería francesa. Según Jan Van Helsing, una rama de los iluminados de Baviera conocido como la *Liga de los Justos* incribieron a dos nuevos miembros en sus filas, uno era "un judio de nombre Moises Mordechai Marx Levi —al que hoy conocemos como Karl Marx y a su amigo Friederich Engels hijo de un industrial. Posteriormente, ambos escribian para la *Liga de los Justos, el Manifiesto del Partido Comunista*".

Mas adelante Van Helsing señala citando un texto de Gary Allen en el que este reconoce que "Lo que Marx hizo realmente fue modificar y codificar los proyectos de los principios revolucionarios que habían sido puestos por escrito 70 años antes por *Adam Weishaupt el Fundador de los Iluminados de Baviera*".

Continuaba describiendo Van Helsing que "Marx consiguió modificar la imagen de la *Liga de los Justos* de tal manera que cambio de nombre pasando a denominarse en 1847, la *Liga de los Comunistas.*"

No en balde el propio Che Guevara rebautizó a la masonería como un "socialismo espiritual", partiendo de aquella famosa frase del Gran Masón Rafael Arévalo Martínez, que después la convirtió en un lema José Arévalo cuando asumió la presidencia de Guatemala en la revolución de 1944.

Si comparamos con atención el relato revolucionario del socialismo cubano y el discurso oficial del Buró Político del PCC, encontraremos enormes similitudes con el mismo discurso de la masonería-liberal del siglo xix en sus objetivos generales, a pesar de las diferencias que existen entre uno neutral políticamente y el otro muy identificado con una corriente política.

Por otra parte, tanto el Partido Autonomista Liberal, el Partido Revolucionario Cubano de Martí y el Partido Comunista que gobierna han copiado y adaptado la estructura orgánica de la organización masónica cubana.

Otra singular coincidencia nos salta a la vista cuando vemos que para la masonería el principio de la "Fraternidad Universal Masónica" es un objetivo básico de sus estatutos, al igual para los estatutos del Partido Comunista de Cuba el principio de la "fraternidad entre los pueblos" constituyó uno de sus contenidos fundamentales.

Para Oscar Barbosa Lizano "la masonería en sí, como institución probablemente, es uno de los actores que más estará presente en el proceso de cambios económicos y políticos en la Isla, pero no desde una posición radical ni desde la visión de los disidentes, más bien desde el mismo seno de gobierno cubano. No porque esta tenga una filiación con el gobierno o Partido Comunista, sino porque se antepondrán siempre a los principios de evolución, soberanía, patriotismo e independencia, los cuales comparten con el PCC y la mayoría de la sociedad cubana". (30)

Posteriormente concluía: "Si los altos oficiales masónicos han demostrado un trabajo cercano con los intereses de Cuba como país y esto ha coincidido con los intereses del gobierno de La Habana, ha sido porque han logrado puntos de encuentro en la base de los principios y del referente histórico, como ya lo analizamos, donde probablemente en las logias de Miami se concentren los cubanos masones más conservadores o ligados a una historia más anexionista que la masonería liberal y radical, pensamiento que se heredó de la mayoría de los masones radicados en Cuba". (31)

El reblandecimiento o el adormecimiento del instinto conspirativo, revolucionario y de libertad que caracterizó a la francmasonería de los siglos xviii, xix y parte del xx en Cuba después de 1959 ha sido incoherente con esa tradición. La masonería cubana pasó de la rebeldía revolucionaria en contra de las injusticias al conformismo benéfico, el bajo perfil, el uso del lenguaje políticamente correcto y la esterilidad política a cambio de preservarse, haciendo sin querer el juego a favor del poder político que impera desde hace más de sesenta años en Cuba. "Desde finales de la década de los sesenta, los dirigentes de la masonería cubana comenzaron a reinterpretar los enunciados de las leyes masónicas universales conocidas por 'Antiguos Limites', particularmente en lo que se refiere a no dar 'cabida a debates de religión ni de política', ya que 'la masonería respeta la organización civil y política del país en que tiene asiento'" (32). Tal como lo definiera Gustavo E. Pardo (Gran Canciller del Supremo Consejo del Grado 33 para la República de Cuba 2005-2008), "Actualmente, las relaciones entre las instituciones masónicas y el gobierno de la Isla son excelentes. Masones bien informados comentaron que próximamente el gobierno autorizará a la Gran Logia de Cuba la apertura de dos nuevas logias". Según el actual Gran Maestro de la Logia de Cuba Evaristo Gutiérrez, "en 1959 se mantiene el equilibrio porque la masonería había tenido un aval muy importante al servicio de la nación. Lógicamente hubo profundos cambios, pero basados en el respeto mutuo, y eso es lo que caracteriza a las relaciones actuales con el Estado cubano".

Reitero, como lo dije antes en la introducción de este libro, que dentro de mi hipótesis considero que esta docilidad y la pérdida de interés por impulsar los cambios necesarios o la falta de protagonismo de la Gran Logia Cubana en la transición hacia la democracia en la Isla, es parte del arreglo consensuado entre la Oficina de Asuntos Religiosos del Comité Central del Partido Comunista de Cuba, como entidad rectora, la Gran Logia Cubana y las elites financieras o el nuevo orden mundial, o lo que es lo mismo, la Masonería Internacional.

El papel histórico de la masonería en las dictaduras ha sido el secretismo. Han perseguido influir políticamente como una orden global secreta con la ayuda de las fuerzas políticas oscuras que mueven los hilos detrás de los acontecimientos de cambios, para imponer la libertad y ejercer el control sobre la humanidad, para lograr establecer un nuevo orden mundial o la construcción de un templo en el que tengan el control del mundo y los albañiles sean los principales constructores.

Analizando su trayectoria subversiva no es comprensible la apatía política de la masonería cubana, salvo que exista un pacto entre la masonería mundial y el régimen cubano dentro de las estrategias de confraternización con el socialismo que pretende el nuevo orden mundial como ya hemos dicho.

Al final, la Gran Logia de Cuba recibe instrucciones de la agenda a seguir pactada entre el gran poder financiero masón internacional y el poder socialista cubano. Solo habría que preguntarse: ¿quiénes representan el NOM?, sino la misma elite masónica sionista illuminati que controla a la Gran Logia de Cuba. Por tanto, los intereses que representa la Gran Logia Cubana son los de la Masonería Internacional, y de ella los Grandes Maestros cubanos reciben las directrices a seguir, ya que la Gran Logia Cubana en terreno socialista no es más que una embajada estratégica en La Habana de ese poder masónico internacional que les exige un bajo perfil a los masones cubanos en pos de un trato hecho con la Isla como parte de la construcción del nuevo orden mundial capitalista-leninista.

Los bolcheviques de shopping en la quinta avenida

El concepto "socialismo" ha sido manipulado tanto por liberales como por conservadores en Estados Unidos. Cuando alguien suele referirse al socialismo, en Norteamérica por supuesto que no se está refiriendo al concepto puro. Por lo general alude a la influencia de un socialismo democrático o al conocido Estado de bienestar que rige en los Países Bajos.

Pero la referencia al socialismo en cualquiera de sus variantes suele ser mal interpretada en los círculos políticos conservadores. Generalmente prende las alarmas macartistas y es vista como un intento de bolchevización del liberalismo norteamericano. En la mayoría de los casos se corre el riesgo de ser encasillado de manera simplista como comunista.

Esto es una vieja disputa que viene desde la depresión de 1930 hasta nuestros días. Ya desde 1942, en plena Segunda Guerra Mundial, el *Wall Street* Journal argumentó que "la planificación es la antítesis directa de la libertad" (1), y recientemente en su discurso a la Unión el presidente Donald Trump aseguraba: "Aquí, en Estados Unidos, nos alarman los recientes llamados a adoptar el socialismo. Estados Unidos se fundó sobre la base de la libertad y la independencia, no sobre la coerción, la dominación y el control del gobierno. Nacimos libres y nos mantendremos libres". (2)

La derechización que han sufrido el Partido Republicano y la clase obrera media ha desestabilizado el contrapeso de la vida política norteamericana junto con la izquierdización del ala demócrata. La inclusión del socialismo en el debate político suscita apasionados encontronazos y no sé si los Republicanos se han radicalizado en respuesta al radicalismo izquierdista del partido demócrata o los liberales se radicalizaron por la izquierda como respuesta a la derechización conservadora.

La pérdida del "centro de cada partido", el abuso del juego sucio y los traspiés obstruccionistas a sus rivales, junto con la inclinación al extremismo demuestran que después de haber librado victoriosamente grandes batallas contra sus enemigos más poderosos como el fascismo y el comunismo, ahora la real amenaza del liberalismo nace dentro de sus propias filas, dentro de sus propios miembros, y de la pugna de poder interna suscitada entre sus dos fuerzas rectoras: las conservadoras y las liberales. Resulta que los conservadores han sufrido una radicalización derechista y los liberales una radicalización hacia la izquierda como contra respuesta al extremismo conservador.

El poder político conservador en Norteamérica después de 2016 ha descubierto que un país dividido y polarizado resulta provechoso para captar la atención electoral de aquellos empobrecidos, segregados e inconformes que tienen mucho miedo a perder su reconocimiento social, su estatus económico, sus valores conservadores y su identidad étnica. La manipulación populista de las fobias sociales y los ya reiterados shocks sociales, terroristas y sanitarios le han dado resultados positivos al oportunismo republicano desde Gringrish y Bush hasta Trump.

Los cambios culturales y el crecimiento social desmedido que ha sufrido Estados Unidos desde los últimos sesenta años han determinado esta radicalización republicana. La identidad y el reconocimiento de los valores conservadores de la clase mayormente anglosajona y cristiana se han vistos amenazados por este reacomodamiento cultural y social que se hace más visible en los últimos veinte años.

Muchos nativos blancos piensan que están perdiendo su patria, y se sienten acorralados como una minoría más en su propio país. "La verdadera América" está desapareciendo ante sus narices, convirtiéndose en un país multicultural, multirracial, multirreligioso, multilingüístico y multipolítico. La entidad mixta es terreno fértil para el crecimiento del patriotismo populista y otras doctrinas extremistas, xenófobas y, por último, del "nativismo".

Entre los Tea Party existe una antipatía por la inevitable convergencia que se viene dando entre el capitalismo y el socialismo en Estados Unidos. A veces, les cuesta trabajo reconocer cuándo el capitalismo le pide prestado al socialismo y cuántos beneficios han obtenido de este intercambio. No crean que esto se da en una sola parte, esto es ya es habitual entre ambos lados. También a los socialistas o comunistas (y en particular los comisarios cubanos) les cuesta reconocer todo lo que han pedido prestado al capitalismo.

Contrariamente el Partido Demócrata, en su ala más liberal está fomentando una izquierda renovada terapéutica y más identificada con las dolencias que el toxismo neoliberal inflige a los norteamericanos inconformes. Tal como lo definiera su fundador Michael Harrington, su objetivo era trabajar para ser el "ala izquierda de lo posible".

La década de los sesenta fue uno de los periodos de mayor empuje de las corrientes de izquierda dentro de la era acuariana. Los logros de los movimientos por los derechos civiles condujeron al presidente Lyndon Johnson a impulsar un paquete de leyes que garantizarían la igualdad de derechos y protección social para los afro estadounidenses.

Posteriormente el presidente Bill Clinton, entre 1993 y 2001, dio un giro centrista a la política norteamericana, ya que venía previendo los desequilibrios sociales que traería la hegemonía del neoliberalismo después de la caída del bloque comunista en Europa. Clinton consideraba que el Partido Demócrata debía corregirse con el desplazamiento estratégico hacia el "centro".

Aquella hermosa frase que Obama utilizó en su discurso en el 2004 —"No existe una América liberal y una América conservadora: existe Estados Unidos de América"—, a pesar de su encanto patriótico no reflejaba la realidad de una América ya muy polarizada, entre una América de izquierda y una América de derecha que el neoliberalismo y el exceso de izquierdismo demócrata habían zanjado.

En el debate público aparecieron publicaciones de izquierda. "*The Baffler*, una revista clásica de crítica cultural y política que tuvo un gran éxito en los años noventa, fue relanzada en 2010. *Dissent*, la revista socialista democrática que comenzó a publicarse en 1954, se alejó de sus orígenes de la Guerra Fría de la mano de una nueva generación de autores más jóvenes. *Jacobin*, que ha tenido un gran éxito con las perspectivas marxistas y políticas pragmáticas que ofrece, se comenzó a publicar a fines de 2010. *Current Affairs* es otra revista socialista, lanzada en 2015. Y revistas liberales más tradicionales, como *Slate* y *The New Republic*, también se desplazaron a la izquierda, a veces a través de autores que se iniciaron en periódicos de izquierda de menor tirada". (3)

La izquierda estadounidense, previendo esta convergencia, está preparando una joven cantera de nuevos políticos surgidos de la base popular llamados a transformar el paisaje político de Washington.

Bernie Sanders, que se ha postulado como precandidato en 2016 y ahora 2020 como auténticamente socialista democrático, ha insistido en la posibilidad de la convergencia del capitalismo norteamericano con la identidad socialista como ingrediente que podría ser una alianza positiva en lugar de ser negativa.

También existe una precoz presencia en el Congreso y las Cámaras de políticos como Alexandria Ocasio-Cortez, por el distrito de Nueva York y posteriormente elegida para la Cámara de Representantes; Rashida Tlaib, de Detroit, en la Cámara de Representantes; y Elizabeth Warren, una senadora de Massachusetts.

A esta corriente progresista dentro de los socialdemócratas, que se asumen con una identidad anticapitalista, se suman los grupos marxistas aislados que aprovechan esta coyuntura de crisis social generada por el neoliberalismo para enfatizar su extremismo. Estos extremismos de izquierda son los que también atizan el fuego de los extremistas de derecha como contra respuestas y polarizan el debate.

La opinión pública también ha cambiado. Entre los miembros del Partido Demócrata existe una inclinación por el capitalismo-leninista, y entre los más jóvenes esta idea goza de amplia popularidad. También en los países socialistas, entre los más jóvenes, la convergencia del socialismo con el capitalismo en un modelo de leninismo-capitalista goza de una enorme aceptación.

Esta popularidad del capitalismo-leninista o el leninismo-capitalista responde al deseo de las juventudes y no juventudes de rescatar las utopías de las garras de las distopías. De buscar esperanzas en medio de la desesperanza.

La desatención de lo social por las políticas conservadoras ha dado pie al surgimiento de sentimientos afines con las políticas de izquierda que busquen dar respuestas a las lagunas sociales.

Las oleadas de inmigración latinoamericanas, asiática y de otros destinos y el avance de las libertades de las minorías afroamericanas, los gais, los inmigrantes, las mujeres, los transexuales, los veganos, el feminismo, el antimachismo, el especismo y las influencias socialistas y de izquierda han alterado dramáticamente el equilibrio demográfico a favor de una mayor tolerancia a la multiculturalidad, la multietnicidad y la convergencia en el capitalismo-leninista.

Esto es un hecho muy preocupante para la raza anglosajona. Las estadísticas alertan que la población blanca nacida en Estados Unidos quedaría en franca minoría en unos veinte años más y tendría que convivir con las otras fuerzas sociales mixtas como fuerzas mayoritarias.

Desde la década de los treinta, los intentos de convergencia del capitalismo estadounidense con fórmulas sociales fueron fuertemente atacados por los grupos empresariales y los políticos, que contaban en sus nóminas como socialistas y contrarios a las tradiciones políticas del país. Roosevelt implantó el keyniasismo en la economía, los mercados regulados por el gobierno y el New Deal como formas de aceleramiento de la economía y la sociedad para poder restaurar el bienestar después de la depresión mundial en medio de un agudo debate y acusaciones de comunista.

Numerosos programas de corte socialista creados por el New Deal todavía permanecen activos y entre los que han mantenido su nombre original están la Federal Deposit Insurance Corporation (FDIC), la Federal Housing Administration (FHA), la Tennessee Valley Authority (TVA), pero también el Social Security System, la primera experiencia estadounidense de Estado de bienestar, así como la Securities and Exchange Commission (SEC) en el ámbito de la regulación financiera.

Muchos destacados neoliberales son feroces detractores de la inserción de reformas sociales o socialistas dentro de Estados Unidos. En mi opinión, son unos hipócritas, ya que critican la inclusión de reformas de ayudas sociales después de haberse beneficiado en más de una ocasión con subsidios, ayuda del gobierno, rescates bancarios con el dinero público, atención médica subsidiada, bonos de despensa, planes de retiros para sus familiares y amigos, planes de apoyo al desempleo ,enseñanza gratuita, becas universitarias para sus hijos y otros programas de asistencia social sin saber o no querer ver el origen socialista de estos beneficios.

En Estados Unidos están vigentes una gran cantidad de programas de asistencia de corte socialdemócrata. Como dice el refrán: no hay peor ciego que el que no quiere ver. Entre los más recurridos está el de asistencia temporal a familias necesitadas, conocido como Welfare. Otra forma de ayuda muy popular es el Medicare, que garantiza la atención médica gratuita o a muy bajo costo de niños y ancianos. Existe también el programa de cupones de alimentos y asistencia nutricional Snap, del que se benefician familias pobres e inmigrantes. En caso de pérdida del trabajo se cuenta con el programa de beneficios para desempleados. Existen fundaciones y organizaciones benéficas que prestan ayuda a las personas sin hogar. El gobierno aporta ayuda en comidas, vivienda y asesoramiento a personas que no cuentan con vivienda. Los jubilados y las personas de bajos recursos suelen recurrir a los programas de viviendas subsidiadas y vales para canjear por despensas. El ISI es el programa de seguridad de ingresos complementarios. Se cuenta además con préstamos y subvenciones que el gobierno le otorga a estados y organizaciones para fomentar el desarrollo sociocultural.

El sistema de educación es mayormente público, y de los 6 a los 16 años la educación es totalmente gratuita. Ya la decisión de educar a los hijos en escuelas privadas es opcional y depende de la decisión y el poder adquisitivo de cada familia.

La educación universitaria cuenta con programas de préstamos federales para poder financiar los estudios con plazos de pagos a más de veinte años después que el estudiante termina la carrera, y con un sistema de becas para nacionales, residentes y extranjeros que según el desempeño del estudiante podrían ayudarlo a costearse gratuitamente sus estudios.

Aunque la salud es privada en buena parte y es una de las más caras del mundo y cuenta con apoyos de seguros de gobierno y privados.

En Estados Unidos parece exorable la implementación de un sistema de salud universal como el que existe en las socialdemocracias europeas. Según las últimas encuestas, la mayoría estaría conforme de que esta igualación con Francia, Dinamarca o Suecia se concretara.

Según Carlos Albert Montaner, los estadounidenses "pagan 19 centavos de cada dólar que generan en cuidados de salud (el doble del promedio de los países desarrollados) y tienen que abonar hasta tres veces el valor de las medicinas. Eso es intolerable". (4)

En 2010, por ejemplo, se aprobó la controvertida ley de protección al paciente y cuidado asequible de la salud, conocida como Obama Care. Esta tuvo una fuerte oposición por parte de los republicanos, por considerarla una ley auténticamente socialista.

Como hemos visto, la izquierda democrático-liberal, en su intento por hacer las paces con el neoliberalismo, siempre ha buscado compensar el capitalismo salvaje con el Estado de bienestar como antídoto al crecimiento desmesurado del libre mercado y la globalización.

Mediante la intervención mesurada del Estado han intentado llevar a cabo una mejor distribución de la riqueza y un acceso más democrático a los servicios básicos para humanizar la huella neoliberal y tratar de llevar al capitalismo y al hombre a una etapa más próspera de crecimiento histórico.

Sunkara creía que "la gente en general siente que el capitalismo no está funcionando para ella, o no está funcionando como debería" (5). Esto ha tenido su reflejo en la base social.

"Según una reciente encuesta de Gallup, el 51 % de los jóvenes estadounidenses de entre 18 y 29 años tiene una opinión favorable del socialismo, mientras que solo 45 % tiene una mirada positiva sobre el capitalismo". (6)

Recordemos que esta generación, llamada "los millennials, en dos décadas ha vivido tres grandes crisis financieras causadas por las burbujas especulativas minando su credibilidad en el capitalismo. A diferencia de la generación X (que corresponde a la de sus padres), los millennials o generación Y es la generación de adolescentes que en menos corto plazo le ha tocado padecer el toxismo capitalista compactado con tres crisis continuas: me refiero a la crisis "Los Puntocom", del 2000, la de los "Suprime", del 2008, y por último el colapso provocado por la covid-19 en el 2020. Ha sido la generación del derrumbe del decrecimiento y la desilusión.

Entonces, ¿a qué se le atribuye la sorpresiva popularidad del socialismo y su convergencia con el neoliberalismo en Estados Unidos y en el mundo?

Recientemente el presidente de Rusia, Vladimir Putin, aseguró que es "imposible" reinstaurar el socialismo en su país, ya que a su juicio "siempre lleva a la economía a un callejón sin salida". (7)

Sin embargo, insistió en la necesidad de una mejor distribución de los recursos con la finalidad de ayudar a los más necesitados, y un trato justo para la gente que vive inevitablemente en la pobreza. Asentó Putin que Rusia puede continuar su desarrollo hacia la socialización. Sobre el particular debe incrementar el gasto en el ámbito social, pero no volver al socialismo. (8)

La propia Iglesia católica hace hincapié en los efectos nefastos de un sistema económico que crea desplazados. El pontífice ha reclamado "la defensa de la dignidad de la persona humana". Francisco hace énfasis en la búsqueda del bien común, y denuncia que las ganancias de unos pocos están cercenando el bienestar de las mayorías; que la corrupción, la falta de controles, la evasión fiscal, la permanencia en el poder, la fragilidad democrática, los salarios injustos, la destrucción de la tierra, el desagravio a los derechos humanos, etc., atentan contra el bien común, al robar posibilidades de vida digna y feliz. (9)

En Alemania, recientemente, se ha logrado instaurar la gratuidad en todas sus universidades, beneficiando incluso a residentes extranjeros.

La publicación *Pijasurf* asegura que "un sondeo de 2008 reveló que el 52 % de los alemanes del Este pensaban que la economía de mercado libre era inadecuada, y un 43 % dijo que preferiría el socialismo".

Los españoles, con los socialistas en La Moncloa, cuentan con múltiples programas de asistencia médica, seguros por desempleo, seguridad social, como, por ejemplo, los beneficios de la "mochila austriaca", que consiste en una cuenta de ahorro individual configurada con depósitos del empresario a nombre del trabajador que lo acompaña a lo largo de toda su vida laboral, como un fondo que puede ser rescatado en caso de despido o en el momento de la jubilación.

Dentro de este modelo social europeo es meritorio resaltar la experiencia danesa de la "flexiguridad", también conocida como "flexiseguridad".

No escapa el llamado Estado democrático de bienestar social sueco, que posee una tradición socialdemócrata que data de 1847. Suecia, en los últimos treinta años, ha sabido modernizar su socialdemocracia, y ha pasado del esquema socialista de economía de mercado a un liberalismo económico con pretensiones igualitarias.

Los suecos, dentro del Estado de Bienestar, han logrado que convivan en armonía dos fuerzas sociales que parecen hostiles: el voraz individualismo y el sentido de cooperación social. En el Estado de bienestar convive una dosis controlada de socialismo con el crecimiento de grandes grupos privados transnacionales como Scania, Saab Automobile, Volvo, Ikea, Ericsson, H & M y cómo olvidar a los ABBA.

Los demócratas norteamericanos han percibido esto y están tratando de realinearse a los partidos socialdemócratas europeos.Vale recordar que la socialdemocracia europea ya no posee las fuertes tendencias de izquierda con las que simpatizaban en los años sesenta y setenta. Es ahora más neoliberal, sin perder el acento socialdemócrata.

Hoy las socialdemocracias de centro izquierda del viejo continente han dejado atrás el viejo modelo irrentable del socialismo democrático por el modelo equilibrado del libre mercado.

Después de la hegemonía que los sistemas capitalistas gozaron en el mundo, cuando se desplomó el comunismo a finales de los noventa, vino, como era de esperarse, la gran crisis de neoliberalismo. Como bien decía Jefferson, "los ciudadanos se rebelan cada dos generaciones contra el peso aletargante del pasado y desean establecer oportunos cambios mediante un modelo de 'sociedad de riesgo', sin saber exactamente los resultados". (10)

Ya para la primera década del siglo xxi era inminente la crisis en el orden social y sus puntos culminantes se produjeron con la crisis financiera de 2008 y ahora con la más reciente y decisiva crisis de la covid-19, que ha significado la eutanasia para el viejo modelo de capitalismo. A pesar de que tuvo un origen biológico, sus implicaciones son mayormente económicas y políticas. A pesar de que hubo una respuesta exagerada de los gobiernos, los especialistas, los individuos y la OMC, creemos que los resultados, vistos en términos de porcentaje de víctimas, han sido fatales, claro está, pero muy por debajo en comparación al daño económico, político y social que han creado.

Con la falsa bandera del coronavirus, "la grieta social se expandió con la aceleración de la recesión mundial que se avecinaba. Se prevé que la etapa poscoronavirus sea recordada como el periodo de la gran depresión-biológica y el fin del globalismo neoliberal".

El desempleo ha aumentado a cifras escalofriantes, alcanzando a más de 18 millones de desocupados, y la falta de dinero circulante para regenerar la actividad económica necesaria ha reducido las opciones para los trabajadores, alejando la posibilidad de una pronta recuperación.

La existencia de dos modelos económicos funcionando paralelamente ha desmotivado el interés por la incentivación de la mano de obra. En el actual capitalismo financiero, la economía productiva o como se le llama, la economía real, solo genera un porcentaje muy mínimo del PIB en Estados Unidos, y el resto se produce en la economía digital, no real y especulativa.

En el capitalismo financiero los ricos siguen concentrando enormes fortunas a base de la especulación y las plutocracias se han acostumbrado a obtener riquezas de manera invertida a través de la fabricación de crisis seculares. Según teníamos entendido, para obtener riquezas había que generar riquezas. Este principio básico de la lógica económica de Smith se ha subvertido y ahora unos pocos consolidan enormes fortunas de la no generación de riquezas y de las crisis especulativas cíclicas fabricadas intencionalmente.

Si el dinero está en la especulación y no en la productividad real, entonces cada vez es menos necesario producir. Por tanto, no va a ser prioridad la creación de empleos ni puestos de trabajo para generar ganancias, y esto se convierte en un rezago del viejo capitalismo. Ese desajuste social es un problema a dilucidar por los gobiernos, y no es de incumbencia de los mercados desregulados a pesar de ser los culpables de haber fomentado este desequilibrio. El sector productivo norteamericano va a ser cada vez más raquítico sino se revierte esta tendencia improductiva y tener empleo será un lujo, ya que el sistema de producción sufrirá una desintegración gradual a no ser que que regresen las grandes industrias.

A ello le sumamos el veloz crecimiento de la automatización, la tecnología digital ya ensayada en la etapa de confinamiento, que ha demostrado que muchas labores se pueden llevar a cabo desde la casa mediante las teleconferencias o las pantallas que conspiraran con extinción de muchas viejas fuentes de empleos.

El avance tecnológico ha tenido un papel decisivo en este colapso capitalista. Por una parte, si en la tecnología va a estar las soluciones de esta crisis, también la velocidad de la tecnología ha sido un factor acelerador de la crisis. De la tecnología dependen las soluciones y el tiempo de vida del estado previo de transición al nuevo capitalismo.

La vieja disputa entre el hombre y la máquina vuelve a resurgir a casi un siglo de distancia y cuando pensábamos que eso ya estaba superado. La poca productividad de la economía real, cada vez más está prescindiendo de la mano de obra humana, y en un futuro corto la producción económica demandará menos empleos, ya que lógicamente no son necesarios.

La pregunta es: ¿qué hacer con el 20 % de desocupación laboral que se prevee dentro de la sociedad norteamericana? Es ahí donde el capitalismo ha dejado la puerta entreabierta al socialismo para que penetre y se produzca la inevitable convergencia.

En este periodo de descomposición social provocado por el efecto de un enemigo bacteriológico de dudosa filiación política, obliga a la elite de poder a revisar los manuales leninistas o suecos y recurrir a los modelos sociales para poder contener la parálisis del sistema y el arribismo de la izquierda que se reproduce dentro de esas grietas sociales. Los obliga a desenterrar el keynesianismo de las libros de economía y el New Deal de los de historia.

Nos viene gradualmente un periodo de humanización del capitalismo salvaje con estrategias populistas de corte socialistas, para poder garantizar que pueda seguir corriendo el sistema.

El capitalismo norteamericano está exhausto. Estamos viviendo el estado previo de un nuevo modelo economico que se irá desprendiendo poco a poco del viejo modelo neoliberal. Transitaremos del dominio político implícito al explícito . El estado será mas robusto, en lo político será más represivo, lo económico más conservador y lo social menos libre como consecuencia de la covergencia.

Se está recurriendo y se recurrirá a la activación de paquetes emergentes de rescates sociales o de alivio económico, porque el tóxico capitalismo se está ahogando en sus contradicciones más allá del pretexto pandémico.

Se apalancarán los subsidios contra el desempleo hasta que la economía de señales positivas, la moratoria de las cortes de desalojos sera otro paliativo, la moratoria de los bancos en los pagos de las hipotecas y la moratoria de los intereses del crédito, subsidio de las rentas por los estados,habra un exención del pago de impuestos,volvera la obligatoriedad de la asistencia gratuita en cualquier hospital, asignación de medicamentos sin costos, planes de apoyo a pequeñas y medianas empresas, rescates económicos del Estado en rubros estratégicos de la economía, existirá una disminución del costo de las tarifas de luz y agua,la Reserva Federal terminara comprando la deuda basura de todas las empresas y reciclándola a futuros inciertos y otras muchas más herramientas de compensación socialistas destinadas al apoyo de los sectores sociales más necesitados y vulnerables.

Esta etapa de capitalismo-social de Estado ha forzado el capitalismo norteamericano a ser solidario en detrimento del incremento alarmante de la deuda pública, la inflación y la irrentabilidad económica del sistema. La subvención planificada que lleva a cabo el gobierno lo homologa con las democracias socialistas, con el capitalismo socialista europeo y en ciertos puntos con el proteccionismo social cubano.

Este rezago del bienestar en diversas zonas sociales en los Estados Unidos ha generado que el liberalismo en su proteccionismo social converja con las modelos socialistas en su búsqueda desesperada por la restauración del equilibrio social.

Bernie Sanders y Kamala Harris en Estados Unidos, el chavismo en Venezuela, Pedro Sánchez Pérez en España y el kirchnerismo en Argentina existen porque hay un vacío en el bienestar capitalista.

Ese hueco en lo social que dejó el neoliberalismo a su paso es la zona de confort de la agenda de estos políticos populistas. Sanders, en particular, existe porque una parte de la sociedad norteamericana no está contenta con este modelo toxico de capitalismo plutócrata,con el neoliberalismo salvaje y la sobreopresión.

No es necesario reciclar viejas disputas clasistas ni reproducir el escenario de una guerra fría a pequeña escala dentro de Norteamérica que solo desencadenaría extremismos, polarizaría los discursos políticos y alimentaría nuevos tipos de macartismo, como ya los estamos viendo.

El liberalismo democrático, visto desde una perspectiva crítica, reconoce que necesita enmendar los desaciertos provocados por ellos mismos, por su plutocracia consentida, por la propia marcha invertida a la que ha llevado a la economía y por la avaricia engendrada en su carrera desmedida por alcanzar la rentabilidad máxima. Solo hay que revertir algunas leyes neoliberales para rescatar al liberalismo de la crisis que le trajo su alianza con el prefijo neo y que se logre una convergencia equilibrada entre el mercado y el bienestar social.

El regreso de la distribución desigual de las riquezas estimula el fantasma socialista. No es que siempre haya habido una distribución desigual. Claro que la ha habido a lo largo de la historia del capitalismo, y es parte de la ley y lucha de contrarios interna propia del diseño del sistema desde su origen. El peligro de estallidos sociales y crisis del sistema se da cuando esa desigual distribución se hace exagerada, ridícula y por tanto megaopresiva.

Las concepciones económicas burguesas que depositaron su confianza en los superpoderes autocorrectivos del mercado y en la economía como un ente autorregulable capaz de equilibrarse y corregirse por sí sola, vienen esbozada desde el siglo xix en los apuntes de Adam Smith y la "ley de Say". Después de un siglo recobró su esplendor de finales de los ochenta en el economicismo político impulsado por la mancuerna Reagan-Thatcher.

Este enfoque economicista burgués de la política nunca pudo ser corregido por la "mano invisible" a la que se refería Smith y su resultado nefasto en lo social ha estimulado la aparición de otra mano invisible: la "la mano del marxismo" del socialismo y las izquierdas. Parece que Adam Smith se equivocó de mano.

Siempre que las elites burguesas juegan peligrosamente a tensar los límites de la injusticia social de manera irresponsable, polarizan a la sociedad clasista en dos bloques muy definidos.

Estimulan el proceso de descomposición del capitalismo, aceleran la rebelión en contra de la sobreopresión, nos obligan a utilizar la gramática marxista en nuestros análisis, reviven los arcaicos conflictos bolcheviques y el revanchismo jacobino. Los propios plutócratas burgueses terminan estimulando el surgimiento de sus propios sepultureros, tal como lo definiera Thomas Piketti.

La invocación del socialismo y el *vintage* marxista que estamos viendo resurgir en el mundo, y que a muchos preocupa, no proviene de las fuerzas exteriores o de los agentes del comunismo: tiene su origen dentro de las propias filas y contradicciones del capitalismo. Es el resultado de la práctica predadora del neoliberalismo, de la gestión salvaje de un mercado desregularizado y del comportamiento errático de los hombres más ricos del mundo, encargados de salvaguardar la salud del sistema, quienes actúan como sicarios del propio capitalismo. Estos, curiosamente, ocupan los diez primeros lugares de la lista Forbes.

Paradójicamente, la presencia de la mano roja del socialismo como mecanismo regulador de los mercados neoliberales en Estados Unidos, es por un lado la única salida al agotamiento del modelo económico tóxico, y por otro lado tiene el peligro de acercar la política norteamericana al proyecto convergente que viene imponiendo el nuevo orden mundial y la aleja de agenda patriota conservadora que ha servido como muralla de contención a la agenda expansionista del imperialismo globalista europeo.

La disyuntiva de los norteamericanos patriotas frente al entreguismo al NOM de los liberales está en cómo combinar la convergencia inevitable con el socialismo sin que esta convergencia conlleve a la renuncia de la trinchera patriótica y que los hace exclusivos e independientes del olfato depredador del nuevo orden globalista.

La convergencia entre lo mejor de ambos sistemas en el capitalismo-leninismo dentro de la política y la sociedad norteamericana es inevitable. Solo debe lograrse manteniendo el equilibrio entre la independencia en la construcción de un modelo único al estilo Hollywood-escandinavo.

El empobrecimiento como forma de dominio

"El bienestar de las personas
siempre ha sido la coartada de los tiranos"
Albert Camus

A través del pánico, "el capitalismo del desastre" descrito por Naomi Klein provoca en nosotros la mentalidad de rebaño aturdido. Los comportamientos trágicos generalmente tienden a desorientarnos, y esa desorientación crea un espacio de confusión propicio para la toma de decisiones poco racionales que nos exponen a cualquier fácil manipulación.

Cualquier catástrofe nacional, mundial o personal es un shock que tiende a desorientarnos y dejarnos aturdidos como sociedad o como individuos. Ese espacio que transcurre entre la tragedia y el tiempo que tardamos en concientizarlo se llama estado de shock.

Cuando se produce un caos a nivel social, político o económico, los gobiernos también temerosos recurren a la excepcionalidad política para asegurar el control y la gobernabilidad de la catástrofe lo que amplifica el panico y el caos.

Se gobierna por decretos y no por consenso, se anulan las libertades, se aplican políticas impopulares. Esta psicología de guerra reduce nuestro umbral de permisibilidad moral, nos vuelve más dependientes y somos capaces de simpatizar con decisiones que en tiempo de paz serían inaceptables. Al sentirnos en peligro de ataque o perseguidos por la pobreza, es el momento perfecto para que nos arrebaten pacíficamente muchas garantías . En estos momentos el absurdo se convierte en algo lógico.

Este shock genera un periodo de pánico que bien saben revertir y redituar las elites globales bancarias para obtener sus fines. Estos periodos de excepcionalidad nacional son un momento propicio para que surjan los autoritarismos, el ventajismo y para que el poder financiero acapare cada vez más poder. Por eso los "capitalistas del desastre" afirman que detrás de toda tragedia "es posible ver una oportunidad", como es la de aprovechar el trauma colectivo para promover e implementar reformas económicas y sociales de carácter radical". (1)

Desde finales del siglo xx hemos podido constatar la presencia reiterada de estas tragedias correctivas a las que se refiere Naomi Klein. También desde que inició el xxi hemos sido golpeados por estas catástrofes plan-demicas en un promedio de una cada tres años.

Desde hace más de un siglo los banqueros, junto a las elites de poder, han venido financiando con un gran cinismo los movimientos sociales, políticos y filosóficos aparentemente antagónicos, para crear conflictos de los cuales beneficiarse desde su usuraria intervencionista.

Un paso importante en la consolidación de la estrategia usuraria mundial diseñada por los grandes banqueros, se dio cuando lograron imponer la creación de la Reserva Federal (FED) el 23 de diciembre de 1913 en Estados Unidos.

La llamada reserva no fue federal y se conformó con capital privado de los grandes banqueros del mundo de entonces (fundamentalmente europeos), como los Rothschilds, de Londres y Berlín; Lazard, de París; Israel Moses Seif, de Italia; los Kuhn, Loeb y Warburg, de Alemania) y las familias Lehman, Goldman Sachs y Rockefeller, de Nueva York. Usted.

- Los principales bancos que formaron la Reserva Federal fueron:
- La Banca Rothschild de Londres y París.
- El Lazard Brothers Bank de París.
- El Isrrael Moisés Seif Bank, de Italia.
- El Warburg Bank de Amsterdam y de Hamburgo.
- El Lehtman Bank de New York.
- El Khun Loeb Bank de New York.
- El Chase Manhattan Bank (de Rockefeller) de New York.
- El Golmand Sachs Bank de New York

El segundo gran paso se da al término de la Segunda Guerra Mundial, cuando Estados Unidos se convirtió en el líder económico del mundo occidental y el entonces presidente Truman dio un giro al liberalismo clásico finalizando la etapa del intervencionismo del Estado, del New Deal y del keynesianismo que había impulsado Roosevelt desde 1933.

En 1948 Truman, promovió un programa de veintiún puntos donde tenía en cuenta la supresión gradual del control del Estado en la economía, medidas sociales y empleo para los más desfavorecidos. Con este giro, empezó el proceso gradual de desregularización de los mercados para Estados Unidos, el Reino Unido y posteriormente el resto del mundo.

El domingo 15 de agosto de 1971, Richard Nixon decidió seguirel consejo de Milton Friedman (1912-2006) y anuló la convertibilidad del dólar en oro, dejando a la moneda líder del mundo sin respaldo. Para poder llevar a cabo tal ruptura del dólar con el factor oro, Nixon alegó que la divisa valía por el propio respaldo de Estados Unidos. Aquí terminó de manera unilateral con el acuerdo de Bretton Woods, convirtió al gobierno en el socio y cómplice comercial de los bancos centrales, ampliando el margen de maniobra de sus socios paraimprimir dinero sin valor (conocido posteriormente como dinero Fiat), según estimaran oportuno.

En 1974, el dólar estadounidense estaba muy debilitado después de la trascendental decisión de Nixon, el desgaste por el conflicto bélico de Vietnam ,el auge de las ideologias de izquierda y los costosos programas de bienestar interno. Era necesario apalancar el dólar para proseguir manteniendo su liderazgo, y por fin, después de varias presiones, el rey Fáisal bin Abdulaziz (1906-1975) accedió a firmar con Richard Nixon (1913-1994) un milagroso acuerdo para monopolizar el comercio del petróleo amarrado al uso exclusivo del dólar.

Este histórico acuerdo entre Arabia Saudita y los Estados Unidos para apalancar la moneda norteamericana tampoco se limitó a Arabia Saudita. Dado que Arabia Saudita dominaba la Organización de Países Exportadores de Petróleo (Opep), el acuerdo con el dólar se extendió a la Opep en general, lo que significó que el dólar se convirtió en la moneda unica para las compras de petróleo en todo el mundo.

Estados Unidos compraría petróleo de Arabia Saudita y le daría al reino ayuda militar y equipos. Los saudíes, como compensación, invertirían miles de millones de sus ingresos en petrodólares en bonos del Tesoro y financiarían los gastos de Estados Unidos además del espaldarazo incondicional en contra del comunismo en el momento más caliente de la guerra fría.

Posteriormente, en los años ochenta, las convergencias políticas del conservadurismo en Estados Unidos e Inglaterra crean las bases para que surja la llamada alianza Reagan-Thatcher con el objetivo de impulsar el neoliberalismo que venía intentando imponer la banca europea desde su base conservadora en el Reino Unido desde los años setenta.

La reaganomía neoliberal (como también se le conoció) fue un proceso de desregulación o desreglamentación que sirvió para de una vez por todas eliminar el freno de la supervisión del gobierno sobre los mercados con el pretexto de acelerar su dinamización y precipitar la caída del debilitado bloque comunista.

El Estado perdió todo el poder para intervenir sobre las finanzas, sobre las divisas y sobre los banqueros, derogando las regulaciones que impedían a los bancos de depósitos realizar inversiones de riesgo con el dinero de sus clientes.

En el año 2000, el Congreso de Estados Unidos aprobaría la denominada Ley de Modernización de Futuros, una ley que expresamente prohibía la regulación de derivados financieros deshaciendo así los pocos candados que obstruían el proceder anárquico de los banqueros y de los mercados.

En particular, la desregulación financiera es la reducción de las limitaciones tanto a las transacciones financieras como a los derivados financieros, y por tanto sus garantías de solvencia, con el objeto de favorecer la especulación que fomentaron las famosas burbujas inflacionarias que ya hemos padecido.

Desde 1971, después del desamarre del dólar con el oro, han sucedido con más frecuencia las falsas banderas conocidas como crisis financieras, guerras regionales, epidemias, actos terroristas y otros desastres. Estas han sido creadas para justificar más especulación, más autorrescates, más endeudamientos y más pobreza como forma de dominación económica.

Me gustaría citar algunos ejemplos que puedan dar una idea de las reincidentes crisis económicas en estos últimos treinta años:

- En 1973 la especulación de los precios del petróleo dispara el detonante de la crisis petrolera.
- En 1987 estalla la llamada crisis asiática en la bolsa de Hong Kong.

- En 1994, con la firma del TLC (Tratado de Libre Comercio), se produjo la crisis reconocida como "efecto tequila".
- Ya para 2000, con el auge de internet surge la crisis especulativa conocida como la "crisis de los puntocom".
- El 15 de septiembre de 2008 estalla el pánico de los "Suprime" o la conocida crisis de Lehman Brothers.
- Por último, la "Gran depresión de la Covid-19", causada por el impacto socioeconómico de la plan-demia del coronavirus entre 2019-2020 con posibilidad de extenderse al 2025 siendo optimistas.

Durante la crisis económica de 2008-2012 se señaló la desregulación bancaria y la "flagrante falta de transparencia financiera" (a que se refirió Thomas Piketti) como los factores desencadenante de dicha crisis en Estados Unidos, a través de la quiebra de muchas entidades financieras y el aumento de las desigualdades.

Esta crisis, como todos sabemos, se produce por la explosión de la burbuja inflacionaria de los créditos hipotecarios tóxicos. La especulación fraudulenta se pudo gestar gracias a las desregulaciones financieras y la empatía de los entonces expresidentes George Busch y Barack Obama con los banqueros, y con las operaciones llevadas a cabo por los fondos de inversión como Goldman Sachs, Merrill Lynch y Letman Brothers.

Es por ello que Marx, con vasta razón, se refería al gobierno del Estado moderno como un comité de administración de los negocios comunes de toda la oligarquía financiera.

Haciendo un poco de recuento de otros tipos de crisis, no precisamente económicas, pero que igualmente sirvieron como pretextos para la especulación financiera, tenemos:

- Desde 1981 hasta hoy la pandemia de sida ha causado más de 30 millones de muertes.
- La epidemia del ébola en África Occidental (1994-1996).
- La enfermedad de las vacas locas en 1996.
- El síndrome respiratorio agudo severo Sars-Cov, que afectó a 26 países entre 2002 y 2003.
- La gripe aviaria en su cepa H5N1 en 2005.
- La gripe aviar en 2003.
- La pandemia de gripe A (H1N1), conocida como gripe porcina, cobra la vida de 150 000 a 575 000 personas en el mundo entre 2009 y 2010.
- El mers-cov en 2012.
- La epidemia de ébola en 2014.
- El zika entre 2014 y 2015.

Todas estas quimeras han sido aprovechadas por el poder estratégico global para provocar determinados correcciones o cambios sociales, políticos y económicos a su favor que ayuden a sortear la inminente crisis del capitalismo al margen de las consecuencias nefastas que traen para las vidas humanas.

Entre los conflictos bélicos y terroristas tenemos:

- Invasión a Granada (1983).
- Invasión a Panamá (1989).
- Guerra del golfo (1990-1991).
- Invasión a Irak (1991-2001).

- Guerra de Bosnia (1992-1995).
- Atentado terrorista al World Trade Center (1993).
- Atentado en Oklahoma (1995).
- S-11 (2001).
- Intervención en Afganistán (2001-2006).
- Segunda guerra de Irak (2001-2003).
- Intervención militar en Libia (2011).

Ahora iniciamos el peligroso tránsito por "La gran depresión de la covid-19", ya incluida en esa espesa lista de pánicos cíclicos. Pero, ojo, no nos engañemos, esta crisis no es una crisis normal que rebasaremos con facilidad, ya que trasciende los predios de la medicina y va a derivar de la definición de crisis a una definición de recesión y de una definición de recesión a la de la depresión más severa de la historia de la humanidad.

Esta ya puede ser contemplada perfectamente como la crisis de las crisis, ya que no solo es biológica y económica, también es una crisis política, es una crisis ideológica, probablemente se puede convertir en una crisis militar, es una crisis histórica, una crisis psicológica, es una crisis astral y por ende la gran crisis del sistema capitalista neoliberal. Es la crisis del bien contra el mal.

Esta pandemia, con bajos índices de mortalidad en comparación con las anteriores, resultó ser una crisis estructural, y su mortalidad ha impactado con mayor fuerza no en lo humano, sino en otros espacios fuera de lo humano, como lo político, lo ideológico, lo económico y lo moral.

Este virus anticapitalista ha llevado al capitalismo especulativo, la globalización y al neoliberalismo a un punto de inflexión. Es una plan-demia con claras repercusiones en lo humano más allá de lo biológico, ha impactado de manera fulminante en el funcionamiento a nivel de civilización.

Su impacto trasciende la invención de una vacuna biológica para contrarrestarla, y más bien ella en sí misma ha sido la vacuna que ha transgredido el sistema inmunológico del sistema político poniendo en terapia intensiva el funcionamiento del mundo que fue el culpable de su creación artificial. Ha sido capaz de ser más letal que el sistema que la creo.

La magnitud de su impacto está todavía por verse y los estragos reales podrán empezar a ser medidos a finales de 2020.

Sabemos que los verdaderos creadores de todas estas tragedias son las ambiciones económicas y el poder político global. Generalmente estos tipos de caos nos llegan disfrazados de diferentes tipos de quimeras. Estas falsas banderas unas veces suelen mutar en atentados terroristas, burbujas inflacionarias, conflictos bélicos locales, desastres naturales o la más reciente: las plan-demias biológicas.

La creación de los diferentes tipos de *kaos* provocados por las quimeras hacen que terminemos culpando a los gobiernos locales, a los políticos, a los desastres naturales, al Islam y los virus, que no son más que falsas banderas al servicio del poder económico del mundo, acostumbrado a convertir estas crisis coyunturales en oportunidades excepcionales para aumentar su enriquecimiento.

Al inculpar de nuestras desgracias a un virus creado artificialmente (como es el caso que ahora nos ocupa) permitimos que salga ileso el verdadero causante de estas tragedias. Mientras maldecimos al virus Covid-19 como la causa fachada de todos nuestros males, perdemos de vista el verdadero creador y por ende también perdemos la capacidad crítica de reacción social, ya que no podemos organizarnos socialmente para pelear contra un virus que paradójicamente nos exige aislarnos para no ser contaminados y anula la cohesión de la queja social.

La impotencia se redobla al darnos cuenta de que el propio problema no es el culpable real y que el virus-fachada que nos venden como el falso culpable trae incluido la mordaza como forma de cura. Como dice el refrán: no sé qué sería peor: la cura o la enfermedad. Quizás en la enfermedad está la posibilidad de la gran cura.

El economista británico John Maynard Keynes (1883-1946), conocido como el creador de la doctrina económica del keynesianismo, acuñó una famosa frase que nos ayudará a entender el porqué de estas crisis (si es que a alguien a estas alturas le quedan dudas): "Los mercados pueden mantener su irracionalidad más tiempo del que tú puedes mantener tu solvencia". (2)

Con esto Keynes nos advierte que debemos estar preparados para enfrentar las sistemáticas crisis económicas que se dan inevitablemente entre ocho a diez años aproximadamente y las catástrofes naturales o las pandemias que rotan cada tres. Este coctel es una excelente combinación de sobresaltos diseñados para mantenernos aterrorizados y poder enriquecerse empobreciendo al mundo.

El mecanismo como operan estos fraudes no es sencillo de explicar de manera simple, pero trataré de deconstruirlo por pasos y ustedes dirán si fue posible.

En primer lugar, tiene que haber un marco de permisibilidad política y legislativa que facilite la impunidad. No se puede practicar la usura especulativa a nivel internacional sin un escudo jurídico y una complicidad política. Tiene que existir una teoría economicista como el neoliberalismo que revista el plutocratismo con un ropaje conceptual y legislativo.

Después que la teoría conceptual ya existe y es aprobada mediante el cabildeo profundo, pasa a la fase de aprobación legislativa para su institucionalización. Una vez ya institucionalizada, queda despejado el camino para los juegos financieros desregulados y el libre mercado, ya que el papel regulador del gobierno queda amordazado.

Generalmente detrás de la aparición en el mercado de nuevos valores de nuevos productos, bienes o innovaciones, sea industrial o tecnológica, que ofrezcan como novedad la posibilidad de cotizaciones altas, se construye la euforia especulativa. Esto se hace de manera cíclica según la ilógica del mercado lo permita. Esto conlleva a la permisibilidad de las diversas formas de especulación con diferentes bienes alterando exageradamente su valor para obtener enormes ganancias de esta inflación artificial.

Cuando estalla una burbuja o existe una crisis, las bolsas caen y se generan los pánicos financieros víctimas de la crisis. Esos supuestos bienes o tecnologías nuevas que se inflaron y por lo cual se produjo la crisis, se devalúan o, mejor dicho, se ajustan sus precios al valor real del mercado. Los inversionistas con información privilegiada venden en el punto más alto sus acciones y se retiran antes de la explosión de la burbuja.

Ya después que tomaron sus ganancias, una vez creado el pánico se declaran en quiebra como el resto de los otros rubros financieros. Las monedas del resto de los países se devalúan frente al dólar, aunque el dólar se devalúa, pero no pierde valor ante las otras monedas por ser el referente, los sistemas económicos interconectados globalmente caen como un efecto dominó en profundas depresiones, los bancos ya enriquecidos por la especulación y los conglomerados económicos estratégicos rozan las quiebras, las acciones bajan, y los inversionistas ganadores identifican las mejores inversiones que puede dar rendimientos elevados en un corto plazo para incluirlas en sus nuevas carteras, recomprando esas acciones a precios muy bajos o como se dice en el argot: a precios de animal enfermo.

Cuando todos pensamos que todo está perdido, entra el héroe de la película: el intervencionismo del gobierno, la Reserva Federal, el FMI, el Banco Mundial con el dinero público manejado por los creadores de la crisis enmascarados detrás de instituciones o entidades mundiales creadas por ellos, llegan justo a tiempo para ofrecer su corazón y para rescatar de las garras de la parálisis del sistema financiero y a las instituciones bancarias como prioridad. Este rescate se convierte en un autorrescate con el dinero público todavía caliente recién salido de la imprenta, sin respaldo ninguno, ya que están autorizados a emitirlo de manera ilimitada según lo amerite la excepcionalidad.

El Estado se convierte en el financista de los bancos y de los grandes conglomerados económicos. Para variar, en estos grandes conglomerados los banqueros tienen inversiones y son dueños de una parte de estos grupos económicos rescatados. Es decir, que se quedan con más del 90 % del rescate. El 1 % de todo ese dinero del pueblo es lo que drena a la sociedad y se destina para apoyos de las clases populares.

La Reserva Federal (FED) y el Banco Central Europeo (BCE) imprimen dinero fiat o fiat-nuro, que no es más que dinero sin respaldo para inyectar billete basura a la economía y a los bancos. Es decir, los bancos ganan doble, ganan primero por la especulación y después de estalladas las burbujas ganan por el proteccionismo del gobierno al ser rescatados.

La tercera forma de enriquecimiento y consolidación de poder financiero se da mediante la usura basada en el empobrecimiento que generan las crisis en el resto de las empresas o economías globales que no participan de los beneficios de este reducido y elitista círculo de los dueños del dinero del mundo, dueños de los sistemas políticos y dueños del sistema financiero.

El resto de la economía nacional y de los países subdesarrollados caen en profundas crisis financieras, aumento de la pobreza de sus ciudadanos y el latente riesgo de crisis políticas, y se ven obligados a recurrir al préstamo para poder seguir corriendo sus sistemas y no colapsar. Al recibir los rescates terminan endeudados con billetes basura que solo cuestan 0.14 centavos su impresión.

Sin embargo, como estas economías endeudadas no pueden jugar al Monopolio, en cada préstamo o rescate van cediendo autonomía, independencia, recursos nacionales estratégicos y comienza el chantaje usurero al que están sometidos la mayoría de los países fundamentalmente más débiles y en especial el caso más patético, los del tercer mundo, obligados a ceder sus reales valores nacionales y sus recursos por dinero basura a cambio de poder mantener a flote la gobernabilidad de sus países.

Cuando la moneda líder del mundo emite dinero sin control a través de las dos instituciones madres autorizadas (la FED y el BCE), aumenta la inflación interna y en el mundo cae la capacidad de ahorro en general, de los países y sus ciudadanos. El dólar pierde cada vez más su valor y el resto de las monedas conectadas caen devaluadas. Aumenta el gasto público de Estados Unidos, creando un enorme déficit público que se transfiere a pagos a futuros de deuda, o más bien venden dicha deuda a la misma FED de regreso o compradores de deuda como China. Para el resto de las otras naciones, esas deudas se acumulan a pagar a un futuro de déficits renegociados convirtiendo a la colonización en un ciclo perpetuo y acumulativo de deudas impagables que sirven para doblegar y obtener la obediencia y la apropiación de los países más débiles ante la impotencia de sus gobiernos.

Cuando las bolsas del mundo se desploman y con ellas los valores de las empresas y las economías globales, aumentan las desigualdades y el empobrecimiento se convierte en la herramienta de control del mundo. Esta es la oportunidad para comprar barato con dinero porquería. El empobrecimiento y el endeudamiento que genera cada crisis convierten a los mercados del mundo en pulgueros de segunda mano, el olfato felino de estos plutócratas se desata y avanzan en el control económico y político a nivel global, concentrando cada vez más riquezas en muy pocas manos.

Cada vez son más poderosos económica, políticamente y van aniquilando las capas intermedias en las economías locales y foráneas. La pequeña y mediana empresa van desintegrándose y empobreciendo a un ritmo palpable, siendo absorbidas por el ojo del tifón del empobrecimiento y la poca competitividad. Es por eso que la riqueza se ha concentrado cada vez más en la punta de la pirámide, generando más y más pobreza repartida equitativamente en su base.

Richard K. More, en su libro *Las dinastías de banqueros centrales*, afirmaba que el control total del mundo lo ejercen creando deudas y crisis cíclicas que empobrezcan al mundo para poder esclavizarlos con los préstamos y las intervenciones financieras.

Una de las formas en que impacta la deuda externa a la población es en la pobreza, y la pobreza es el arma de consolidación del dominio. La forma de control y enriquecimiento de los países más poderosos sobre los más débiles era anteriormente la ocupación militar. En la actualidad no se necesita de escuadrones militares para saquear las economías, con las crisis y el empobrecimiento es suficiente. Con prestarles dinero y dominar el mercado financiero a través de las tasas de interés es más que suficiente. Por ende, la forma moderna de expansión del poder se llama empobrecimiento, y este se controla a través de sus deudas externas.

Espero haber podido ser convincente al explicar unos fenómenos tan complejos de manera simple. Ya una vez explicado cómo el empobrecimiento es la herramienta de control y poder de las elites financieras del mundo capitalista, me gustaría pasar a desglosar cómo aplica el empobrecimiento igualmente como herramienta de control dentro del socialismo, para que así podamos darnos cuenta cómo convergen la consolidación del poder en ambos sistemas homologados en el uso y abuso de la pobreza como forma de dominio.

La transición del análisis de la pobreza como forma de dominación desde el capitalismo para posteriormente pasar al socialismo lo haremos de manera muy simbólica, analizando la ventriloquia del sistema político en China, entendida como un mismo cuerpo, dos tipos de lenguajes distintos.

Bajo el esquema "Un país, dos sistemas" el Partido Comunista Chino (PCCH) ejerce el empobrecimiento como forma de control desde la perspectiva comunista y desde la perspectiva capitalista en un mismo sistema ventrílocuo.

Un mismo centro emana las dos versiones de dominación gracias al empobrecimiento. Una en su versión Mao Zedong (1893-1976) y la otra en su versión Jamie Dimon (1956). Desde su interior, el sistema tiene el arte de modificar la voz para imitar otras voces y unas veces habla como Jamie Dimon y otras como Mao Zedong.

Digo que mencionar el modelo chino nos permite una disolvencia de un sistema a otro, porque el Partido Comunista Chino, desde 1949, ha mantenido la población en un sistema seudofeudal esclavista con un nivel de vida precario que le ha servido para poder mantener el control de un país tan vasto de manera eficaz. Muchos de los que alaban el éxito del modelo de crecimiento chino, hacen poco hincapié sobre qué bases civiles se sustenta y el costo humano en que se erige.

En China, paralelo al lenguaje Jamie Dimon, coexiste en su versión Mao uno de los regímenes más represivos y totalitarios que existe en el siglo xxi. Un régimen que no ha tardado en aplicar todos los avances tecnológicos aplicados a los experimentos de control de su pueblo. Han sabido aprovechar el nivel de empobrecimiento y neoesclavitud al que tiene sometida una parte de su población mayoritaria, para poder edificar un modelo de rentabilidad y competitividad de la producción a la que ningún país desarrollado liberal en el que se respete la dignidad humana del trabajador y sus derechos podría homologarse.

El neoesclavismo, la precariedad, el terror, mezclado con la cultura de la disciplina austera, la filosofía de saber venir de abajo, son las verdades detrás del dumping comercial chino y una de las ventajas de su sorprendente ascenso productivo. Este tipo de práctica de vender por debajo del precio normal o a precios inferiores al costo con el fin de eliminar la competencia y adueñarse del mercado solo se puede lograr como se iniciaron los chinos: pagando con arroz como salario hace treinta años hasta lograr una mejoría de los sueldos actual en la que el promedio de salario al mes (según cifras de junio de 2019) de un trabajador oscila entre 1500 y 2500 yuanes según la región, lo que vendrán siendo entre 240 y 600 USD, que es igualmente inalcanzable para sus rivales económicos, en los que el salario promedio básico oscila entre los quince y los veinticinco dólares la hora más prestaciones, seguros médicos y jornadas de ocho horas.

Ahora bien, está su otra cara Jamie Dimon, en la que China ocupa el segundo lugar como potencia económica capitalista y como país con el mayor número de multimillonarios en el mundo después de Estados Unidos.

En su convergencia con el capitalismo, China comunista empieza a practicar el imperialismo económico un poco tardíamente y está dando los primeros pasos en la implantación del modelo del *kaos* financiero a través de la creación de falsas banderas para provocar los pánicos bursátiles y recomprar las acciones devaluadas de empresas norteamericanas y europeas radicadas en China después de la caída reciente de los mercados a causa de que el paciente-0 que provoca la propagación de la covid-19 es chino.

Esta reciente trampa bursátil, a la que denominé la trampa de "El acantilado rojo" (por su similitud con ese extraordinario filme dirigido por John Woo), no solo significó un proceso de nacionalización bursátil de las empresas norteamericanas y europeas radicadas en China, al recomprar sus acciones en la reciente caída de la bolsa de Shanghái a raíz del pánico de la covid-19, sino también significó una apropiación de dudosa legalidad de sus tecnologías.

También se han beneficiado del empobrecimiento de los países y las economías del mundo ofreciendo una segunda opción como prestamista paralela al dólar, acaparando poder económico y político en buena parte del mundo al nivel de Estados Unidos, de manera usurera, convirtiéndose en el segundo comprador de deuda del mundo e incluso adquiriendo el 18 % de la deuda pública de Estados Unidos.

Como vemos, en la versión ventrílocua China, el empobrecimiento aplica de manera efectiva como forma de control y de enriquecimiento para los dos sistemas que administra el PCCH en su estrategia capitalista-leninista. En el capitalismo-leninista chino converge el uso de la pobreza como arma efectiva para ambos sistemas y se practica al mejor estilo imperialista.

Aunque la tendencia a mantener la pobreza prolongada parece un instinto de autodestrucción tanto para el socialismo como para el capitalismo, resulta ser todo lo contrario. La estabilización de la pobreza resulta ser un mecanismo de conservación del poder y del dominio como ya hemos visto. Esta incoherencia, por muy disparatada que parezca, es la base en la consolidación del poder en ambos sistemas.

La escases de todos los servicios materiales básicos, mezclada con el totalitarismo político, genera obediencia. El miedo a la expansión de la pobreza y el endeudamiento en los países capitalistas también genera obediencia a través del chantaje de las deudas.

Con el tiempo llega a pensar que la tozudez del comunismo por defender ciegamente un modelo disfuncional como el socialismo negativo, es una decisión exprofeso. Lo pienso así cuando constato que el individuo aturdido por las carencias y forzado a solo pensar en el cómo sobrevivir, se convierte en un individuo debilitado, desgastado y primitivo en sus decisiones y en sus facultades críticas y reflexivas.

El socialismo continúa usando el combate a la pobreza y las desigualdades como el eje de su discurso. Al final resulta que en su demagógico combate a la pobreza terminan multiplicándola ya que donde persiste el socialismo se colectiviza la pobreza.

Esta incoherencia, como vimos, tiene una explicación muy simple. Un hombre con el espíritu crítico debilitado e indiferente sucumbe con facilidad a las imposiciones. Cuando los individuos transitan por este estado de apatía, la doctrina política oficial no encuentra resistencia para asentarse en esta conciencia agotada que ha sido desamparada por la fuerza del pensamiento crítico.

La dominación no encuentra oposición frente a sujetos desmantelados mentalmente que no ofrecen resistencia a la dominación. El estado de sobrevivencia prolongado por décadas fatiga el espíritu y lograr sobrevivir diariamente, produce una satisfacción efímera que se convierte en conformidad.

La comodidad se logra con la administración precaria de los deseos y a mayor cantidad de deseos, más angustias que conducen a ser irreconciliable con la realidad precaria.

Se configuran grandes grupos de deseosos precarios homologados por la misma precariedad de las metas, ya que, si te acostumbran a vivir en un espacio con un metro de altura máxima, te ves obligado a vivir agachado.

En lo que tramitan conseguir un mejor espacio, no tienen mejor opción que la obediencia, y desde la obediencia reclamar un mejor estatus de vida y las consiguientes gratificaciones a las que puedan aspirar en espacios reducidos por las carencias.

Para llegar a la docilidad disciplinaria se pasa por un periodo de represiones necesarias de ciertos instintos e inhibiciones de deseos. En esa cotidiana disputa entre las utopías o el bienestar logra el bienestar precario dominar las utopías igualmente precarias, y es ahí cuando entra la conformidad auto disciplinaria, se entrega al relato colectivista el individuo y las utopías se convierten en distopías.

El bienestar es secuestrado por las prioridades políticas y es administrado desde el control del Estado. Cuando el bienestar es rehén, no hay paso para el animal-egoísta que todos llevamos dentro y se minimizan las ansias de crecimiento y se reducen las libertades a solo las libertades permitidas.

La sabiduría del poder radica en saber administrar las restricciones, y en particular las oligarquías en el socialismo negativo son devotas a ejercer un control administrativo de la sociedad que provoca una negatividad bloqueadora y que impide un crecimiento posterior.

Ese crecimiento posterior no es prioridad para el poder. Buscar un crecimiento resulta que redunde en un mejor nivel de vida es contraproducente, ya que se le complicaría la forma de control a la que ya tienen acostumbrados a los individuos. Mientras más satisfechos están los individuos, más exigentes y más críticos se tornan. Un sistema político se vuelve más vulnerable cuanto más soluciones ofrezca a los ciudadanos, ya que serán más satisfechos, más libres, más problemáticos y menos gobernables.

En síntesis, la rebeldía social se da más en las sociedades menos atrasadas que en las más atrasadas. Un nivel de pobreza moderada genera más pasividad social que sociedades con niveles de vida altos. Manteniendo un perfil de bajo crecimiento pueden ejercer con mayor facilidad su gestión de administración planificada que les ha funcionado en la implementación del negativismo socialista, que a efectos del poder se convierte en un positivismo político. Siempre han administrado satisfactoriamente los yo colectivos mediante la pobreza equitativa prolongada indefinidamente. ¿Por qué habrían de cambiarlo? Eso es tarea de otro socialismo.

Para el poder socialista negativo, la precariedad siempre estará condicionada por justificaciones externas ajenas a su buena voluntad. Así gobiernan: a través de la victimización. La victimización se convierte en el vertedero de las incoherencias y de las disfuncionalidades del sistema. Un gobierno víctima de un enemigo poderoso deja de ser para los gobernados un gobierno disfuncional o al menos su disfuncionalidad no es exprofeso, está justificada y lo exonera de culpa ya que se da por causas ajenas.

Esta sensibilización genera en los gobernados insatisfechos un síndrome Estocolmo socialista que impide que las insatisfacciones se polaricen, y los regresa a la conformidad con la precariedad de forma pacífica. Este ciclo se repite una y otra vez de crisis en crisis.

Entonces al humanismo paternalista casi cristiano que ofrece el socialismo victimizado no se le puede pedir más. En su mejor versión, promueve al modelo de hombre limitado y en su peor versión también promueve un modelo de hombre limitado.

La integración del individuo se da en una zona autodestructiva de acomodamiento a la escasez coercitiva y disciplinaria.

Los sistemas socialistas negativos eligen su Goliat poderoso, para así poder justificar la permanencia en la bancarrota prolongada. No existe socialismo auténtico si no hay un rival auténtico y digno. Sin el Goliat del capitalismo industrial, a Carlos Marx le hubiera sido imposible escribir su obra cumbre: *El capital*, o sus manuscritos, que son mis preferidos.

Ambos sistemas deberían tener nombres combinados o podrían llamarse socialismo-rivalista o rivalismo-socialista, y así tendrán incluido en su designación la irreverencia revolucionaria contra otro sistema opuesto que llevan dentro. El palabra revolución lleva implícito la antogonizacion contra otro. No existe revolución sin enemigo, y cuando esa revolución se burocratiza y deja de ser revolucionaria en su etapa de socialismo institucionalizado debe prolongar la sensación de acoso del gran enemigo, que fue aquel motivo de su surgimiento. Aquí empiezan el marketing de adoctrinamiento ideológico y las referencias constantes al poderoso enemigo para apuntalar la disfuncionalidad del presente.

Por naturaleza son sistemas que nacen del conflicto y son genuinamente belicosos y revanchistas en esencia. Surgen del derrocamiento de un modelo anterior y por ende son propensos al antagonismo constante y prolongado contra el sistema del que surgen desde una posición desafiante y triunfalista.

Ese positivismo me recuerda aquella famosa consigna que fue muy popular en Cuba: "Donde nace un comunista, mueren las dificultades". Yo mejor diría: "Donde nace un comunista, nacen las dificultades".

Si se fijan, históricamente en el relato de todas las revoluciones convertidas en burocracias, su discurso se vuelve totalmente defensivo y arrogante como el de David. Para los nacidos dentro del sistema socialista es como haber nacido en un país-conflicto. Esta noción país-conflicto te convierte en guerrillero involuntario, y con el pasar de los años te amolda al concepto de guerrillero agotado o al modelo "all you need is love".

En estos sistemas de pobreza básica prolongada, o como se le conoce, socialismos, corren el riesgo constante de que algunos individuos no simpaticen con la victimización del poder y no queden atrapados por el síndrome socialista de Estocolmo renunciando al modelo de *peace around* me.

Es aquí cuando lo más negativo del socialismo emerge para sostenerse por la fuerza, aplicando la mano dura. Es ahí cuando se convierten en sistemas involutivos, impositivos y castrantes de la individualidad, en los que impera el "no se puede".

En las sociedades con límites bien dibujados o del no se puede existe una saturación de barreras y la geografía para las aspiraciones individuales y muy escuetas. Son gremios dirigidos bajo las reglas de un tipo de disciplinariedad restrictiva.

Cuando un guerrillero no agotado se vuelve intolerante a la disciplinariedad, deja de ser guerrillero para convertirse (según el sistema) en disidente y suele cargar con el *bullying* de la cooperativa afiliada, con la cárcel, con el destierro, o a veces está condenado a padecer los tres juntos. Recordemos que la pobreza como forma de dominación viene acompañada del poder disciplinario militar. Ambos son una mancuerna.

En 1864 Maurice Joly (1829-1878), escritor francés satírico-político, publica en Bélgica un libro titulado *Diálogos en el infierno entre Maquiavelo y Montesquieu,* en el que narraba un ficticio complot concebido por Napoleón para dominar el mundo.

Este desconocido libro, que también ha sido publicado bajo el título *La política de Maquiavelo en el siglo xix,* fue plagiado parcialmente por la policía zarista y convertido en un famoso libro antisionista con otro nombre: *Los protocolos de los sabios de Sion.*

Los protocolos fueron traducidos y difundidos en todos los países del mundo en 1920 y una vez que cayeron en las manos de Hitler (1889-1945), Rockefeller (1839-1937), Alfred Rosenberg (1893-1946), Joseph Goebbels (1897-1945), Henry Ford (1863-1947), el Padre Charles E. (1891-1979) y Hezbollah (Partido de Ala y Dios) lo convirtieron en material de estudio, tergiversando el real origen del libro. Lo propagaron por varios países de Europa y el mundo árabe como un supuesto complot judío para controlar el mundo y así satanizar a esta colectividad religiosa cultural.

Les explico esto primero para hacer justicia a la labor de Maurice Joly, quien fue encarcelado por la policía política de Napoleón por escribir dicho libro, lo que posteriormente provocó su suicidio, y segundo porque pueden confundirse al encontrar la referencia que haré uso a continuación,como extraida *Los protocolos de los sabios de Sion.*

Según sus plagiadores zaristas, estos protocolos son atribuidos como parte de una agenda o pasos concebidos por los judíos o illuminatis para someter el mundo. Lamento decirles, amigos conspiradores, que esto es un error.

Los protocolos de los sabios de Sion nunca existieron, no fue escrito ni por illuminatis ni por los judíos, y es un plagio de la novela de Joly.

En este cínico diálogo imaginario entre Montesquieu y Maquiavelo, Joey pone a los dos filósofos a debatir sobre el estado autoritario moderno y denuncia la corrupción de la democracia liberal. En un mundo maquiavelizado, Montesquieu queda sin habla al conocer los puntos de la agenda para dominar el mundo que el príncipe con alusión a Napoleón tenía trazada.

Esta obra posee una extraordinaria vigencia después de ciento cincuenta y seis años de haber sido escrita. Si tienen la posibilidad de leer este libro verán como muchas de las espeluznantes prácticas que propone Maquiavelo siguen utilizándose hoy en día y son parte de la agenda del nuevo orden mundial. Dentro de los pasos a seguir, existe uno que ilustra con sorprendente vigencia: cómo aplicar la pobreza para lograr el sometimiento de las masas, que coincide perfectamente con el modelo socialista, con el modelo de nuevo orden mundial y el comunismo chino en su lado Mao o Malo.

La frase cita: "Nuestro poder reside también en una permanente penuria de alimentos. El derecho del capital, matando de hambre a los trabajadores, permite ejercer sobre ellos un control más seguro del que podría tener la nobleza con su rey. Actuaremos sobre las masas a través de la carencia, la envidia y el encono que de ello resulta".

Para concluir este capítulo creo que debemos hacer una precisión que es determinante: sabemos que no existen países pobres, existen países que ha sido empobrecidos exprofeso para poder ser dominados. Así lo mismo pasa con los pueblos o individuos.

Existe una pobreza estructural ya trazada que se utiliza como herramienta estándar por gobiernos de derecha y de izquierda para ejercer el control social en sus países y en el mundo. En el uso del empobrecimiento como herramienta de control y sometimiento convergen y homologan el socialismo y el capitalismo

El hombre nuevo y el nuevo hombre

Esta gran masa confundida es el "nuevo hombre" que necesita el posglobalismo capitalista en su modelo de sociedad disciplinaria voluntaria.

A pesar de su parecido fonético, no guarda similitudes semánticas con aquel "hombre nuevo" concebido por Ernesto Che Guevara (1928-1967) en los parajes de la utopía.

La única empatía entre el "hombre nuevo" de Guevara y el "nuevo hombre" posglobalista es que ambos son frutos de dos cambios revolucionarios surgidos de dos tipos de crisis capitalistas tóxicas que ya vimos en el capítulo anterior.

La revolución cubana, al convertirse en una radical máquina transformadora de las estructuras sociales y de las instituciones del régimen, necesitaba una transformación de los hombres, de su conciencia, costumbres, valores, hábitos y de su entorno social. Entonces le era necesario fabricar el prototipo del "hombre nuevo" como ideal a seguir. El capitalismo para ello siempre ha contado con Hollywood para fomentar esos valores, y el socialismo contó con el sacrificio casi cristiano del Che Guevara.

El Che Guevara (a quien se le atribuye la autoría intelectual de este concepto) consideraba que la consolidación del proceso de transformación socialista llegaría a ser realmente auténtico cuando fuera capaz de crear un "hombre nuevo" y este, para Guevara, vendrá a ser el ideal del hombre en el siglo xxi casualmente.Para el capitalismo el ideal del "nuevo hombre" ha pasado por John Wayne (1907-1979), James Dean (1931-1955), Marlon Brando (1924-2004) hasta Brad Pitt (1963) y Jonas Brothers.

En la concepción del Che el ideal del hombre nuevo es muy similar a la concepción cristiana asociada al sacrificio en pos de los humanos y parte del hombre nuevo, vencedor del pecado y de la muerte. Es decir, el hombre nuevo en la utopía del Che abracaba el concepto de la entrega total para lograr el bien social como la condición esencial de la formación de una nueva moral. Él consideraba que el ejemplo del sacrificio sería un motivo de inspiración moral para formar un ideal en las futuras generaciones. Esta convicción paradójicamente fue parte del mensaje evangelio de los apóstoles como Juan, Pedro, Tomas, Mateo, Judas, Santiago y otros.

El modelo de nuevo hombre que el globalismo capitalista difunde es el del narcisista tecnócrata de espíritu empresarial, capaz de resolver los problemas de la sociedad con la ayuda de la gestión individualista y con el apoyo de las tecnologías.En este modelo de absoluta libertad individual la intensidad cristiano intelectual no tiene cabida como forma de virtud.Aquí la dignidad moral del nuevo hombre está emparentada con el tamaño de su fortuna individual, sus activos y el fetiche del triunfador solitario.

A pesar de ser muy cerrado el filtro que permite el ascenso social, los que logran llegar y se colocan como triunfadores causan admiración y se convierten en el paradigma del "nuevo hombre vencedor" al que aludía Maquiavelo. Son hombres que piensan que el lugar que ocupan no se debe a la gracia del destino, sino que se debe a su autogestión y su talento individual.

El hombre perfecto inspirado en el sacrificio de Jesús que inspiró al Che Guevara es muy diferente del nuevo hombre que existe en el neoliberalismo. La versión cristiano-Guevarista es el hombre perfecto, escaso y utópico que viaja en contrasentido a la ideología moral posmoderna y de todos los tiempos.

El hombre nuevo socialista crea los espacios de libertad mediante las revoluciones para poder ejercer el poder de manera autoritaria en función del bienestar social, la justicia y la igualdad sin que sean prioridad el respeto por las libertades individuales. En el caso del nuevo hombre global, el marco de libertades ya está creado para que las puedas encausar en función de alcanzar la conquista de la libertad personal sin límites sin que el bienestar social, la justicia y la igualdad sean parte de sus prioridades.

A la larga, ambos prototipos de hombres renovados han resultado ser modelos distópicos y por tanto han quedado incompletos. Cada uno es portador de verdades incompletas o de medias verdades. Por ello, si buscamos el hombre nuevo más evolucionado, es necesaria la convergencia de ambos en uno mismo.

Si buscáramos un verdadero ideal de hombre convergente, más que nuevo yo lo llamaría "el hombre completo". Este saldría de la convergencia de estas dos visiones y me daría igual si se ubicara primero la palabra hombre o primero la palabra nuevo. Aquí el orden de los factores no alteraría el concepto.

Los cubanos nacidos después de 1959 caímos dentro de la definición de hombre nuevo del Che, y ahora parece que también estamos destinados a ser parte del nuevo hombre posglobalista si logramos el triunfo material. Estamos condenados a seguir siendo nuevos y hombres en las dos versiones.

Todas las nuevas ideologías que promueven el hombre nuevo o el nuevo hombre sienten una antipatía en contra del viejo hombre, que no es más que un espejo de un anterior sistema caduco. En todas existe una sutil actitud discriminatoria hacia la tercera edad política como imagen de lo que tiende a desaparecer. En los inicios de las utopías, cuando te conviertes en anciano político, no hallas acotejo social y si no existe un milagro como *Buena Vista Social Club* te pertenece el olvido.

El nuevo humano proyecta un ideal futurista, aspiracional y muchas veces fantasioso que responde a lo que el nuevo orden entiende como sus valores. El viejo modelo es olvidado, sufre un bullying social y se convierte en el maniquí de lo que no debe ser.

Aunque entre el hombre nuevo y el nuevo hombre pueda parecer que coexista el concepto de héroe, existen profundas diferencias entre estos hombres ideales y el ideal del héroe. Las no coincidencias estriban en que el héroe tiene una apariencia real, más cercana, y el hombre nuevo es aspiracional y ficticio.

El héroe es más personal, terrenal y propenso a imperfecciones. El hombre ideal no puede darse el lujo de tener errores. Como su nombre lo dice, funciona como ideal a seguir, y mientras menos terrenal sea, mejor. Si el héroe es incapaz de cometer errores, entonces pierde su apariencia terrenal, deja de ser creíble y se confunde con el héroe ficticio o el hombre nuevo. He aquí cuando nace la confusión.

En Hollywood hubo un tiempo en el que cometieron con regularidad este error, y ya lo enmendaron. En algunos casos han subvertido los valores disciplinarios del héroe, y el antihéroe resulta siendo un superhéroe totalmente errático en el resto de sus conductas. La diferencia de la que hablamos es muy clara entre los filmes *Misión imposible*, interpretada por Tom Cruise (1963), *Get The Gringo* (Agarra al gringo), interpretada por Mel Gibson (1956) y la última versión de *Capitán América*.

A veces los héroes son los que construyen los hombres ideales o al menos los inspiran. La literatura, las autobiografías de moda, el cine, la historia y la mitología están plagados de ejemplos de este tipo. En el caso del mito, este solo es propiedad de los héroes, ya que la artificialidad del nuevo hombre no es más que un espejismo del relato político o ideológico para el que fue construido.

Todas las grandes utopías construyen su modelo de hombre ideal como una ensoñación aspiracional. Todos concuerdan en tener un aspecto juvenil y la vista puesta hacia un solo punto: el futuro. En todos existe un aire de perfeccionismo capaz de resumir en su semblanza la trascendentalidad del sistema que representan. En ellos se da una confluencia de elementos semióticos que concuerdan con la semiología del relato político que los crea. Su imagen sería una suerte de conceptualismo de tal o cual ideología.

Una característica ineludible en este símbolo-hombre es la virtud. Donde no hay virtud no puede existir el hombre nuevo. Su imagen tiene que reflejar las virtudes que propone el sistema que representa. Es como un logotipo humanizado o la imagen moral que identifica la nueva idea social. Pareciera que dentro del ideal de cada hombre nuevo conviviera un Quijote entre Calvin Klein y Victoria Secret.

La evolución del nuevo hombre como logotipo de las nuevas aspiraciones ha oscilado a lo largo de la historia entre el nuevo hombre estético y el nuevo hombre ético, y viceversa.

El fascismo, por ejemplo, se inclinaba más por un ideal David Beckham (1975) narcisista e inspirado en el canon estético romano. El hombre nuevo socialista tenía varias versiones, una más física y otra menos frívola. La soviética, por ejemplo, era igual de narcisista que la fascista, pero combinada con la rudeza y el orgullo cosaco. La cubana es una combinación de Antonio Maceo (1845-1896) y Jean Paul Sartre (1905-1980). La globalista es más conceptual y, a mi gusto, la hallo en la convers-gencia de símbolos que tiene el logotipo de las zapatillas Converse.

En la medida que avanzan las utopías, proliferan los prototipos del hombre nuevo más conceptuales y menos estéticos, a diferencia de los prototipos de principios del siglo xx, en los que predominaba la actitud atlética y el fisiculturismo estilizado.

En Roma y Grecia se aplicaban las reglas de la perfección estética a su ideal del hombre nuevo. También si repasamos todas las representaciones cristianas o las alegorías religiosas, constaríamos que Jesús aparece en todas como un playboy acongojado.

Ya en el orden conceptual hay varias interpretaciones menos estéticas. El hombre nuevo marxista es un modelo de individuo que aparece emancipado contra otro: el viejo hombre no emancipado. En la versión de Charles Darwin (1809-1882) el concepto del nuevo hombre es el ideal del individuo adaptado al no adaptado. Para el liberalismo, en cambio, es el del ser libre contra el yo controlado. Para el nuevo orden mundial se aplica la convergencia con el marxismo de manera inversa, ya que pasaremos del hombre emancipado heredado de las democracias liberales a la involución de un hombre no tan emancipado.

En Cuba el idealismo comunista concibió la ingeniería del hombre nuevo acorde al socialismo y con ocultas empatías con lo cristiano. El nuevo orden mundial busca también un hombre ideal, pero que sea rentable y trashumante.

En cualquiera de los dos escenarios, el hombre nuevo ha significado una forma de servidumbre y un modelo de conducta no alcanzado. Tanto el modelo cubano como el nuevo orden han intentado a través de la concepción de este arquetipo lograr un cambio en la naturaleza humana que no ha sido.

En el caso de Cuba fue más ético, colectivista y distópico. En el caso del nuevo orden es también distópico, ya que tiene un objetivo individualista, transhumano, narcisista y reprogenético de difícil comprensión, ya que su aceptación significa un cambio en la naturaleza fundamental de los seres humanos y va en contra de sus valores y de la concepción natural y cristiana.

La doble moral y el doblepensar

"La ficción es la mentira
a través de la cual decimos la verdad"
Albert Camus

Según los estatutos del Partido Comunista en Cuba, "con el triunfo del socialismo, la moral comunista se transforma de una moral de resistencia de clases del proletariado y en ley moral de la sociedad en su conjunto".

En el socialismo cubano, la moral se transforma en una moral uniformada y verde olivo. En un corto periodo de tiempo se alejó de aquel conjunto de normas, creencias, valores y costumbres que guían la conducta de todos los grupos de individuos en las sociedades no politizadas para convertirse en una doctrina moral.

El concepto de moral rusa (**моральный**) que impusieron en Cuba fue una moral ideológica o, mejor dicho, una ideología moral. Al politizar la moral, esta dejó de ser representativa y heterogénea para convertirse en una moral homogénea al servicio de una ideología política en particular y de un grupo de personas afines a la ideología dominante.

Una moral politizada no es una moral real, es una ética impositiva que penetra hasta lo más recóndito de la intimidad de los ciudadanos y enferma la sociedad con la intolerancia y el monodiscurso.

Este autoritarismo ideológico no da cabida a ninguna otra forma de comportamiento moral distinto en una sociedad unidireccional. Ante la expansión del relato colectivo, el pensamiento lúcido popular es capaz de generar en su insurgencia la creación de otros relatos más afines a su realidad, obligándoles a circular en espacios marginales no colectivos.

155

La sabiduría popular logra construir los discursos paralelos, crean el doble actor social, desarrollan la hipocresía ideológica, el pragmatismo ético, el discurso evasivo, el metalenguaje y el repetidísimo mecánico del discurso oficial como formas de resistencia depositadas en actitudes sociales evasivas.

La falta de un discurso propio identitario que sintetice lo social y lo personal debilita el carácter de los individuos. Entonces se ven obligados a crear otro discurso más afín a ellos para reafirmarse. Este doble discurso genera una doble identidad que fluctúa entre la identidad real y la identidad institucional. La primera no es reconocida como el lenguaje idóneo a pesar de ser espontánea y la segunda es artificial y brota del autocontrol o la represión necesaria.

El discurso popular es el de la resistencia, el de la individualidad. El discurso paralelo o de doble moral es el del individuo colectivo, el del partido, el de las instituciones y los comisarios.

Pensar diferente te convierte en un indisciplinado social, o mejor dicho: en un inmoral. Para evadir el *bullying* disciplinario, los individuos generan un doble discurso paralelo al discurso oficial, que se alterna en dependencia de las circunstancias en las que se encuentre.

Las circunstancias o los espacios sociales son los que definen cuál de los dos lenguajes aplican. Este discurso oportunista, que burla el oportunismo del otro discurso, es lo que en Cuba se conoce como "doble moral".

El principio de una única moral totalitaria e impositiva es la base del surgimiento de la doble moral. Esta rebeldía cultural se da en escenarios en los que un centro de poder obliga a los individuos a estar sometidos de manera obligatoria a una sola moral de manera estricta. Esta tiene una concepción unidireccional y discriminatoria cuando plantea como moral verdadera un "Conjunto de principios vitales y normas morales cuya base la constituyen los ideales de la sociedad comunista. El criterio objetivo de la moral comunista consiste, por eso, en todo aquello que contribuye al afianzamiento de la sociedad comunista y a la realización del ideal comunista". (1)

Politizar la moral social parece un error, pero para el ejercicio del poder no lo es. Una moral politizada es una moral en tiempos de guerra que arrastra consigo una violencia verbal. No se rige por consensos, sino por decretos, y se convierte en una forma de dominación simple, ya que al politizar la moral social politizan la vida de los ciudadanos de manera disciplinaria, haciéndolos más obedientes.

En definitiva, gracias al doblepensar el Partido Comunista de Cuba ha sido capaz de parar el curso de la historia y mantener a flote la falsa unidad social en el canal del discurso colectivo falso.

En la novela de Orwell (1903-1950), también el partido utiliza el doblepensar como herramienta de dominación para controlar a la población del país.

Para el nuevo orden mundial capitalista-leninista, como buen discípulo del socialismo, el metalenguaje del doblepensar consiste en permitir la existencia de dos ideas igualmente creíbles, pero contradictorias, coexistiendo en un espacio social de manera simultánea. Es un concepto más complejo que la mentira o la hipocresía. Es un "trabajo mental" de desconocimiento al que se somete el pensamiento cuando se enfrenta a este lenguaje, ya que una verdad contiene en su significado su antiverdad.

El tipo de pensamiento que utilicemos para interpretar esta metalengua puede ser sin duda nuestro aliado o nuestro peor enemigo.

Con el empleo sistemático del doblepensar como metalenguaje político, su narración se ha vuelto más hermenéutica, ya que el discurso dejó de ser un lenguaje directo y se ha convertido en un lenguaje interpretativo. Una idea puede poseer más de un significado o al menos dos interpretaciones, y dentro, en un concepto, coexiste el reverso de ese mismo concepto. Por ejemplo, si empiezas leyendo un discurso de Kissinger (1923), terminas con la sensación de haber leído un discurso de Walt Whitman (1819-1882).

Se trata de una subversión del orden natural de los significados como una de las herramientas más pérfidas de acomodamiento de una ideología luciferina.

La ilustración luciferina que conforma el brazo teórico del satanismo sabe que cuando alteras este orden natural de los significados, ya los conceptos no tienen una connotación directa, poseen dos o más significados. Creas una ambigüedad ideológica y debilitas la fuerza del pensamiento crítico en la comprensión. Estás más dispuesto para cuando se vaya alterando paulatinamente el orden de las cosas. Esta subversión del orden natural crea una sensación de orden invertido, y en esa dualidad de significados en la que lo oscuro queda oculto y lo positivo queda como supuesto significado, es donde radica la forma de dominación del nuevo orden mundial. Aceptas lo positivo y a su vez lo negativo implícito.

Existe un estado generalizado de deserción ideológica en nuestras sociedades posmodernas causado por una doble complejidad. Primera, la de las contradicciones que trae consigo la propia realidad. Segunda, por la compleja gestión que añade el doble discurso ideológico encargado de mediar entre la realidad y el hombre. El doblepensar no hace más agradable la ya de por sí agobiante realidad del capitalismo salvaje. Como discurso de intermediación entre el hombre y el mundo real, no facilita su comprensión, sino todo lo contrario: la desestimula y la convierte en un ejercicio cognitivo más inaccesible, provocando la fatiga en el pensamiento social.

Si normalmente la existencia es extenuante, y a ello le sumamos un discurso más extenuante aún, definitivamente provocaríamos la apatía y el desinterés por este discurso o por el conocimiento de la realidad misma. Cuando existe esa disidia en el saber popular, causada por el confuso discurso ideológico, disminuyen entonces los juicios críticos y aumentan las versiones distorsionadas. Este déficit entre la pérdida de lo crítico y el aumento de la apatía distorsionada nos convierte en un rebaño desinteresado, apático y de fácil manipulación mediante resortes sentimentalistas, emocionales y populistas.

Cuando en el discurso ideológico confluyen el sentido y el sinsentido, esta armonía de contrarios dentro de una misma idea inhibe la agilidad del pensamiento, la emocionalidad de las decisiones, la agudeza crítica y confunde y retarda la reacción social. Si el significado encierra en sí mismo las antinomias, es imposible enjuiciarlo desde los valores de lo positivo y lo negativo, ya que vienen las verdades y las antiverdades como una sola idea o dentro del mismo significado. Esto es precisamente lo que genera en los individuos la alienación, que no es más que la creencia de que la vida carece de significado, de objetivos, de propósitos o de valores intrínsecos.

Esos espacios que han quedado abandonados dentro del pensamiento social, provocados por la complejización del doble discurso ideológico, los llena el nihilismo apático y el nihilismo crítico.

Solo el nihilismo crítico estaría interesado en desenmarañar dentro del significado antinómico lo verdadero y falso sin poder deshacerse del lastre nihilista, ya que esta misma condición de doble discurso provoca ineludiblemente un comportamiento incrédulo como respuesta en cualquiera de sus dos formas, ya sea critico o indiferente.

Por eso, cuando hablan de socialismo y capitalismo dentro de un mismo modelo como el capitalismo-leninismo, esta convergencia lleva implícita el sentido y el contrasentido en un mismo todo. Su comprensión se vuelve fatigante. Los antagonismos históricamente bien definidos, como bien decía Lipovetsky, "se vuelven flotantes".

En este caso es mejor acogerse al sentido y al contrasentido implícitos en el doble significado. Es preferible aprender el idioma, a no tener sentido ideológico en la vida. Debemos abandonar la interpretación directa y acostumbrarnos a traducir la ideología de manera antinómica a través del doble sentido, y empezar a entender que ya el capitalismo o el socialismo son definiciones incompletas por sí solas, simples y obsoletas. La propia realidad y el doble significado gradualmente nos obligarán a referirnos a los antiguos sistemas antagónicos con un solo concepto de doble significado: el capitalismo-leninismo.

Como dijera Juan Domingo Perón: "Las personas que atendían los teléfonos rojos en Washington y Moscú no hablaban inglés ni ruso".

Después de esta trastocación de valores, muchos individuos aprenden a vivir sin un sentido claro. Esta sobreoferta de significados está creando nuevos valores basados en la indiferencia, en la fatiga y la apatía como respuesta al abuso barroco que se hace del doblepensar antinómico.

La indiferencia que genera el abuso del doble discurso se convierte en una nueva conciencia que no es precisamente inconsciencia. Cuando la indiferencia es parte de los nuevos valores ya deja de ser una irresponsabilidad y se convierte en algo normal, ya que crea una psicología social de la apatía. Esta alienación no es producida por la mecanización industrial a la que se refería Marx, sino por la mecanización y estandarización del doble significado en el discurso político e ideológico presente en todos los canales de comunicación social. La crisis en el significado de los conceptos que provoca el doblepensar está unida a la decadencia de los significados. Por tanto, los conceptos sufrirán una degeneración, ya que dejarán de guardar una relación exacta entre lo que se dice y lo que significa. La causa de esta mala salud en los significados y los conceptos se debe a la "inversión simbólica" que hace de ellos la doctrina luciferina.

Para poder entender la ambigüedad hermenéutica de este nuevo relato político les voy a ofrecer algunos ejemplos muy concretos e igualmente ambiguos:

- Debes entender que cuando el poder globalista habla de más libertad tecnológica, en realidad debes interpretarla como más dominación, ya que el control aumenta la intensidad de su invisibilidad.
- La gratuidad de las redes la pagas al exponer tu privacidad al dataísmo.
- Internet te hace menos culto y menos analítico, pero te hace un individuo excesivamente informado.
- Un celular es una útil herramienta de trabajo, y también es tu policía electrónico.
- Revolución y progreso no son la misma cosa.
- Dime cuán libre eres y te diré cuán controlado estás.
- Cuando veas un juicio civil, es un pleito entre ricos, y cuando veas un juicio penal, es un pleito entre un rico y un pobre.
- Si tienes negocio propio y piensas que ya no eres un explotado, estás en un error: solo cambiaste de condición, ahora eres un autoexplotado.

- La legalización del aborto es sin duda una conquista que voluntariamente colabora con la reducción de la población mundial.
- Si crees que Marilyn Manson (1969) es un disfraz satánico, estás equivocado, no es un disfraz.
- Si piensas, como muchos dicen, que China será la primera potencia del mundo, verás que eso es un cuento chino.
- Las vacunas no son la cura: son el virus.
- Lo izquierdo se torna derecho frente al espejo y lo derecho se torna izquierdo.
- La Reserva Federal (FED) no es Federal ni es Reserva.
- Si te gusta Madonna, debes saber que no se llama Madonna, se llama Louise Veronica Ciccone.
- Los sistemas antagónicos e irreconciliables están convergiendo en el capitalismo-leninismo.
- Por último, lo que parece un nuevo orden mundial no es nuevo ni es orden, ya que nos traerá un terrible des-orden.

En fin, la inversión simbólica que hacen el doblepensar y la doble moral son la cara nefasta del concepto político que simbolizan.

Lenin llegó a San Pedro

La suspensión traumática que sufrió el sistema de funcionamiento socioeconómico del mundo capitalista (o mejor dicho, del mundo), con la "falsa bandera del coronavirus" permitió al gobierno global y a las elites financieras disfrazar la incontenible recesión que se avecinaba desde el 2019, prevista para estallar en el 2020.

La quimera pandémica los obligó a coger el toro por los cuernos desde el anonimato. Les permitió además resetear el viejo sistema, limpiar la basura, encubrir los verdaderos culpables, debilitar a los rivales económicos y llevar a cabo una demolición controlada del viejo capitalismo tóxico para intentar sustituirlo por otro de nuevo tipo llamado nuevo orden mundial (NOM).

El acuariano año 2020 será el año de las disputas entre globalistas y patriotas, entre un imperialismo contra otro imperialismo, entre las verdades inverosímiles y las mentiras verosímiles, entre el capitalismo y el neoliberalismo, entre los liberales y los liberales de izquierda, entre los conservadores evangélicos y los neoluteranos, y entre el bien y el mal para poder llegar a un orden superior.

En medio de tal fuego cruzado existe una tercera opción igualmente poderosa, capaz de adaptarse al resultado final sea cual sea, ya que contiene en sus ingredientes un poco de lo histórico conservador y otro poco de lo global que se quiere. En el medio, entre globalistas y patriotas, está la iglesia católica, como tercer poder.

Juan Pablo II (1920-2005) consideraba que ningún sistema político es viable si no está apoyado al menos en alguna creencia religiosa, y que ninguna creencia religiosa sería viable si no está basada en un sistema político.

Históricamente ha sido considerado el poder de la iglesia por parte de los poderes políticos de cada época de manera independiente a su afiliación por la defensa de los humildes, que es la cualidad que distingue el relato cristiano. No en balde hemos observado reiteradamente la mancuerna de poder que establecieron los reyes y emperadores con los Papas y el clero a lo largo de la historia. En la modernidad, todo político importante o personalidad influyente ha contado al menos con una audiencia privada con el pontífice. Es decir, que para la legitimidad del catolicismo cristiano será necesario adaptarse a la nueva geopolítica que resulte instaurada como nuevo orden.

El actual Papa Francisco (llamado el Papa revolucionario) jugará un rol muy importante en el futuro acotejo de la iglesia en la implantación de este nuevo orden que está en la mesa de discusión. Francisco reúne las condiciones para, a través de su gestión frente a la iglesia, lograr el concilio ecuménico de todas las ideologías del mundo en un modelo convergente. Como dice el refrán: todos los caminos conducen a Roma.

En el viejo latín griego la palabra iglesia significa "convocación", y la extensión de este significado en nuestro siglo va más allá de la exhortación de todas las fes cristianas. La convocatoria que hoy hace la iglesia católica se dirige a la construcción de un nuevo orden global interno entre las propias iglesias para contrarrestar o quizás estar preparados para integrarse como bloque en la gran globalización que se está precipitando el nuevo orden.

A través de la fe cristiana la iglesia católica ha convocado a la unión de todas las iglesias del mundo en una sola iglesia global ecuménica a pesar de sus diferencias teológicas. Desde hace más de cincuenta años vienen construyendo un tejido meticuloso para aglutinarlas en un solo poder mediante la unión estratégica de toda la comunidad espiritual en una gran fuerza global.

El año 1965 significó el fin del Concilio Vaticano y el surgimiento del Concilio Mundial de las Iglesias, conocido por sus siglas: CMI. A través de sus conferencias anuales y la ardua labor de la Comisión de Fe y Orden, liderada por el doctor Bert B. Beach (respondiendo a la agenda vaticana), han trabajado para lograr una iglesia global, independientemente de las diferencias teológicas que existen entre ellas.

El ecumenismo globalista busca el poder de un Cristo cósmico que sea capaz de fundir las 317 iglesias en un todo, en un gran poder o en una gran democracia de todas las creencias bajo el manto de Roma.

El globalismo ecuménico agrupa en su convergencia teológica a ortodoxos del este, ortodoxos orientales, católicos romanos, católicos antiguos, luteranos, anglicanos reformados, metodistas, autistas, pentecostales, adventistas del séptimo día, el cristianismo, protestantes y muchos más.

Colaboran para la causa del Cristo globalista con sociedades secretas como los illuminatis, los jesuitas, los astrólogos, la masonería, los rosacruces, el grupo de Bilderberg, la CIA y la mafia italiana, y han penetrado las filas de otras formas de poder no secretas como comunistas, globalistas, patrióticos, liberales y neofascistas.

En Estados Unidos numerosos políticos y presidentes, llamados "los elegidos de Dios", forman parte del anillo de poder e influencias que se ha tejido a través de "La Familia", reconocida oficialmente como The Fellowship Foundation, fundada en 1935.

Esta hermandad hermética, que pertenece a la línea dura patriótica, se dedicada a formar líderes fieles al conservadurismo religioso norteamericano. Celebra todos los años desde 1953, con la presencia del presidente de turno, sus convenciones, conocidas como "Desayuno de Oración Nacional".

El 11 de febrero de 2013 se produce la primavera vaticana, cuando el anterior pontífice, Benedicto XVI (1927), da a conocer sorpresivamente su decisión (ya consensuada) de renunciar, y según afirmara el portavoz del Vaticano, cardenal Federico Lombardi, se debió a problemas considerables de salud, ya que "No podría hacer casi nada de lo que se espera de un Papa. No podría viajar, no podría presidir celebraciones públicas, ni mantener reuniones largas, ni tomar decisiones complejas. Es evidente que ha hecho bien, ha hecho lo más razonable ante Dios y ante los hombres". (1)

Durante su breve papado, Benedicto XVI fue fuertemente presionado por las fuerzas del *deep state* en combinación con el ala liberal de la iglesia, encabezada por el el grupo San Galo, mejor conocido como "la mafia de San Galo", la línea socialista dentro de la política liberal norteamericana, el poder masonico, las revelaciones Wikileaks y, por último, el gran poder económico que está detrás del nuevo orden global.

Una vez más el poder del mundo interviene en los destinos históricos, financiando los movimientos de contradoctrina religiosa, incentivando el activismo de las minorías desahuciadas por el dogmatismo católico que reclaman la igualdad de derechos para la homosexualidad, los matrimonios gais, los transgéneros, el feminismo, la poligamia, la igualdad de géneros, la adopción de niños por parejas de un mismo sexo, la hipocresía del celibato, el derecho al divorcio y el derecho libre al aborto.

No debemos pasar por alto que todas estas contraideologías de géneros que están de moda como resistencias de nuevas morales son estrategias del doblepensar orwelliano. Si bien son un legítimo reclamo de reivindicación de las libertades humanas, también no dejan de ser posiciones morales que de manera involuntaria actúan como freno del crecimiento de la natalidad mundial y a su vez resultan cómplices sin quererlo de la reducción poblacional que persigue la agenda globalista.

Ojo: es importante saber cómo leer los subtítulos políticos en esta etapa del nuevo orden, para poder identificar cómo actúa la mano oscura y el doble significado. No es menos cierto que la aceptación de estas nuevas morales trae consigo el crecimiento de la población entre los simpatizantes de todas estas formas de emancipación éticas. También es cierto que el crecimiento de la natalidad en esta comunidad es nulo y con ello se contrarresta el acelerado crecimiento poblacional que busca el nuevo orden mundial dentro de sus objetivos.

A este coctel de presiones agregamos las comprometedoras filtraciones que revelara su exmayordomo sobre una red de sacerdotes homosexuales que ejercían una influencia dentro del Vaticano y los nuevos casos de encubrimiento de la pedofilia que supuestamente revelaría Wikileaks, ocultados por la trama de poder eclesiástico alrededor del pontífice.

La iglesia católica, al igual que la política norteamericana, está radicalmente dividida entre las fuerzas conservadoras y las fuerzas liberales. Estas fuerzas liberales prosocialistas se concentraron alrededor del grupo San Galos, encabezadas por el cardenal Godfried Danneels (1933-2019), y diseñaron una estrategia conspirativa para derrocar el ala conservadora que venía hundiendo a la iglesia con el apoyo de las fuerzas liberales dentro de la política norteamericana. Existen elementos para pensar que detrás de la renuncia de Benedicto y la elección de Francisco estuvo la influencia de los Clinton, su exasesor de campaña John Podesta, George Soros, Kissinger y el propio Barack Obama. Todos simpatizantes de la implantación del nuevo orden mundial y del acercamiento a las centro-izquierdas.

No por gusto algunos grupos católicos en Estados Unidos han solicitado al presidente Donald Trump que abra una comisión que investigue si la administración de Barack Obama intervino presionando a Benedicto XVI para que renunciara.

En la presentación de su libro autobiográfico, el cardenal belga Godfried Danneels, reveló que el grupo de San Galo era conocido por los miembros de grupo como la "mafia de San Galo", cuyo nombre fue tomado del de la abadía suiza en la que se reunían para conspirar sobre el nuevo destino revolucionario que debía tomar la iglesia católica. Decía Danneels: "El grupo de San Galo es un nombre algo pretencioso; en realidad, nos llamábamos a nosotros mismos y al grupo 'la Mafia'". (2)

Danneels afirmó: "Cuando Ratzinger [Benedicto XVI] fue elegido Papa en 2005, la 'mafia' no se deshizo, sino que decidió oponerse a él y preparar la sucesión del pontífice alemán, comportamiento prohibido por el derecho canónico. Para ello, no dudaron en criticar en público a Benedicto XVI y reclamar que la Iglesia debía ser más 'alegre' y menos 'antipática'". (3)

La popularidad de la iglesia católica entre los feligreses en América Latina (para concentrarme en una zona geo-teológica específica) a pesar de la popularidad que gozó el anterior pontificado Juan Pablo Segundo (1920-2005), ha decrecido aceleradamente. En 1975 los católicos en América Latina conformaban el 93 %. Ya en 1995 descendieron al 80 %. Encuestas más recientes indican que en el 2017 ese 80 % se redujo a un 60 %.

El 13 de marzo de 2013, impulsado por la corriente reformista dentro de la iglesia y por fuerzas liberales externas, toma posesión, como jerarca de San Pedro, Jorge Mario Bergoglio (Francisco), de formación jesuita. Tiene la misión de forzar un giro de manera gradual hacia la inevitable modernización de la institución católica por mandato de las propias elites de la iglesia y del mundo.

La misión de Francisco está en rescatar la vigencia que puede tener la prédica del cristianismo puro para enfrentar y explicar las condiciones históricas de la posmodernidad actual. Un mundo franciscano.

Con el Papa Francisco la Iglesia se ha adaptado al posmodernismo ideológico, ya que está reinventando el evangelio actual con el reciclaje o el rescate del evangelio cristiano original. Está aprovechando la vigencia que tiene el ideal cristiano original en la problemática del mundo posmoderno. Es decir, la Iglesia se ha percatado que las angustias del mundo posmoderno del siglo xxi coinciden con las mismas angustias que motivaron al cristianismo del siglo iv. Pareciera que el capitalismo también hubiese involucionado y regresado a los orígenes primitivos para sintonizarse con el evangelio original descontaminado.

Jorge Mario Bergoglio devuelve el evangelio a los genes franciscanos y propone como antídoto a la crisis del capitalismo salvaje la vuelta a un mundo franciscano.

Debemos señalar que Jorge Bergoglio eligió el nombre Francisco en honor a Francisco de Asís, hijo de un rico comerciante que se solidarizó con los humildes repartiendo entre ellos sus riquezas, y abandonó las comodidades de la vida para ayudar a los más pobres. Para los franciscanos las desigualdades y la pobreza que genera la repartición injusta de las riquezas siempre ha sido prioridad a través de la historia, como lo es para el Papa Francisco, quien ha convertido la Doctrina Social de la Iglesia en la brújula de su pontificado.

Al parecer, la afinidad que existe en su concepción teológica entre el cristianismo franciscano y el socialismo, su guía moral jesuita, su origen latinoamericano, su humildad como pontífice y su popularidad como estrella Papa-pop, han empezado a dar frutos. Su enfoque jesuita basado en "la salvación y perfección de los prójimos" está empezando a ser positivo para la Iglesia. Según datos de Europa Press, "el número de católicos ha aumentado en 14 millones en todo el mundo, pasando de los 1299 millones en 2016 a los 1313 millones en 2017, un 1,1 por ciento más. (4)

Jorge Bergoglio tomó el nombre de Francisco, primer Papa llamado Francisco, para simbólicamente impregnarle a su papado el hálito de esperanza que busca renacer y volver a llevar ese mensaje de Asís: crear un nuevo mundo. El Papa Francisco está removiendo los cimientos de la Iglesia, que literalmente estaban desmoronados con tantos escándalos. La Iglesia está renaciendo como fuerza central en el mundo y está recobrando su poder. Evidentemente, la Iglesia necesitaba otra contra-rreforma neoluterana adaptada a las condiciones del siglo xxi, a pesar de la resistencia que existe dentro del ala conservadora.

Según Godfried Danneels, "ahora también en la Iglesia se siente la preocupación por el hecho de que en las sociedades occidentales parece enrarecerse el consenso compartido sobre algunos valores morales fundamentales" (5). Más adelante señalaba: "La mirada con la que dentro de la Iglesia se mira al mundo condiciona de algún modo toda su misión. Hoy se apuesta mucho en el rendimiento público del anuncio, en su capacidad de dar respuestas creíbles ante los retos culturales de la mentalidad común". (6)

El proyecto ID-2020, que posteriormente se rebautizó como la Agenda 2030, que trata de impulsar el globalismo a través de su sucursal, la Organización de las Naciones Unidas (ONU), habla de la implementación de una única religión, llamada ONU-ista, la que prefiero denominar ONU-teología, que no es más que un tipo de religión más global planificada centralmente al estilo socialista.

El 1ro. de enero de 2016 entró en vigor oficialmente la Agenda 2030 para el Desarrollo Sostenible, que en estos próximos quince años marcará la pauta para construir un mundo más justo y equitativo para toda la población, además de velar por el medio ambiente.

Esto quiere decir que la Agenda Universal para el 2030 y el nuevo orden mundial están en marcha. Ahora es cuestión de tiempo, para que todo se concrete tal como está acordado. El tiempo que tomará es impreciso y no sabemos cuánto tiempo demorará en completarse. Ya todo está trazado y los pasos finales serán rápidos.

En el Informe del Grupo de Alto Nivel de Personas Eminentes sobre la Agenda de Desarrollo Post-2015, llamado "La nueva alianza mundial", se señalan: "Nuestra visión y nuestra responsabilidad consisten en poner fin a la pobreza extrema en todas sus formas en el contexto del desarrollo sostenible y establecer los pilares de una prosperidad sostenida para todos. Para ello es fundamental erradicar la pobreza extrema de la faz de la tierra para el año 2030. Esto es algo que los líderes han prometido una y otra vez a lo largo de la historia. Hoy en día, realmente se puede lograr". (7)

Si profundizamos en la lectura de los objetivos de la ONU post 2015, veremos que son coincidentemente los mismos puntos de la agenda franciscana posmodernista de Bergoglio. Coincidentemente la iglesia concibe su doctrina social como "base doctrinal de la Nueva Alianza", y la ONU llama a sus objetivos también como "La nueva alianza mundial".

Debemos tener en cuenta que este proyecto ha llevado su maduración. Desde el 2005 el Papa Benedicto XVI pidió que la humanidad se uniera contra la pobreza, los desastres medioambientales y el terrorismo, creando un nuevo orden mundial basado en la paz y la justicia social. Esto no es un proyecto creado por el Papa Francisco, ya que en una homilía en la plaza San Pedro Benedicto XVI exhortaba a los feligreses a que: "No tengáis miedo: ¡poned su fe en él! El poder que da vida de su luz es el incentivo para construir un nuevo orden mundial basado en relaciones económicas y éticas justas". (8)

Benedicto XVI pidió también la creación de "una comunidad mundial gobernada por una autoridad correspondiente" que se establecerá dentro de las Naciones Unidas.

Las propuestas políticas están dirigidas a la realización de mercados libres y estables y la distribución de la riqueza.

En esta alianza entre el NOM y el poder de Roma, las iglesias, ya alineadas en una sola autoridad ecuménica global, se subordinarían a una planificación moral mayor entendida como la planificación mundial de un solo relato religioso. Supuestamente, esta religión global se implementaría desde el Vaticano, y como filial las Naciones Unidas. Dos instituciones con la suficiente autoridad representativa para imponer una ideología teológica del mundo.

Pretenden que el ecumenismo controlado desde San Pedro se fundiera con el proyecto de una iglesia totalitarista llamada ONU-teología, ya que la existencia de múltiples formas religiosas no ayuda a lograr la cohesión religiosa global a la que se aspira.

La sede de Nueva York, junto a Roma, serán los centros de una única religión, menos, doctrinaria, menos teológica y más filosófica, igualmente cristiana y más social. Lo teológico y lo cristiano estaría integrado a una nueva espiritualidad-constitucionalista.

El concilio ecuménico se fundiría con la madre de las instituciones globales, la (ONU), para hacer respetar los derechos humanos globales que el catolicismo supuestamente ha sido incapaz de tolerar, según plantean los globalistas desde la perspectiva del doble pensar de Orwell, como ya explicamos anteriormente.

A primera vista, tal parecería que Roma pierde autonomía, pero gana en posicionamiento a nivel global, ya que se convertiría forzosamente en la única doctrina moral del mundo y la madre de las religiones. Ya no será la Iglesia de los católicos, ahora será la Iglesia rectora de todas las corrientes en una religión alma máter de alcance total. El catolicismo haría honor a su origen etimológico, ya que el significado real de la palabra católica viene también del griego καθολικός (katholikós), que significa "universal". Por tanto, el catolicismo recobra su esencia universal con el apoyo del NOM.

Como ya sucedió en el socialismo, se pretende intervenir la Iglesia por el gobierno mundial. Nuevamente se repite la fórmula de intervención de las iglesias por el Estado, y en este caso sería el gran estado. Así ocurrió en China, Polonia, RDA (República Democrática Alemana), URSS (Unión de Repúblicas Socialistas Soviéticas), en Cuba a principios de los años sesenta, y ahora en Venezuela. Una vez más el leninismo global intenta profanar el papel social de la Iglesia y convertirla en un ministerio más del gobierno mundial.

Como hemos visto, nos encaminamos a la convergencia entre la Iglesia católica y el nuevo orden mundial, y por ende con el socialismo, que ya viene en convergencia con el capitalismo y el cristianismo. Quizás sea mejor enfocarlo diferente. La convergencia de la Iglesia católica con el socialismo propicia su convergencia con el nuevo orden mundial.

La anterior afirmación teórica tiene su explicación en la convergencia que existe entre la doctrina cristiana y el socialismo, ya que se han visto obligadas a pedirse prestado recíprocamente. Sus empatías las podríamos resumir mediante tres puntos de contacto:

> • En primer lugar, urge a la Iglesia valerse de una práctica más terapéutica y más terrenal en su discurso y convertir la doctrina dogmática en una forma moral de mayor complicidad con las actuales preocupaciones del hombre moderno insatisfecho, tal como era el objetivo del cardenal Danneels. Para ello necesitan reducir la distancia entre lo celestial y lo cotidiano. Así como el socialismo, en su reajuste, debe

corregirse hacia un socialismo del bienestar, la Iglesia debe convertirse también en una teología enfocada al bienestar social. Ambas doctrinas, amén de sus prédicas a favor de los humildes, son doctrinas incompletas, han rezagado el compromiso con la libertad, con la utilidad moral y el bienestar social.

• Lo anterior nos lleva al segundo punto. Las similitudes entre el evangelio socialista y el evangelio cristiano en esta etapa de crisis se homologan. Los pobres de los que nos hablaba el evangelio serían equivalentes a los proletarios de Marx o a los empobrecidos de hoy que captan la atención de ambos discursos populistas.

Los intentos de cambios socialistas en el siglo xx se corresponden con los intentos de implementar un cristianismo digno como el que hubo en el siglo iv. La sospecha de que ambas ideologías son dos utopías que persiguen el mejoramiento del mundo, al menos, teóricamente, es otra importante semejanza.

Un socialista y un cristiano podrían intercambiar los objetivos de sus discursos sin perder su identidad. El ideal del socialismo converge con las categorías más importantes plasmadas en el Evangelio, como, por ejemplo, la vocación de sacrificio por los humanos, la rebeldía ante las desigualdades entre pobres y ricos, la sed de justicia social, la solidaridad con el humilde, pensar en el prójimo, la lucha contra el hambre, los abusos y las insatisfacciones de las necesidades materiales de buena parte de la humanidad.

Estaba claro (salvando las distancias) que Jesús y el Che Guevara fueron dos revolucionarios, y ambos estaban conscientes de la disidencia implícita en sus discursos. Los diferencia que, el primero, optó por una estrategia que era no violenta y el segundo escogió la vía armada, pero ambos se homologan en la entrega por un ideal a partir del sacrificio. Es por eso que los grandes relatos solidarios de los utópicos socialistas a veces parecen un discurso del Papa Francisco.

Una de las frases más conocidas de Fidel Castro es: "Si queremos expresar cómo queremos que sean los hombres de las futuras generaciones, debemos decir: ¡Que sean como el Che!". Coincidentemente el gran objetivo en la vida cristiana es ser como Jesús. Jesús es el ideal de ser humano en el que Dios desea que se conviertan sus discípulos. En ambas doctrinas existe un patrón moral a seguir guiado por el mártir después del sacrificio. En el socialismo importa el grado de perfección ideológico y en el cristianismo el grado de perfección espiritual. En ambos la perfección será alcanzada cuando nosotros los discípulos alcancemos a igualarnos en la conducta a cada modelo.

Coincidentemente el Papa Francisco y los líderes comunistas y marxistas como Lenin, Fidel Castro, Raúl Castro, Stalin... tuvieron una educación jesuita. Carlos Marx sabemos que estudió en el Gimnasio Estatal Federico Guillermo entre (1830-1835), escuela jesuita.

Francisco, en su encíclica "Laudato si", alude a una "hipoteca social" que gravaría toda forma de propiedad. Esto no es una invención de Francisco, la tradición cristiana nunca reconoció como absoluto o intocable el derecho a la propiedad privada. Tanto para el cristianismo como para el marxismo, la función social de cualquier forma de propiedad privada grava siempre una hipoteca social. Esta visión social de la propiedad privada sobre los medios de producción al servicio de las necesidades de la sociedad y el respeto de la propiedad privada como fruto del trabajo honrado que aparece en la "Laudato Si" también está presente en los manuscritos filosóficos de Marx de 1844.

El pontífice, desde su proyección franciscana, cuestiona abiertamente el capitalismo toxico en sus constantes declaraciones y alaba como un único modelo para restaurar en bien en el mundo un modelo de civilización basada en las enseñanzas de la Doctrina Social de la Iglesia. Critica el imperio del dinero, la banalización de la vida, el descontrol de los mercados, el consumismo, los desequilibrios crecientes, y propone construir una sociedad basada en la solidaridad y en la justa repartición de los recursos.

- En tercer lugar, la iglesia católica y el socialismo son doctrinas rígidas, y el catolicismo no escapa a la convergencia con las deformaciones socialistas. La estigmatización del pecado por pensar distinto, el uso del terror o miedo al infierno como forma de subordinación, el autoritarismo, la exclusión si no militas en sus filas, la doble moral, el idealismo, la burocracia del sistema, el enriquecimiento de sus líderes, la rigidez ideológica, el adoctrinamiento del catecismo y la planificación centralizada de todas las corrientes alineadas con la ayuda del concilio ecuménico o el partido.

El diario italiano *La Repubblica*, en 2016, publicó una entrevista hecha al Papa Francisco en la que abordó temas como la pobreza, el comunismo o la emigración.

Refiriéndose a los gobernantes contestó el Papa: "No juzgo a los políticos" (9), pero si esta pendiente de "los sufrimientos que su modo de actuar causa a los pobres y a los excluidos". (10)

Más adelante argumentaba: "Lo que queremos es luchar contra las desigualdades, el mayor mal que existe en el mundo", asegura el Papa. "Las provoca el dinero, que está contra las medidas para equilibrar el bienestar y favorecer la igualdad". (11)

El periodista Eugenio Scalfari le pregunta sobre la convergencia del marxismo con el catolicismo en la búsqueda de objetivos similares, como por ejemplo el igualitarismo, a lo que el pontífice respondió: "Si acaso son los comunistas quienes piensan como los cristianos", responde el Papa. "Cristo ha hablado de una sociedad en la que decidan los pobres, los débiles y los excluidos. Para obtener igualdad y libertad debemos ayudar al pueblo, a los pobres con fe en Dios o sin ella, y no a los demagogos o a los barrabás". (12)

Scalfari concluye diciéndole que en su opinión el Papa tiene muchos adversarios en la Iglesia. "No los llamaría adversarios —responde Francisco—. La fe nos unifica a todos. Naturalmente, cada individuo ve las cosas de un modo diferente; el cuadro es objetivamente el mismo, pero subjetivamente diferente". (13)

También producto de esta convergencia conceptual entre el socialismo y el cristianismo ha surgido una opción centrista que unifica las convergencias conceptuales de ambas doctrinas en la corriente autodefinida como el socialcristianismo.

Según el diccionario de la real academia, el socialcristianismo se define "como una idea o partido político, que participan de los principios del socialismo y cristianismo".

La Iglesia, desde 2004, bajo el pontificado de Juan Pablo II (1920-2005), ha desarrollado una Doctrina Social de la Iglesia (DSI) con la intención de fusionar los puntos comunes entre la preocupación social de la iglesia y el cristianismo.

Bonifacio de Córdoba, en su artículo "La solución intermedia", señala de forma muy precisa y sin desperdicio: "Las dos ideologías políticas principales de nuestro tiempo (liberalismo y socialismo) han sido condenadas reiteradamente por el magisterio de la Iglesia católica por sus respectivas inclinaciones hacia los dos errores graves ya mencionados: individualismo y colectivismo". (14)

"En el fondo el error del liberalismo consiste en una concepción de la libertad humana que la aparta de la obediencia de la verdad y, por tanto, también del deber de respetar los derechos de los demás hombres. Así la libertad se transforma en afianzamiento ilimitado del propio interés. La libertad económica no debe ser absolutizada, porque es solo un elemento de la libertad humana. Existe un derecho natural a la propiedad privada, pero no es un derecho absoluto. Cada propiedad privada está gravada por una hipoteca social. Debo utilizar mis bienes, no solo en mi propio beneficio, sino también en beneficio de los demás". (15)

"El error fundamental del socialismo es de carácter antropológico. Considerando al hombre como un simple elemento del organismo social, subordinado a este, se lo reduce a un mero conjunto de relaciones sociales, desapareciendo el concepto de persona como sujeto autónomo de decisión moral. En verdad, la sociabilidad del hombre no se agota en el Estado, sino que se realiza en diversos grupos intermedios, comenzando por la familia. La causa principal del error antropológico del socialismo es el ateísmo: la negación de Dios priva a la persona de su fundamento". (16)

Lo dicho hasta acá nos conduce a la siguiente conclusión esquemática: el liberalismo es el gran problema de nuestra era; el socialismo es la falsa solución; y el socialcristianismo es la solución verdadera. Por naturaleza, es decir en virtud de la voluntad sapientísima y perfectísima del Creador, el ser humano es a la vez e inevitablemente un ser individual y un ser social. (17)

"Como vemos, esta nueva corriente intenta acercar más la teosofía doctrinaria al pensamiento filosófico, y pretende zanjar con la homologación de las coincidencias conceptuales al socialismo como un método para llegar al cristianismo terrenal". (18)

Existe otra versión latinoamericana de convergencia del evangelio con las izquierdas socialistas, conocida como "La teología de la liberación". Esta controvertida teología, en su reclamo social, converge con la izquierda y se apoya en la praxis de cristianismo y la fe como teoría útil para incentivar la rebeldía de los pobres frente a la opresión y así lograr la transformación de las injusticias del mundo. Como eje central de sus reclamos están los derechos de los más pobres.

Esta teología fue fundada por un grupo de obispos latinoamericanos hace casi cincuenta años y constituye una adaptación del cristianismo a la identidad latinoamericanista. Su finalidad como teología es la de estimular la toma de conciencia ante la realidad socioeconómica latinoamericana y la necesidad de eliminar la explotación, la falta de oportunidades e injusticias de este mundo. Esto, según sus creadores, homologa esta teología de izquierda a las grandes profesáis de comienzos del cristianismo en Israel, que lucharon igualmente contra las injusticias de esta época, a los sacerdotes que la promueven como mesías de una nueva corriente teológica.

Como herramienta de transformación se valen de la fe como una plataforma moral para exigir los derechos de los pobres y los oprimidos. Creen en las posibilidades de acción en lo social y lo político mediante el evangelio de Jesús aplicado a las realidades de desigualdad latinoamericanas. Promueven una humildad material y espiritual y conviven con los pobres en el centro de sus comunidades alejados de los lujos burgueses de la iglesia.

Según Ion Mihai Pacepa, el oficial de inteligencia más alto de la KGB que desertó en los años setenta, la ingeniería de esta teología revolucionaria y su nombre, Teología de la Liberación, nació en la KGB.

Este ex agente afirma que "el nacimiento de la Teología de la Liberación fue el intento en 1960 de un supersecreto "Programa de desinformación" (Party-State Dezinformatsiya Program), aprobado por Aleksandr Shelepin, el presidente de la KGB, y por el miembro del Politburó Aleksey Kirichenko, quien coordinó las políticas internacionales del Partido Comunista en la Unión Soviética". (19)

"Aprendí sobre la implicación que tuvo la KGB con la Teología de la Liberación del general soviético Aleksandr Sakharovsky, jefe del servicio de inteligencia extranjero (razvedka) de la Rumanía comunista, consejero y mi jefe de facto hasta 1956. Sakharovsky jugó un rol extremadamente importante en la conformación de la historia de la Guerra Fría. Él causó la exportación del comunismo a Cuba (1958-1961); su manejo perverso de la crisis de Berlín (1958-1961) generó el Muro de Berlín; su crisis de los misiles cubanos (1962) puso al mundo al borde la guerra nuclear". (20)

Ion Mihai continuaba explicando: "Durante esos años, la KGB tuvo una inclinación por los movimientos de liberación. El Ejército de Liberación Nacional de Colombia (FARC), creado por la KGB con ayuda de Fidel Castro; el Ejército de Liberación Nacional de Bolivia, creado por la KGB con ayuda del Che Guevara; y la Organización para Liberación de Palestina (OLP), creada por la KGB con ayuda de Yasser Arafat, son solo unos de los pocos movimientos de liberación nacidos en la Lubianka, los cuarteles de la KGB". (21)

"La KGB comenzó construyendo una organización religiosa internacional intermedia llamada la 'Conferencia Cristiana por la Paz', cuyo cuartel general estaba en Praga. Este programa demandó que la KGB tome secreto control del Consejo Mundial de Iglesias (CMI), con sede en Ginebra (Suiza), y lo use como cubierta para convertir la Teología de la

Liberación en una herramienta revolucionaria en Sudamérica. (22)

Para finalizar Mihai, exoficial a cargo de la KGB rusa para Europa, concluye: "De Sakharovsky aprendí, sin embargo, que en 1968 la Conferencia Cristiana por la Paz, creada por la KGB, apoyada en todo el mundo por el Consejo Mundial de la Paz, fue capaz de manipular a un grupo de obispos sudamericanos de izquierda dentro de la Conferencia de Obispos Latinoamericanos en Medellín (Colombia)". (23)

"La tarea oficial de la Conferencia era disminuir la pobreza. Su objetivo no declarado fue reconocer un nuevo movimiento religioso alentando a los pobres a rebelarse contra la 'violencia institucionalizada de la pobreza', y recomendar el nuevo movimiento al Consejo Mundial de Iglesias para su aprobación oficial. La Conferencia de Medellín logró ambos objetivos. También compró el nombre nacido de la KGB 'Teología de la Liberación'". (24)

Después de estas abrumadoras convergencias entre las izquierdas, el socialismo y el cristianismo como utopías de mejoramiento del hombre, debemos entender que ya la guerra fría terminó y ahora la Iglesia sigue sujeta a los manejos de otros intereses y corporaciones de inteligencia no menos perversos.

Tratar de pensar la complejidad de la posmoderna posguerra fría desde las doctrinas y las teologías utópicas es ya insuficiente y empieza a enfrentar serias limitaciones si se quiere brindar un cuerpo conceptual sólido a los individuos para primero entender y después poder accionar sobre esta complejísima realidad. La fe quizás siga siendo necesaria, pero no es suficiente para entender los oscuros tramados que se tejen alrededor de ella.

El fin de la modernidad, el auge del racionalismo, la conversión del mundo en una zona geotecnológica, el agotamiento de las fórmulas ideológicas únicas y la intensidad del sistema posmoderno han limitado la influencia del cristianismo como forma de pensamiento y del socialismo como metodología para entender el mundo ordinario e inmediato. Una trata de brindar una explicación desde la fe y la otra ha sido una falsa solución.

Es cierto que nunca a lo largo de la historia se han podido explicar las incoherencias del mundo desde las doctrinas teofilosóficas, pero lo que acrecienta más la distancia es la intensidad nunca vista en la historia de este excesivo racionalismo y funcionalismo. En fin, la aceleración del propio modernismo acelerara las impotencias de las doctrinas como formas viables para entender el nuevo orden.

La ausencia de un modernismo excesivamente lógico y las incoherencias del capitalismo primitivo de hace un poco más de un siglo sí pudieron hallar consuelo desde la fe y desde el marxismo, pero ya la posmodernidad tecnopolítica y el paso tan acelerado de los hallazgos científicos hacen inoperantes los dogmas para entender un mundo que desintegra los convencionalismos. Marx y Cristo hoy son solo una base para el entendimiento quizás del capitalismo, pero no ayudan a entender la disfuncionalidad del comunismo y del cristianismo.

Tanto el socialismo como el cristianismo tienen una deuda con el pensamiento ontológico. No brindan las herramientas necesarias para comprender la naturaleza del ser en cuanto ser. Las dos doctrinas son incapaces de determinar las categorías fundamentales de la existencia actual e, incluso, sus propias limitaciones como doctrinas.

En el pensamiento socialista y en el pensamiento cristiano existe una dualidad entre el pensamiento no terrenal y el ser. Ambos han abandonado el ser al convertirse en doctrinas no ontológicas y no tautológicas e idealistas.

Cuando persigues la fe, en el caso del cristianismo, persigues un ideal subjetivo. En el otro caso, cuando persigues un ideal subjetivo, desarrollas un tipo de fe en un futuro no tangible. La ausencia de soluciones concretas en ambos casos los condena a coexistir en ese limbo idealista.

El socialismo y el cristianismo, al ser doctrinarios, son dogmáticos y, por ende, se convierten en relatos limitados, escuetos y caducos.

La posmodernidad nóstica brinda las herramientas necesarias para resolver y entender de manera convincente las verdades desde cualquier punto de vista que se quieran analizar. Este enfoque tautológico, según Heidegger, desamarra al pensamiento posmoderno de la dicotomía entre la filosofía y las doctrinas. Aquí el pensamiento queda libre para entonces entender las doctrinas desde una perspectiva crítica, ya que quedó desamarrado y descomprometido.

Ambas doctrinas carecen de un pensamiento metafísico y será ese pensamiento metafísico el que rompa la dualidad pensamiento-ser, al encargarse de entender al ser. El ser, a través de la lógica del pensamiento, prescindirá cada vez más de las doctrinas.

Ya no es posible entender la complejidad del mundo en que vivimos a través de un ente supremo. Dios, como Dios, siempre estará presente como ilusión suprema y como el poseedor de lo inexplicable, pero no como intérprete del presente.

No podemos seguir buscando en lo divino respuestas a lo mundano. Lo antropomorfo no resuelve los dilemas del mundo pragmático. Esa debilidad del cristianismo hace que también le pida prestado al marxismo, al posmarxismo y al materialismo dialéctico socialista para explicarse ciertos fenómenos de manera urgente. El socialismo, al venir del materialismo no resuelto, contrariamente se enfoca en lo idílico para esconder ineptitud.

Las razones por las que suceden los acontecimientos de todo tipo y en especial los históricos y económicos no tienen explicación convincente desde lo teológico, y a veces solo desde el marxismo. La iglesia ha perdido contacto con el ser y las leyes objetivas. Es por eso que Heidegger plantea que la forma de pensamiento teológico llegó a su fin, y el cristianismo está superado como reflejo verídico de lo real. Esta es la interpretación de Heidegger de "la muerte de Dios".

Yo diría que no es "la muerte de Dios", ya que mientras más salvajes sean las precariedades socialistas y las diferencias capitalistas, Dios estará ahí más presente que nunca, pero sí creo que Heidegger quiso decir que estamos frente a la muerte filosófica de Dios como fuente de explicación.

Ambas son opuestas al pensamiento filosófico, ya que son doctrinas fundadas en la fe. Uno sobre la base de la fe en Dios y el otro sobre le fe en un futuro mejor. En ambos casos la fe es inútil para explicar y resolver lo que está sucediendo. Han dejado de ser aplicables.

El pensamiento objetivo, el materialismo e incluso el posmarxismo trabajan precisamente desde el espacio que el cristianismo ha abandonado y que el socialismo ha deformado. Para el darwinismo filosófico y para el pensamiento estructurado a través del conocimiento no importa la fe, sino la objetividad epistemológica. Son modelos filosóficos espejos de la propia realidad y son herramientas de reconocimiento de la realidad que no maquillan ni desfiguran lo visto para imponer lo deseado.

Desde el pensamiento se puede definir la fe, pero desde la fe no se puede explicar el pensamiento lógico ni llegar a donde llega el pensamiento lógico. Para Eduardo Carrasco, "Ahí donde reina el cristianismo, no hay cabida para la filosofía, y allí donde reina la filosofía, no hay cabida para el cristianismo". (25)

Al ser doctrinas son verdades institucionalizadas y se transforman en discursos de proselitismo. Las doctrinas institucionales, usadas de manera proselitista, se alejan del modelo de formas de pensamiento y deforman el entendimiento de la realidad. El pensamiento trabaja en una sola realidad. Donde existen las doctrinas, existen dos realidades superpuestas.

La metafísica está ausente tanto en el socialismo como en el cristianismo. El socialismo, a pesar de tener un origen en el materialismo histórico, es una doctrina ideológica marxista que padece de un idealismo y se basa en la creencia de una fe. El cristianismo, desde otro origen también, es una doctrina idealista, y como toda teología su pensamiento gira alrededor de la fe. La fe, aunque provenga de diferentes orígenes, será el motor espiritual en el que terminan ancladas ambas teoideologías.

La fe, como eje espiritual, las lleva a una condición finita y los convierte en relatos impedidos para poder explicar otras cosas e incluso las mismas incoherencias de cada sistema más allá del discurso institucionalizado.

El cristianismo posee un dios como modelo de los creyentes. El socialismo también recurre a sus héroes, a sus muertos como apóstoles. Ambos también suelen estar conducidos por un líder o un dios personal con facultades teológicas. Cada uno ha construido su mística, y sin mística no hay adoración. Cuando se logra la mística sobre sus líderes a través de la adoración, ya estamos en los predios del idealismo y la inutilidad mística como formas de idolatría o exaltación anulan el razonamiento crítico.

La rigidez en el guion de las doctrinas y la manera libre del pensar son excluyentes, ya que en el verdadero pensar no hay guion. Tanto el socialismo como el capitalismo necesitan una renovación metafísica, porque la fe que los sostiene es cada vez más inaccesible y el hombre necesita mirar más a su entorno que hacia arriba o hacia la nada.

No puede haber un guion trazado, porque el pensamiento metafísico desacraliza, cuestiona, indaga, pone en tela de juicio y pregunta constantemente. El pensamiento, por naturaleza, es inquisitivo y no dogmático. Deconstruye lo que ve y no construye lo que se quiere imponer.

En ambos sistemas el hombre con creencia se refugia en Dios, o en Fidel Castro, o en Washington, pero el entendimiento racional sobre el neoliberalismo, la disfuncionalidad del socialismo y el por qué vive rodeado por distopías lo tiene que buscar en otras disciplinas, divorciadas de las teologías.

Como recomendación, deben adecuar sus doctrinas idealistas a los límites del hombre. Deben interactuar entre lo divino y lo humano para que lo infinito pueda ser aplicado a la comprensión de lo humano y lo humano como punto de partida para entender lo infinito.Lo no manifiesto debe ser lo emocional, y lo real debe ser el objetivo fundamental.

No podemos agregarle más incomprensibilidad a este mundo. Ya de por sí es bastante difícil de comprender y está plagado de verdades inverosímiles y muchas mentiras verosímiles.

Esta nueva ola acuariana de revolución sexual y moral se viene con todo contra la intolerancia del catolicismo y lo enmarca como una doctrina disciplinaria, arcaica e hipócrita.

Por tanto, una moral religiosa que pretenda convertirse en la moral espiritual del mundo y pretenda ser representativa debe dejar atrás estos lastres y fundirse con la moral globalista de la *open society* para que sea capaz de respetar los derechos de todos los individuos que pretende la ONU-teología.

Es por esto que la Iglesia ha sido elegida el alma máter impulsor de la ONU-teología. El 14 de mayo de 2020 estaba previsto que el Papa Francisco anunciara oficialmente el tránsito al nuevo orden mundial en el evento denominado "Un nuevo pacto educativo para el cuidado de la creación".

El propio Papa Francisco reconoce su compromiso con la instauración del NOM cuando expresó que Dios los estaba conduciendo a un Nuevo Orden, en su Carta apostólica "El gozo del evangelio" (Evangelii Gaudium): "En el presente momento histórico, la Providencia nos está llevando a un Nuevo Orden de relaciones humanas que, por obra misma de los hombres, pero más aún por encima de sus mismas intenciones, se encaminan al cumplimiento de planes superiores e inesperados; pues todo, aun las humanas adversidades, aquella lo dispone para mayor bien de la Iglesia". (26)

Este evento fue pospuesto por dos razones: la primera tiene que ver con el brote de coronavirus, imposibilidad de desplazamientos y las agrupaciones por la cuarentena decretada. La segunda, no estaban las condiciones favorables para desmontar el viejo sistema y anunciar la transición al nuevo cambio como tenían previsto.

En este primer *showcase* teórico como lanzamiento de la gran globalización, sería nada más y nada menos convocado por la Iglesia como una especie de zona neutral para lograr la confluencia del pensamiento filosófico y político alrededor del tema.

Con este encuentro, la iglesia abandona la doctrina y abre las puertas a la discusión, tratando de zanjar el divorcio que ya expusimos entre Dios y el pensamiento metafísico. Es un intento del nuevo orden y la iglesia de crear un espacio para explicar la agenda del nuevo orden no desde la teología ni desde las doctrinas, sino desde el pensamiento metafísico.

Aquí vemos que la visión revolucionaria de la Iglesia es consciente de que no puede ofrecer soluciones a la complejísima realidad desde la fe y la doctrina cristiana. Entonces, de manera hábil, apelando a su poder de convocatoria neutral, crea un puente entre la realidad y la metafísica en el que la iglesia queda en el medio. Al final la fórmula quedaría así: realidad-iglesia-pensamiento metafísico.

En este primer documento de convocatoria de la estrategia ONU-teológica podemos ver que existen escasas alusiones al cristianismo y una sola referencia final a Dios solo como referente observador.

A pesar de que su contenido cumple los requisitos de una simple convocatoria, es bastante ambiguo, pero existe en el espíritu de la letra una referencia indirecta, un tanto poética, pero constante, a la globalización inminente si vemos la referencia reincidente del uso agotado de todos los sinónimos de la palabra globalización como la homogenización, la casa común, lo universal, la fraternidad, la solidaridad universal, la gran aldea, la diversidad, la metamorfosis, la familia humana, la cultura del encuentro, una alianza entre los habitantes de la tierra, objetivos globales, el camino común y la esperanza futuro.

He hecho una selección de algunos fragmentos que demuestran lo anteriormente dicho:

- En la encíclica "Laudato si" invité a todos a colaborar en el cuidado de nuestra casa común.
- Cada cambio requiere un camino educativo que haga madurar una nueva solidaridad universal y una sociedad más acogedora.
- Alianza educativa amplia para formar personas maduras, capaces de superar fragmentaciones y contraposiciones y reconstruir el tejido de las relaciones por una humanidad más fraterna
- El mundo contemporáneo está en continua transformación y se encuentra atravesado por múltiples crisis. Vivimos un cambio de época: una metamorfosis no solo cultural, sino también antropológica, que genera nuevos lenguajes y descarta, sin discernimiento, los paradigmas que la historia nos ha dado.

- Para ello se requiere construir una "aldea de la educación" donde se comparta en la diversidad el compromiso por generar una red de relaciones humanas y abiertas. Un proverbio africano dice que "para educar a un niño se necesita una aldea entera".

- En una aldea así es más fácil encontrar la convergencia global.

- Una alianza entre los habitantes de la Tierra y la "casa común", a la que debemos cuidado y respeto. Una alianza que suscite paz, justicia y acogida entre todos los pueblos de la familia humana, como también de diálogo entre las religiones.

- Para alcanzar estos objetivos globales, el camino común de la "aldea de la educación" debe llevar a dar pasos importantes. En primer lugar, tener la valentía de colocar a la persona en el centro.

- El servicio es un pilar de la cultura del encuentro.

- Busquemos juntos las soluciones, iniciemos procesos de transformación sin miedo y miremos hacia el futuro con esperanza.

Evidentemente esta reforma neoluterana ya venía trazada desde la cúpula illuminati de la Iglesia católica en combinación con el poder global de la masonería y el gran hegemónico de los jesuitas.

El Papa Francisco está siguiendo el guion trazado por su antecesor con absoluta fidelidad y está llevando a cabo toda la agenda que dejó por escrito Benedicto XVI. El que demerite la jugada magistral que hizo el Papa Benedicto XVI y piense que la línea de ambos Papas (uno conservador y el otro franciscano) no coincide, está en un error. Que alguien piense que Ratzinger no hizo nada por la Iglesia católica, lo considero una injusticia.

Ahora entendemos por qué la abdicación que hizo Joseph Aloisius Ratzinger (Benedicto XVI) es un sacrificio apegado al cristianismo y le dará un lugar en la historia como el Papa sabio. Su gran aporte histórico a la Iglesia católica, más allá de las teorías sobre la primavera vaticana, los "conspiranoicos" y los documentos de su mayordomo filtrados y las revelaciones de Vati-leaks es haber sabido ser un mártir y tener la humildad de correrse a un lado en nombre de la Iglesia y Jesús Cristo y dejar pasar al líder idóneo capaz de llevar adelante la reforma anticonservadora de la iglesia católica que el mismo Ratzinger inició.

A pesar de que fue un Papa con poco carisma, es un gran intelectual, un ex pontifice muy culto y dejó muchas cosas por escrito, facilitándole el camino a Francisco.

El estreno en 2019 de la película de Fernando Meirelles *Dos Papas* (The Two Popes), interpretada magistralmente por Anthony Hopkins (Benedicto XVI) y Jonathan Pryce (cardenal Jorge Bergoglio y Francisco), narra un evento sin precedentes en la Iglesia católica durante siglos: el inesperado final del pontificado de Benedicto XVI.

El guion, muy bien escrito por Anthony McCarten, también creador de las historias *Bohemian Rapsody, Dark Time* y *Theory of Everything*, regresa al inesperado final del pontificado de Benedicto XVI con una mezcla de ficción y realidad. Hay diálogos entre ambos Papas que recogen muy bien la sabiduría e inteligencia de Ratzinger, cuando le dice a Bergoglio: "Ya no puedo representar este papel, hay un dicho que dice que Dios corrige a un Papa al presentar otro al mundo, desearía ver mi corrección". Más adelante agrega: "La iglesia necesita un cambio, y tú eres el indicado", y contesta Bergoglio:

"No soy el indicado". Al final Ratzinger le comenta: "Recuerda que no eres Dios, eres humano".

El obispo de San Sebastián (España), monseñor José Ignacio Munilla, lamenta que el filme se someta a la tesis de la cultura dominante, es decir, de aquella "proyección de que en la Iglesia hay conservadores, progresistas, de derecha y de izquierda, y que todo sería visto desde estos parámetros, que son absolutamente ajenos y extraños al ser y a la vida de la Iglesia". (27)

Más adelante afirmaba: "La película es muy injusta con respecto a la imagen que pretende dar de los dos Papas. La película es un fiel reflejo no de cómo son estos Papas, sino de cómo han sido manipulados". (28)

Como vemos, Netflix no escapa a la estrategia del nuevo orden mundial y le fue encargada esta misión ideológica de educar con este filme a las masas y levantar la aceptación poppular del nuevo misionero Francisco. Esta película, indudablemente positiva, parece un encargo del Departamento de Orientación Revolucionaria (DOR), regido por el Departamento Ideológico del Comité Central del Partido Comunista de Cuba, cuya misión es orientar la política ideológico-educativa de los cubanos dentro de los lineamientos del socialismo. En este caso, al DOR ubicado en Los Ángeles se le asignó esta tarea como parte del acomodamiento de piezas dentro de la estrategia de usar a la iglesia y al Papa Francisco como posterior plataforma neutral para el lanzamiento del NOM y el ONU-teísmo.

Ubicar a la Iglesia como espacio para la discusión abierta del nuevo orden concilia de una manera muy inteligente a la Iglesia con el pensamiento filosófico, evita la muerte de Dios a la que se refería Heidegger, lo revaloriza como el mesías del nuevo orden del mundo y le devuelve a la Iglesia un papel protagónico en la innovación y como centro de confluencias en la posmodernidad.

La enorme capacidad de convocatoria de la Iglesia es un gravísimo obstáculo si no está alineada para lograr la transición a la nueva cultura global. Había que doblegar e involucrar o seducir a la iglesia para alinearla a toda costa a la causa del internacionalismo. La fuerza moral que todavía hoy preserva constituye un freno importante para los planes de integración totalitaria de los globalistas. Las doctrinas religiosas y el patriotismo son dos complicados saltos con pértiga que tiene que superar el NOM.

La Iglesia es una fuente poderosa de emanación de fe, de valores, de solidaridad, y por qué no, de pensamiento que siempre ha estorbado a los regímenes totalitarios, a las revoluciones izquierdistas,a la masonería, al comunismo y ahora a este modelo de leninismo capitalista o NOM que se pretende imponer si no es un aliado.

No en balde, por primera vez en sesenta y seis años de creación del Grupo Bilderberg (centro de operaciones del NOM), fue invitado el secretario de Estado del Vaticano, el cardenal Pietro Parolin, a sus reuniones secretas. Esto ocurre precisamente cuando los jesuitas sostienen el poder en la Santa Sede.

Estas alianzas con las fuerzas oscuras están presentes en las supuestas profecías de San Buenaventura sobre el fin de los tiempos, y te ponen a pensar sobre los peligros que enfrenta la Iglesia como guía de la humanidad. Si nos basamos en la biblia como referente en ella, encontraremos las advertencias bien claras: "Un poder de abajo está actuando para poner en acción las grandes escenas finales del drama: la venida de Satanás como si fuera Cristo, y su actuación con todo engaño de iniquidad en aquellos que se unen en sociedades secretas. Los que se entregan a la pasión por confederarse están llevando a cabo los planes del enemigo. La causa será seguida por el efecto" (*Testimonies for the Church*). (29)

"Satanás está tratando de ganar toda ventaja. Disfrazado como ángel de luz, caminará por la tierra como un hacedor de maravillas. Con un lenguaje hermoso presentará sentimientos elevados; hablará palabras nobles y realizará acciones buenas. Cristo será personificado. Pero en un punto habrá una diferencia marcada: Satanás desviará a la gente de la ley de Dios. A pesar de esto, falsificará tan bien la justicia que, si fuera posible, engañaría a los mismos escogidos. Cabezas coronadas, presidentes, gobernantes en altas posiciones, se inclinarán ante sus falsas teorías" (*Fundamentals of Christian Education*, 471-472). (30)

Como las fuerzas oscuras enemigas de la luz también vienen planeando sus profecías y las hacen cumplir, estaría por ver hasta dónde el NOM logrará someter y manipular a la Iglesia a su doble discurso. Esta transición va más allá de las fronteras de la filosofía y es la gran batalla que se está librando en la cúspide de la pirámide entre las fuerzas positivas y la oscuridad.

Lo que sí es un hecho son las convergencias que existen en esta edad posmoderna y el siglo xxi entre los discursos socialistas, el relato católico y el capitalismo. Ahora la Iglesia ya forma parte del globalismo socialista o capitalismo-leninista que se viene.

Esas convergencias no son forzadas, se han dado de forma coincidente o, como bien lo dijo Francisco, el cristianismo surgió primero dejando claro que, si hubo alguna apropiación, en este caso fue por parte del socialismo y el capitalismo.

El apego a los valores cristianos del siglo iv y el origen popular izquierdo-jesuita de Jorge Mario Bergoglio (Papa Francisco) van a acentuar estas convergencias al menos mientras dure su pontificado. Esta vocación socialista del Papa será un magnífico puente para el entendimiento entre el capitalismo desgastado y el socialismo exhausto. Será una alianza obligatoria entre tres doctrinas agotadas.

Francisco es la encarnación del socialismo teocrático, ya presente en la historia moderna, que se ha querido ocultar hipócritamente tanto por católicos como por comunistas, y forma parte de un entramado concebido minuciosamente por el poder mundial para lograr las convergencias de los tres sistemas ideológicos más influyentes y extenuados en uno solo renovado.

Por eso hoy observamos con cierto asombro que el relato socialista, después de haber marginado y censurado históricamente a la Iglesia, podría ser interpretado desde las izquierdas como un "socialismo cristiano". A su vez las iglesias, después de ser enemigas del comunismo, incorporan en su relato cristiano concepciones ideológicas materialistas para estar acordes al nuevo mundo. Por su parte el capitalismo, después de ser antitético e incompatible con ambas ideologías, ahora confluye con ellas en triángulo formado por las tres verdades: la fe, lo social y el capital.

Los tres están convergiendo en la práctica ideológica actual desde diferentes orígenes: uno desde su origen laico ya no tan ateo, y el otro desde el evangelismo social y el otro desde la necesidad de la fe y el bienestar social después de su toxismo. Estamos en presencia del teologización del capitalismo-leninista o el capitalismo-leninismo teocrático.

Esta convergencia conceptual, histórica y legendaria de lo mejor del socialismo, que es muy parecido a lo mejor del cristianismo con lo mejor del capitalismo, va a lograr el punto de convergencia máxima con la gestión del actual Papa *consigliere* Francisco. No está creando un nuevo catolicismo. Tampoco lo está desviando. Él está dispuesto a terminar con la agenda que se le encomendó. Solo está siguiendo la Doctrina Social de la Iglesia Católica en alianza con el capitalismo y el socialismo como fuerzas indispensables en convergencia para lograr un mejor mundo. Como él mismo ha aseverado, "la meta de todo Papa es lograr recuperar la supremacía perdida".

El miedo como forma de dominación

> "Quien controla el miedo de la gente se
> convierte en el amo de sus almas"
> Nicolas Maquiavelo
> (1469-1531)

Se está llevando a cabo un intenso sabotaje contra las bases del capitalismo republicano, utilizando los desastres como falsas banderas para tratar de desestabilizar los soportes del liberalismo y el capitalismo tradicional. Con la fabricación de constantes quimeras *molotov* disfrazadas de crisis económicas, guerras regionales y pandemias, intentan quebrar y paralizar el sistema de funcionamiento financiero del capitalismo y del mundo con el objetivo de entorpecer su rendimiento y destruir la prosperidad económica.

Afortunadamente no hemos regresado a un escenario de rebote de la guerra fría tal como quieren hacer ver, ni tampoco es una cruzada fabricada desde el comunismo contra el capitalismo. La fuente de la conspiración está en las mismas elites financieras que controlan el capitalismo mundial que quieren un cambio interno, y en específico los oligargas más liberales, que ocupan los primeros diez lugares del listado de los hombres más ricos del mundo en el raiting de *Forbes*.

Estamos ante un levantamiento luteranista dentro de las fuerzas del capitalismo, en la que los multimillonarios más ricos del mundo son luteranos y desean llevar a cabo una reforma dentro del mismo sistema y contra el mismo sistema. Tampoco es un simple reacomodo de fuerzas: es un conflicto de mayor envergadura en el que está en juego la subsistencia del viejo modelo de capitalismo. A pesar de que es un conflicto entre dos elites capitalistas, es decir, la reforma y la contrarreforma, no deja de ser un enfrentamiento entre una visión liberal de centro izquierda contra la otra liberal conservadora.

Equiparar los multimillonarios con el luteranismo puede parecer una incoherencia, ya que son modelos antitéticos. A simple vista parecen incompatibles en esencia, porque uno representa la austeridad de la ética cristiana y el otro la opulencia burguesa. Pero en esta nueva generación de líderes multimi-llonarios sí aplica la comparación con el luteranismo, ya que el discurso populista y las reformas que proponen están basadas en la demagogia cristiano-revolucionaria de Lutero (1483-1546).

La gravedad en esta reforma que proponen las elites luteranas no estriba en el uso del discurso socialista-cristiano para impulsar la propia reforma necesaria dentro del capitalismo. Lo peligroso está en el uso que se le quiere dar a los métodos de control totalitarios socialistas de los que no se habla y la estrategia que están siguiendo para imponerlos: ¿para qué sirven?, ¿a qué intereses responden? y ¿qué aportan?

La estrategia que están siguiendo para insertar los métodos de control socialista dentro del sistema capitalista es muy cuestionable, ya que están diseñadas para forzar el colapso del desempeño capitalista, afectar la prosperidad que sostiene el equilibrio de las libertades, forzar la caída del modelo de capitalismo liberal y reblandecer el papel de liderazgo de Estados Unidos en el mundo. Las estrategias de boicot constantes de las que se valen llamadas "falsas banderas", dejan muchas incógnitas, ya que supuestamente es una reforma interna, pero sus métodos no apuntan a un cambio interno, sino a la parálisis total del sistema. Tienen todas las caracteristicas de un sabotaje y no de una simple reforma estructural o reseteo.

Aunque —por la magnitud del enfrentamiento— desde afuera parezca una guerra entre dos sistemas políticos, no es abiertamente una guerra entre el socialismo y el capitalismo, como muchos afirman. Es una guerra de un capitalismo mixto (con ingredientes socialistas) en contra de un modelo capitalismo conservador con enfoque republicano.

También es válida una segunda teoría (que no riñe con la primera) que sí reconoce que sea un enfrentamiento blando entre el socialismo infiltrado dentro del Deep State capitalista conspirando contra la destrucción interna de los valores conservadores del capitalismo republicano para lograr la instauración de otro capitalismo más laxo.

En ambos escenarios el socialismo es solo un método o pretexto demagógico del que se han apropiado el ala liberal dentro de las filas del capitalismo. En síntesis, lo valido del socialismo para los multimillonarios luteranos es el método socialista de control o los instrumentos de ordenamiento social, y no el socialismo como un fin político. Lo que se persigue es la metodología de control social del socialismo aplicada al nuevo orden capitalista.

La única manera de hacer inservible la cultura democrática y el liberalismo que la sustenta es forzar de manera artificial la disfuncionalidad del sistema económico y acelerar sus contradicciones internas y crear las crisis políticas por varios frentes hasta que colapse.

Si se lograra convertir el capitalismo en un sistema disfuncional exagerando sus contradicciones, ambos, socialismo y capitalismo, se igualarían como distopías inoperantes. De la confrontación entre ambos sistemas, o mejor dicho, del resultado del conflicto interno entre los sistemas, se espera el surgimiento de una tercera fuerza: el nuevo orden mundial capitalista-leninista, que sería el equivalente a la reforma luterana.

Mientras más toxico socialmente se convierta el capitalismo, más se acerca al socialismo.Un sistema disfuncional saldría al rescate de otro sistema disfuncional.En la convergencia de dos sistemas disfuncionales estaría la oferta del nuevo sistema y sería la justificación para introducir la metodología de control socialista a la normalidad de la vida capitalista democrática.

Mientras más necesario sea pedirle prestado al socialismo para equilibrar el descuido social provocado por el neoliberalismo salvaje, no tendria que ser necesario asumir sus métodos antidemocráticos. Para lograr la verdadera reforma y transformar el neoliberalismo en el capitalismo del bienestar no es imprescindible tener que incorporar lo negativo del socialismo. Incorporar lo negativo de estos métodos es una aberración de la reforma y un oportunismo totalitarista de los multimillonarios luteranos y tambien de los comunistas.

El aporte que puede hacer el socialismo al capitalismo conceptualmente estaría encaminado por el lado positivo al rescate del modelo del bienestar social olvidado por el capitalismo. Pero el aporte que le interesa a las elites que gobiernan el capitalismo es metodológico e instrumental. Es decir, existe un interés por el instrumental represivo del socialismo, al incorporar sus característicos instrumentos de control mañosos como la centralización, la planificación, la supervisión dataísta, la implantación del miedo y el empobrecimiento como formas de dominación.

Al sabotear el funcionamiento del capitalismo no se busca su sustitución por otro capitalismo menos tóxico y más próspero, sino más bien por uno totalitario que a la larga será más toxico y provocará una segunda contrarreforma luterana. Lo que se quiere al saturar las contradicciones del viejo sistema es facilitar la implantación de un capitalismo-leninista que traspase de manera fluida y parezca una transición lógica sin resistencia.

A través de los desastres recurrentes, los constantes pánicos, el miedo, las reiteradas "falsas banderas", la inseguridad social, la falta de determinismos e incluso el miedo a la muerte por contagio que suelen provocar mediante las quimeras biológicas, tratan de convertir los estados de excepcionalidad en estados de normalidad en la vida moderna, para crear consensos sobre lo inevitable de los autoritarismos como medidas necesarios para devolver la seguridad, el control, la calma y la gobernabilidad a los individuos aterrados.

Según el historiador israelita Yuval Noah Harari, "muchas medidas de emergencia a corto plazo se convertirán en un elemento vital. Esa es la naturaleza de las emergencias. Los procesos históricos avanzan rápidamente. Las decisiones que en tiempos normales podrían llevar años de deliberación se aprueban en cuestión de horas. Se comienzan a usar tecnologías inmaduras e incluso peligrosas, porque los riesgos de no hacer nada son mayores. Países enteros sirven como conejillos de indias en experimentos sociales a gran escala. ¿Qué sucede cuando todos trabajan desde casa y se comunican solo a distancia? ¿Qué sucede cuando escuelas y universidades enteras funcionan *online*? En tiempos normales, los gobiernos, las empresas y las juntas educativas nunca aceptarían realizar tales experimentos. Pero estos no son tiempos normales". (1)

A través del pánico, el "capitalismo del desastre" descrito por Naomi Klein (1970) provoca en nosotros la mentalidad de rebaño aturdido. Los comportamientos trágicos generalmente tienden a desorientarnos, y esa desorientación crea un espacio de confusión propicio para la toma de decisiones poco racionales que nos exponen a cualquier fácil manipulación.

Estos periodos, denominados emergencias nacionales, son momentos propicios para que surjan los autoritarismos justificados. Se gobierna por decretos y no por consenso, se anulan las libertades, se aplican políticas impopulares y proliferan los abusos y las arbitrariedades en nombre de objetivos superiores como la patria, la vida o la seguridad nacional. Esta psicología de guerra reduce nuestro umbral de permisibilidad moral, nos vuelve más obedientes y somos capaces de simpatizar con decisiones que en tiempo de paz serían inaceptables. Al sabernos en peligro de ataque, nos sentimos vulnerables, y esa vulnerabilidad crea las condiciones favorables para la implementación de los autoritarismos y para que el absurdo se convierta en algo lógico.

Cualquier catástrofe de magnitud nacional, mundial o personal es un shock que tiende a desorientarnos y dejarnos aturdidos como sociedad o como civilización o como individuos. Ese espacio que transcurre entre la tragedia y el tiempo que tardamos en concientizarlo se llama estado de shock. Específicamente, cuando se produce un *caos* a nivel social, esta catástrofe genera un periodo de miedos generalizados más largos que nos hacen muy vulnerables, ya que perdemos la confianza en todo por meses o años.

La fabricación de estadios anárquicos son las tormentas perfectas para que el socialismo metodológico y el Deep State introduzcan los cambios totalitarios dentro del capitalismo y parezcan necesarios y justificados.

El nuevo orden mundial es un fabricador de anarquías, de pánicos y de la peligrosa droga illuminati conocida como adrenocromo, que segregamos cuando estamos expuestos al miedo. Entre más asustada y estresada estén las víctimas, más coherente se verá el autoritarismo impuesto. El nuevo orden mundial es un fabricador de desastres controlados, y a lo largo de la historia han acumulado una experiencia vasta, desencajando instituciones, líderes y gobiernos.

Poseen la tecnología para fabricar todos los tipos de miedos necesarios capaces de provocar el colapso del propio capitalismo liberal republicano si se lo proponen. Son las mismas herramientas de desestabilización que ha usado el capitalismo imperialista contra el resto del mundo para lograr su hegemonía. Solo que ahora se han convertido en las armas usadas en contra de sí mismo. Ahora la lucha por la hegemonía se está dando dentro del corazón del propio capitalismo creador de esos métodos desestabilizadores. Están dirigidas por la misma elite imperialista que siempre las ha aplicado, anteriormente hacia afuera y ahora hacia adentro.

Son fabricantes de adrenocromos sociales creados artificialmente, como el miedo al desamparo, a la pérdida de la independencia económica, el miedo a perder el nivel de vida, el miedo a la pobreza, el miedo a morir contagiados, el miedo al cambio, el miedo a la ingobernabilidad, y el miedo al colapso del sistema de funcionamiento de la vida. Son sin duda expertos en provocar lo que denominó Kant "el gemido de la humanidad".

El miedo a ser observados todo el tiempo se produce porque las tecnologías se desconcentran y los controles se concentran cada vez más con la ayuda de estas tecnologías. Se está produciendo una expansión de la tecnología y a la vez de manera contradictoria esta expansión tecnológica está produciendo una contracción de los controles.

Existe una observancia aparentemente inofensiva que se infiltra a través de nuestro tránsito cotidiano por el uso constante que hacemos de estas tecnologías de manera imperceptible.La tecnología, en su fascinante carrera innovadora, es la encargada de crearnos hábitos, dependencias y nuevas necesidades que a su vez constituyen nuevos objetos observadores que disfrazan el verdadero objeto del poder. El control se hace presente en todo nuestro entorno, creándonos una dependencia compulsiva con las herramientas de uso diario y con los utensilios indispensables para el funcionamiento que definen la vida moderna.

Estamos ante un poder omnipresente que no le interesa ser identificado como el poder, y así goza de total impunidad para manifestarse sin contradecir las nociones de libertad. Como decíamos, la tecnología crea magníficos artefactos de mediación entre el poder y el individuo a través de los cuales se ejerce la dominación. Esta concepción, increíblemente astuta, "hace que la libertad coincida con el sometimiento". (2)

Crea una visión positiva del ejercicio de dominación que ejerce el poder mediador, contrariamente a la visión negativa que tenemos del poder, heredada de las sociedades totalitarias donde el poder es coercitivo, restrictivo, visible e impositivo. Al final, la dominación se ejerce de igual forma tanto en un polo como en el otro. Se materializa ya sea restringiendo libertades, como creando abundancia de ellas.

En los totalitarismos, el poder se deja ver, le place exhibirse y es de fácil identificación. En los espacios liberales mas avanzados el poder alcanza su solidez desde la impersonalidad y desde el clandestinaje. En las primeras necesita exponerse, en las segundas es invisible. En definitiva, en ambas, la libertad sigue siendo un rehén de la dominación y a nosotros solo nos quedan dos opciones: ser dominados inconformes temerosos de ser observados o ser dominados conformes temerosos de ser observados.

Byung-Chul Hang definió el poder absoluto como un poder "que nunca se manifestara, que nunca se señalara a sí mismo, sino que más bien se fundiera del todo en la obviedad. El poder brilla por su ausencia". (3)

Estas son las sutilezas de los mecanismos de control neoliberales que en el propio ejercicio de autolibertad esconde y trae consigo sus intangibles mecanismos de dominación.

Ese es el encanto del poder blando, que seduce a los individuos con la idea del libre ejercicio de la libertad ilimitada enterando a la "bigdata" de nuestros gustos y preferencias siempre que usemos nuestros dispositivos electrónicos y digitales convertidos en eternos vigilantes. No olvidemos que toda forma de dominación se trasmite a través de los objetos de devoción, y en cada sofisticado equipo de comunicación tecnológico también descansa nuestro policía o el oficial que nos atiende. Lamentablemente ese es el lado siniestro de la irresistible modernidad tecnológica que nos obliga a justificar de manera lógica el miedo a ser observados por el ojo del gran Mordor.

La solución es vivir con la paranoia de manera permanente como algo cotidiano, ya que el miedo al final será invencible, pero domable. Una vez más el hombre está obligado a soportar la impotencia tecnopolítica, porque es adicto y no es capaz de prescindir de la fuente del miedo. La impotencia política estimula la depresión social o trae consigo "la rebelión del yo". Una acentuación del yo frente al control inevitable es en el fondo una falsa libertad, o mejor dicho una libertad sin privacidad.

No puedes odiar lo que te facilita la vida, de lo que no puedes escapar a lo que eres adicto y se ha convertido en la herramienta imprescindible para el funcionamiento del mundo. No puedes odiar la combustión de los automóviles, no puedes odiar los alimentos transgénicos, no puedes odiar los métodos anticonceptivos, no puedes terminar de odiar el marxismo y la coca cola.¿Cómo odiar las ventajas de tu adicción tóxica?. Verte atrapado de esta manera irresistible genera más miedo e impotencia psicopolítica.

La impotencia ante la tecnología se refleja a lo largo de estos años en otros aspectos de la vida social, muy a menudo en una relación de miedo y dependencia, es un odio imprescindible y se convierte en un conflicto eterno entre la libertad y el dominio "invisible" que nos convierte en una masa paranoica.

Más de una vez hemos hablado de que la libertad posee una dependencia muy estrecha con la prosperidad económica y a su vez la prosperidad económica posee sujeción absoluta a las libertades. Su dependencia se da en un círculo vicioso en el que a mayor libertad se produciría mayor rentabilidad y a mayor rentabilidad se producirían mejores condiciones para el desarrollo de esa misma libertad en igualdad de condiciones. Una economía de mercado depende obligatoriamente de la libre circulación de mano de obra, capital, ideas y constantes motivaciones, y eso sin libertad es imposible. Sin prosperidad, el liberalismo es pura filosofía, y sus propias bases liberales caerán en una crisis absoluta, ya que la pobreza es incompatible con las libertades.

Existe un complot bien claro entre la elite financiera luterana y el socialismo para quebrar el funcionamiento del capitalismo, porque quebrando la prosperidad se quebraría el constitucionalismo democrático, el liberalismo republicano, la división de poderes, el sistema político representativo y las libertades. En fin, pretender derrocar las normas cons-titucionales del liberalismo norteamericano y allanar el camino a los extremismos y las tiranías desde el propio centro del capitalismo.

Dejarnos guiar por el miedo sería una pésima elección. Los hombres "libres" no deben tener miedo, porque al tener miedo se sacrifica la libertad, ya que el sistema nervioso social y personal queda bajo una enorme coacción que puede hacer perder la objetividad de la idea de la emancipación. El miedo es un facilitador de las tiranías, y cuando es generalizado se convierte en una forma de moral conformista que se expande de manera no constructiva facilitando la manipulación de las masas y quebrando el prestigio institucional.

La pérdida de confianza en las instituciones es una forma de manifestación del miedo y es un reflejo de la pérdida de la confianza interna. Una sociedad insegura es una sociedad condenada a la mediocridad y deja de ser una sociedad creativa y próspera.

Se ha pasado del individualismo controlado al indi-vidualismo descontrolado y del capitalismo financiero paulatinamente desregularizado al capitalismo descontrolado. El capitalismo, además de tener que luchar con los miedos que arrastran sus propias contradicciones internas, ahora se ve obligado a enfrentar los otros miedos que provocan las crisis creadas artificialmente en su contra. También le toca velar por el restablecimiento terapéutico de la confianza perdida con los excesivos sabotajes. Sin confianza no existe avance, por tanto, el Estado tiene la necesidad de convertirse en el Sigmund Freud social, ya que tiene que enfrentar y combatir el miedo que naturalmente genera más el miedo sembrado, que será el mayor freno para lograr la dinamización económica.

Las pandemias de pánicos (que son peores que las biológicas) solo provocan una contracción social y económica. A veces las contracciones económicas hacen que surjan las pandemias biológicas y estas falsas banderas originan las pandemias de pánico. La recesión económica que atravesamos nos llevará a la gran depresión, ambas solo aceleran el miedo generalizado y el pánico social. A su vez el pánico pandémico profundizará la depresión ya que paraliza la iniciativa social.

Cuando se pasa del capitalismo triunfalista al capitalismo del adrenocromo, el capitalismo es totalmente vulnerable a la influencia de los extremismos externos e internos. El adrenocromo social, en el caso del socialismo, fortalece el sistema y constituye un retardante de sus crisis, pero en el caso del capitalismo destruye su sistema inmunológico y es un catalizador de su crisis en vez de ser un retardante.

Cuando el pánico se apodera del sistema, la racionalidad política queda expuesta a la emocionalidad y a lo sentimental. Esta no es una cualidad atenuante, sino más bien se convierte en un agravante, ya que facilita la manipulación, la irracionalidad y los populismos. La conducción social pasa de la conducción coherente a la conducción emocional de la sociedad.

La gobernabilidad se transforma en una telenovela política que victimiza las masas. La coherencia política es suplantada por las simpatías, las pasiones y el rechazo a los villanos. En este culebrón político, los buenos quizás sean los verdaderos malos y el malo quizás no sea realmente tan malo, convirtiendo la identificación ideológica en un campo de acertijos y de impotencia política. La sociedad se convierte en un guion pasional con zonas emocionales de facil reconocimiento, o en el gran melodrama sentimental de terror. Cuando la lógica política desaparece y la política se convierte en una telenovela, todo es más fácil para los objetivos del NOM.

Solo eliminando el miedo se recobrará la coherencia social del sistema. La institucionalidad democrática debe recobrar su autoridad y su poder de influencia y debe marginar la telenovela política con el rescate del estado del bienestar. Aunque para lograrlo necesite una inevitable convergencia con las fórmulas del socialismo positivo, siempre y cuando sean conciliadas desde el poder del gobierno y no impuestas por las falsas crisis y las abundantes quimeras que propagan el sentimentalismo populista a través de la provocación de miedos constantes

El populismo es una estrategia oportunista que alimenta su discurso político con los miedos y a su vez hace de las fobias el objetivo de ataque de su relato. Así establece una arenga política con fines terapéuticos, imprimiendo un positivismo en el electorado solo prestándole atención a las fobias sociales de los grupos étnicos a los que está dirigiendo. Es decir, promete la cura a los medios acentuando los miedos manipulados por el populismo.

Cuando el estado del bienestar desaparece y el orden institucional democrático se hace insuficiente, el individualismo como objetivo del liberalismo queda aislado de manera literal. El individuo percibe que empieza a estar por primera vez realmente solo, desamparado socialmente, y este miedo a la soledad social redunda en más individualismo. El mismo pánico lo hace más indiferente a lo social de lo que era antes, y esto, en vez de provocar una disminución en la intensidad del individualismo, lo exacerba.

Los individuos se aferran más a la idea de que el éxito personal solo depende de su desempeño y su individualidad será su única tabla de salvación ante el *caos* social. El ideal del nuevo hombre que dibuja el triunfador solitario cobra más fuerza, convirtiendo a la sociedad en una gran masa de perdedores con grandes aspiraciones individualistas esperando su momento y dispuestos a abrirse paso a como dé lugar y escalar la pared clasista hasta donde puedan para asegurarse un puesto en lo más alto de la pirámide. La deshumanización es obvia y la competitividad se torna feroz. Esta es una de las grandes patologías modernas que genera el miedo.

Los trastornos psíquicos pueden ser mal humor, recaídas depresivas, falta de realización interior, inhibiciones y represiones internas, agresividad contenida, baja estima y la inadaptación a tener que aceptar imposiciones externas. La relación familiar pasa a ser una pesadilla, la paternidad o maternidad es un estorbo, las relaciones de pareja son contaminadas con el estrés y la inadaptabilidad e intolerancia definen el tono de las reuniones sociales.

La ecuación trabajo+vida=rendimiento es la fórmula creadora de patologías, miedos y agotamiento moral y social. El estrés del rendimiento es invasivo al resto de todos los rincones de la vida y arrastra al individuo y al colectivo de competidores a un modelo de sociedad de disputa extenuante. Este modelo de "sociedad de rendimiento" que es cotidiano, según Byung-Chull Han, nos lleva posteriormente a la "sociedad del cansancio" y al miedo extenuante. El rendimiento aplicado a todos los rubros de la vida al 100% no es más que una forma de arte marcial contra el miedo constante. Esta forma de vida autoexigente para ahuyentar el miedo agota, consume energías y reduce las fuerzas en algún punto. La permanencia constante del miedo es un desgaste perpetuo tanto para el individuo como para el colectivo, convirtiendo a la sociedad en una gran jaula de felinos temerosos y domables.

El individualismo capitalista siempre ha sido asociado al capitalismo salvaje, pero no nace directamente del capitalismo, sino del miedo a lo salvaje. El miedo a lo salvaje despierta al felino tecnocrático que parece el logotipo del capitalista del bajo Manhattan. El concepto de capitalismo salvaje estimula una sociedad de felinos hambrientos que esconden detrás de su arrogancia, su narcisismo y hedonismo la satisfacción de haber vencido o al menos alejado el miedo.

No existe un mejor escenario para desfragmentar la cohesión democrática y fomentar la incredulidad en el sistema. La feroz competitividad individual será la aspirina para contrarrestar el miedo al fracaso en detrimento de la cohesión social. El individuo atemorizado alberga un resentimiento con lo social porque piensa que la sociedad, la democracia, el liberalismo o incluso el capitalismo le fallaron y le dieron la espalda.

Los miedos te pueden hacer más desconfiado y depresivo o más vital y más emprendedor. Te pueden hacer más hermético o más heroico. En este caso su filosofía personal sería: yo no me fallaré, y en último caso no le fallaré a los míos. Ese es el premio para los vencedores que logran superar los obstáculos que el mismo sistema crea y logran vencer su propio miedo. Detrás de todo triunfador hedonista hay oculto una víctima del miedo. Cada triunfador es un vencedor de miedos.

El vencedor será discreto al exponer al escrutinio público al yo miedoso, porque para los triunfadores la expresión del miedo es la penosa causa que estimuló su heroísmo. Ese miedo reprimido por años se convierte a la larga en una patología que se llama agobio por el miedo reprimido.

Para un triunfador narcisista, comunicar el miedo es un síntoma de debilidad, de fatalismo o cobardía. Es el miedo a trasmitir el miedo, a contagiar a los demás y a contribuir al pánico generalizado. Es el miedo a ser miedoso.

En las clases altas ya no son una masa social, sino más bien la suma de pocas definiciones individualistas que personalizan a la elite económica. La clase oligárquica, más que estar unida por un relato, es un conglomerado poco numeroso de individuos con intereses idénticos. Al estar tan concentrada la riqueza en tan pocas manos, abandonamos el concepto de la clase alta y estamos frente a un personalismo del capitalismo o personificación de la riqueza.

Un capitalismo más personalista empieza a tener nombres propios y se vuelve protagónico a la hora de encararlo, de entenderlo y de imponerlo. La conversión de la clase poderosa en nombres y apellidos convierte al capitalismo en un sistema manejado por los caudillos involuntarios. Sucede que generalmente los apellidos de los políticos y los oligarcas, que al final son los mismos, se convierten en marcas registradas de dominio público.

La marca es el corazón sentimental del producto, llámese Clinton, Buffet, Lehman o Trump. Los oligarcas político-económicos saben que deben producir marcas políticas antes que ideologías. La marca política, como por ejemplo Busch, es también una marca financiera, y las marcas financieras como Rockefeller y Carnegie son también marcas políticas.

La actual crisis de confianza por la que pasan los líderes políticos solo es revertida cuando logran convertirse en reconocidas marcas. Una vez posicionada comercialmente, se convierte en el sello que identifica la empresa política y representan una filosofía que define a la marca. Este proceso de identificación de los apellidos políticos como marcas ocurre de manera inversa a como sucedía antes, cuando era la filosofía, el valor moral de la oferta política, la integridad del político o la ideología eran las que prestigiaban a la figura política. Ahora es la marca política la que prestigia la propuesta ideológica, la moral y la integridad. La política y la clase alta, los partidos políticos, la CIA, Hollywood y los creadores de fenómenos sociales pueden fabricar ideologías, pero las masas lo que consumen son marcas.

Por otra parte, el distanciamiento provocado por la reciente pandemia no fue accidental ni coyuntural, fue un ensayo permanente para acentuar el individualismo y el distanciamiento definitivo. Somos cada vez más partículas individuales que formamos parte de un campo holónomo con niveles precisos de movimientos calculados en un rango de libertades prefijadas.

Cuando empezábamos a comprender el mundo de ayer, lo interrumpen con un corte eléctrico y nos aíslan socialmente para reprogramarlo o reprogramarnos. Todos hablan del costo humano y el costo económico de esta pandemia, pero nadie habla del costo social de este virus.

La primera premisa preocupante es que la única manera de contenerlo es siendo antisocial. Al estar aislados por una necesidad sanitaria justificada, las personas carecen de contactos y pierden la capacidad de organizarse socialmente y de interpretar lo que les sucede a través del intercambio de experiencias con los otros. En síntesis, nos volvemos inofensivos al estar desarticulados colectivamente, y paradójicamente nos mantenemos a salvo por estar desunidos. Esta pérdida de la "capacidad narrativa" colectiva a la que se refirió Richard Sennett hace que en muchos casos los individuos no entiendan lo que les está pasando, culpen a un enemigo equivocado y terminen desentendiéndose de aquella realidad que está más allá de su control y se concentren en la compra de papel sanitario.

Según el antiguo pensamiento zen, las frustraciones surgen cuando nos sentimos impotentes de cambiar una situación que no responde a nuestras necesidades, más aún cuando ese algo sale mal o ha quedado trunco.

Según Schopenhauer, el sufrimiento brota cuando nace el deseo. Por tanto, el sufrimiento es el resultado de un deseo no logrado. Este sentimiento se da porque no logramos conquistar algo por las insatisfacciones o por la ausencia de cosas queridas o deseadas. El sufrimiento surge cuando no llegas a lograr algo que deseas, por no haber llegado a donde deseas llegar, por no tener lo que deseas o por la ausencia de algo que necesitas.

El deseo no controlado nos hace esclavos de las emociones y es la causa del sufrimiento frustrante. Cuando lo que planeamos cuidadosamente es destruido o aplazado por las contingencias imprevisibles (como nos está ocurriendo en estos momentos) padecemos de impotencia y ansiedad. Surgen el sufrimiento y los miedos múltiples. Estas son emociones que surgen cuando nos dejamos dominar por acontecimientos externos, sobre los cuales, como quisiéramos, no tenemos un control total.

La agorafobia (como secuela de la pandemia) desintegra los beneficios de las reuniones públicas, afecta el concepto de sociedad e incentiva la individualidad. Esta forma de miedo a transgredir el entorno domiciliario retrasa cualquier tipo de respuesta social ante la injerencia del nuevo orden en nuestras vidas, y retarda su comprensión. La sociedad pasa del bienestar social al modelo del antisocial aspiracional, compuesto por una masa temerosa e insatisfecha que lucha no por superarse, sino que huyen al miedo al fracaso y la frustración. Esta es una de las patologías sociales que genera la guerra entre el capitalismo toxico y el NOM capitalista-leninista.

La gran mayoría de perdedores caen de manera estrepitosa en la escala social homologándose con la precariedad generalizada, similar a lo que ocurre en el socialismo. Esa identificación forzada con un nuevo sector social al que obligatoriamente vas a pertenecer también genera miedos y no es de fácil aceptación.

Aquí el miedo aflora, y con él aflora el papel del estado asistencial o salvador que administra el miedo social en función de la dominación, repitiendo la formula combinada del socialismo: control a través del miedo y la pobreza.

El Estado pasa de su papel regulador a un paternalismo asistencial erradicador del miedo social hasta donde le convenga. Por la parte del gobierno surgen otros miedos identificados al miedo del Estado que lo homologan con el estado socialista. El Estado pierde su papel regulador y se convierte en un estado benefactor e interventor a la vieja usanza socialista para poder frenar el deterioro social, que es uno de sus miedos más frecuentes.

Esta necesidad de recobrar el papel regulador le da potestad al Estado para tener más acceso al control de la individualidad, cosa que también lo homologa. Los mismos individuos temerosos exigen que abandone su papel regulador blando y sea más invasivo y enérgico, como los Estados socialistas. Por último, el Estado, para poder asumir estas nuevas funciones, tiene que fortalecerse, crecer y se burocratiza de la misma forma que ha crecido el Estado omnipresente en el socialismo burocrático.

El costo social que genera un estado asistencial hace que el gasto aumente junto con el miedo a que aumente la irrentabilidad del sistema aumentando la deuda pública. Para enfrentar la disfuncionalidad el gobierno está obligado a ser autoritario y mantener la gobernabilidad, debido a la excepcionalidad histórica del momento. Este endurecimiento del discurso democrático enfrenta al gobierno con el liberalismo y con las libertades conquistadas. Al ser una contradicción conceptual, lo aleja del modelo democrático positivo y se adentra en el terreno de las democracias blandas, generando un tipo de miedo en la confianza en el Estado. Aquí los individuos oprimidos ante el miedo optan por la opción más liberal sin saber que ese liberalismo ya está vendido y comprometido con la agenda del NOM y caeríamos en sus manos sin imposiciones por un proceso de transferencia natural.

El propio miedo a la pérdida de libertades nos acerca por el efecto carambola a este billar político al partido equivocado. Tratando de huir del miedo, optamos por desplazarnos al liberalismo para preservar las libertades, y en ese mismo instante estamos legitimando al luciferismo, verdugo del propio liberalismo. Resulta que los guardianes del liberalismo y las libertades ya no son las fuerzas liberales corrompidas por el autoritario nuevo orden: ahora los verdaderos guardianes de la libertad en este trabalenguas político están en las fuerzas del conservadurismo autoritario republicano. El liberalismo ha sido traicionado por los liberales en su pacto con Mefistófeles, mejor conocido como el nuevo orden.

También el doble significado posmoderno en el discurso político orwelliano es una de las fuentes de los nuevos miedos contemporáneos. Cuando todas las categorías de la vida se vuelven relativas el miedo es una constante. Cuando el sistema en el que vivían queda obsoleto, los individuos adoptan por una actitud defensiva y es a través del individuo confundido que se puede penetrar cualquier cultura, nación o religión.

En medio de este doble sentido del discurso político, las formas de crecimiento económico son cada vez más homogéneas y no son de doble sentido. El empobrecimiento es real, y el filtro para ascender a la cúpula de la pirámide es cada vez más tupido. Cuando sucede lo anteriormente dicho, el yo se distancia en el caso de los triunfadores o se empareja con el yo colectivo en el caso de los perdedores. Aquí en esta colectivización del yoperdedor multiplicado es donde se vuelve a homologar con los yo-socialistas estandarizados.

El individuo pasa de ser un número de seguro social al compañerismo solidario, en un proceso de integración clasista. La conducta empieza a ser valorada de lo social a lo personal, de manera invertida a como sucedía antes, que iba de lo personal a lo social. Al ser cada vez más ancha la zona baja, se convierte en la conciencia social que habla por los yo individuales que la conforman. Un individuo liberal con una baja estima de su liberalidad se convierte con facilidad en un individuo dominado e integrado a una individualidad socializada que lo convierte en un liberal negativo o el negativo del liberal: un yo-socialista.

En este punto es capaz de adaptarse con facilidad primero a los requerimientos externos y después a los internos, ya que ha cedido autonomía. El empobrecimiento masivo conlleva a un empobrecimiento de la individualidad. Es una vieja fórmula bien pensada calcada del socialismo, para despojar poco a poco a los individuos de sus garantías individuales con el pretexto demagógico de acentuar sus derechos sociales. Es una concepción altruista de lo social que condena lo individual a un destino mediocre.

El liberal positivo que conserva la proyección de lo interno hacia lo externo está asociado a la categoría social de triunfadores. Claro, pertenecer a una individualidad triunfadora te hace cómplice del sistema, y ese mismo orgullo anula la capacidad crítica, ya que formas parte del anillo de poder que trae consigo el ideal de hombre nuevo. A pesar de que los une el dinero acumulado, los une también el ser sobrevivientes de un tipo de miedo. Cuando conquistas esta categoría de vencedor heroico adquieres otros miedos. Los miedos más populares en este segmento son caer al vacío y como asegurar el dinero. Al final son una misma preocupación.

Las nuevas preocupaciones de la sociedad secreta a la que pertenece el nuevo triunfador radican en cómo asegurar el poder político para asegurar el poder del trasnacional del dinero. Para una elite de triunfadores cómplices el acercamiento al control socialista como herramienta de dominio sobre la gran masa de compañeros perdedores se da por un miedo instintivo. Detrás de la convergencia del capitalismo-leninista no está el logro de un mejor mundo ni un salto cualitativo en la visión política de un mejor capitalismo sustentable: está el miedo burgués a la envidia clasista.

Ese miedo clasista no es más que el miedo de las oligarquías opresivas planteado por el marxismo como causa de las revoluciones sociales. Aquí precisamente radica lo pernicioso de la alianza entre el capitalismo y el socialismo que propone el nuevo orden mundial. Ahora resulta que el socialismo, que siempre ha defendido la justicia social históricamente, es un aliado de su archienemigo capitalista y le presta sus herramientas coercitivas para que sean usadas para preservar el sistema de capitalismo injusto que el propio socialismo ha criticado y ayudar a desacelerar el calentamiento de la presión social.

Solo la inclusión de los métodos socialistas dentro de las estructuras institucionales del capitalismo serán capaces de desterrar las libertades y controlar el rebaño en un nuevo orden diseñado para que las riquezas hurtadas a los más pobres mediante el efecto Robin Hood invertido puedan concentrarse en manos de una cúpula muy exclusiva que controle el gobierno del mundo.

Las elites financieras no están dispuestas a ceder poder ni compartir siquiera parte de sus riquezas adquiridas fraudulentamente y acumuladas por la especulación y el endeudamiento usurero del mundo al no ser que le sean incrementados los impuestos y no le quede otra. Ese principio cristiano a favor de los más pobres que ha caracterizado el relato de justicia social del socialismo no es aplicable. Esa utopía conceptual es parte de la demagogia y solo sirve como fachada para ocultar el doble significado, al igual que lo hicieron los demagogos líderes socialistas. Donde sí es aplicable el socialismo es como metodología de control para guiar ese rebaño saqueado, atemorizado y empobrecido. Esta es la verdadera causa de la convergencia de leninismo con el capitalismo en el nuevo orden: el miedo a la desigualdad social.

Le piden prestado al socialismo sus herramientas como métodos coercitivos autoritarios y le piden prestado el socialismo el relato de la justicia social como concepto demagógico. El nuevo orden mundial es la conspiración del liberalismo profundo y de una disidencia capitalista que representa la cúpula del capitalismo. Es la traición al capitalismo de sus mejores hijos.

Saben que mientras permanezca el capitalismo auténtico, el capitalismo tóxico, el liberalismo republicano, el respeto de las libertades individuales, la libertad de expresión y el miedo como chispa social no podrán someter al rebaño por mucho tiempo usando las fobias, los miedos y el *caos*, ya que el mismo liberalismo combinado con el miedo se convertirá en una forma de marxismo liberal que alimentaría el revanchismo social.

Aunque parezca contradictorio, debo expresar que las verdaderas soluciones para lograr construir un capitalismo en un nuevo orden más justo sean mediante el uso de extrapolaciones filosóficas marxistas aplicadas al nuevo capitalismo del bienestar. Si las soluciones de un socialismo rentable están en extrapolaciones teóricas de Adam Smith y John Maynard Keynes, estaríamos frente a un capitalismo-marxista-keynesiano o ante un socialismo-marxista-keynesiano. Un modelo así podría ser definido sintéticamente como un capitalismo-leninismo.

La conclusión a la que llegamos plantearía que el socialismo como método puede ser un aliado tanto del liberalismo como de las elites económicas. Es decir, que la convergencia del socialismo es inevitable tanto para el rebaño como filosofía del cambio, como para la plutocracia financiera autoritaria como forma de dominio. A ambos les queda a la mano y solo habría que ver qué sería más dinámico: la implementación del NOM o el despertar del rebaño oprimido y desilusionado. Aquí nuevamente volvemos a la carrera de los miedos: el que resulte ganador definirá el destino del capitalismo. Entonces concluimos que el miedo y las fobias serán los que definan el punto de giro.

Las elites financieras, mientras no logren el cambio del modelo de capitalismo confortable que buscan para ellos, se encargarán de prolongar los miedos con nuevas pandemias, conflictos, insubordinaciones sociales y todo tipo de sabotajes para acelerar la crisis del capitalismo republicano.

Si lograran instalar su modelo de nuevo orden, los amos de la vida colectiva desean implantar un sistema político como el guiñol socialista, controlado a través de los hilos de los miedos en manos de unos pocos. Una vez instaurado no prescindirán del miedo como herramienta para operar el NOM.

Por su parte, el papel del liberalismo republicano será combatir ese miedo social tal y como lo llevó a cabo Franklin D. Roosevelt (1882-1945), desenmascarar el complot capitalista con fachada socialista y preservar los valores liberales democráticos para impedir la penetración del socialismo de control dentro del capitalismo liberal.

Es justamente el miedo el factor que puede definir este conflicto. El miedo en el rebaño puede permitir la penetración del socialismo de control en la convergencia en un capitalismo-leninismo, o puede ser también la chispa que convierta al rebaño en una barricada que impida la instauración del marxismo inverso dentro del capitalismo o, como suelen llamarlo, nuevo orden mundial.

El miedo social ha definido la permanencia del socialismo en Cuba, en China y en Corea del Norte, y por muchos años en el mundo. Si revisamos la historia encontraremos en los antecedentes de todos estos ismos o doctrinas el origen del miedo arraigado a la violencia revolucionaria.

El terror estalinista ya tenía sus antecedentes en el terror bolchevique y mucho antes en el terror de la Revolución Francesa. El paso del catolicismo por la historia ha tenido un saldo dramático y sangriento con las cruzadas, que terminaron a finales del siglo xv, y la Santa Inquisición, fundada desde 1184. También el terror nazi ya se veía venir desde sus orígenes en el terror fascista y el terror bolchevique. Por último, el terror de ISIS y Hizbollah tiene sus antecedentes en el septiembre negro conocido como la masacre de Múnich en 1972, y posteriormente en 1981, en Irán, con la creación del Consejo Supremo para la Coordinación de la Revolución Islámica.

Las ideologías obsesivas como el nazismo, el catolicismo, la musulmana, el socialismo y el comunismo sustentan gobiernos totalitarios que edificaron sus modelos políticos en base a los conceptos de raza, religión, ideología y de clases. Todos tienen en común que sitúan el terror en el centro de sus revoluciones y los miedos sociales se convierten en herramientas de dominación. Son sistemas que exhiben los métodos coercitivos para crear sociedades de personas temerosas y debilitadas de su espíritu crítico, ya que le han sido secuestradas sus libertades en nombre del colectivo.

Los miedos y las fobias sociales han existido siempre y son parte de los sistemas políticos del siglo xx. El fascismo era una máquina de miedo. Los bolcheviques, hasta la disolución del comunismo, vivieron en la sociedad del no se puede y del terror secretista desde la fundacion en 1917 de la (Cheká) a la (KGB).

El capitalismo ha perfeccionado su modelo de sociedad del sí se puede, y del miedo disciplinario soportado por la autoridad policial. En la era posguerra fría, los mecanismos de expansión de los miedos se han multiplicado con la ayuda de las tecnologías.

Desde 1987 hasta acá hemos vivido cinco crisis económicas. En estos treinta y tres años hemos sufrido un promedio de una crisis cada seis años y medio. Desde 1981 con la quimera del VIH, hasta hoy, hemos sido atacados por doce pandemias biológicas, eso quiere decir que en estos treinta y nueve años nos ha tocado una pandemia cada tres años, con un costo de millones de vidas humanas perdidas.

Desde 1983 hemos vivido once guerras o intervenciones militares. En estos treinta y siete años, cada tres años y cuatro meses nos ha tocado padecer los estragos económicos de un conflicto bélico internacional estadisticamente.

Desde 1990 hasta el 2020 Estados Unidos ha sido víctima de treinta atentados terroristas. El balance es alarmante, ya que en estos treinta años los estadounidenses han sufrido un acto terrorista promedio cada ocho meses promedio, con saldo de miles de muertos y heridos fatales.

Desde 1989 los norteamericanos han tenido cambios bruscos de estilos políticos. Han pasado por la Casa Blanca tres presidentes republicanos y dos demócratas. En treintaiún años hubo una alternancia de enfoques que hacen inestable la continuidad de una línea política y económica coherente y duradera. Hubo por dieciséis años un control de la política en manos conservadoras y dieciséis más en manos liberales. En cada periodo se ha gobernado con diferencias de enfoques de los liberales y conservadores.

Si a esto le sumamos las catástrofes naturales cada vez más reiteradas —huracanes, tifones, temblores, incendios natu-rales...—, podríamos armar un cuadro clásico de trastorno de estrés postraumático social generalizado entre los individuos dentro de Estados Unidos y sus extensiones en el mundo.

En total, entre crisis económicas, pandemias biológicas, ataques terroristas, incursiones militares y cambios de políticas en la Casa Blanca, los norteamericanos, en menos de treinta y cinco años, han sufrido sesenta y nueve impactos de pánico. Estos equivalen a un *kaos* o desastre cada cinco meses. No existe sistema nervioso social que resista esto. ¿Cuál es el objetivo de este acoso tan reiterado de tragedias?: quebrar el capitalismo conservador y el liberalismo mediante la construcción de un "capitalismo del desastre".

Mientras más desigual sea la repartición de las riquezas y la injusticia social crezca, porque la oligarquía financiera está acostumbrada a enriquecerse a costa de las crisis y la no prosperidad, el espíritu crítico que estimula el liberalismo democrático y su capacidad de presión social y política será un peligro. Mientras exista el respeto por la individualidad y las libertades, la plutocracia correrá un riesgo muy grande ante el ejercicio pleno de las libertades que puedan ejercer los ciudadanos y su capacidad de transformación social, ya sea por la vía democrática como por la revancha jacobina.

En el ámbito geopolítico, el liberalismo republicano constituye una enorme piedra en el zapato, la cual hay que destruir para el logro del globalismo capitalista-leninista que desea imponer universalmente el nuevo orden mundial a favor de sus fines.

El liberalismo es contradictoriamente una sociedad individualista y a la vez de masas. También es conocida como el reinado del individualismo igualitario, en que el pulso político de una individualidad no bien representada y segregada puede ser capaz de alterar el equilibrio político macro. Daniel Bell (1919-2011) definió esta modalidad neoliberal como la cultura de "la realización de sí". (4)

Sabemos que el liberalismo democrático, al igual que todos los sistemas políticos, es imperfecto, y a veces no ha podido cumplir las expectativas paradisíacas que su retórica filosófica promete. La historia de las democracias no es un cuento encantado, ha estado plagada de injusticias, de arbitrariedades, represiones, guerras sangrientas, intervenciones militares, golpes de Estado, atentados a líderes rivales, conflictos sucios y otras muchas cochinadas políticas que se han cometido en nombre de las democracias y la libertad. La lucha por la libertad no siempre ha sido limpia, ha servido de pretexto para el expansionismo y otras ambiciones económicas a nivel global. Como siempre digo: quien tenga dudas sobre esto, remítase a Chomsky.

A pesar de las incoherencias del sistema democrático, coincido con Bertrand Russell (1872-1970) cuando afirmaba: "Dado que es preciso tener un gobierno, yo prefiero que sea democrático". El valor de la democracia está en que es el sistema político que evita los mayores males. Desde sus inicios se empeñó en garantizar la libertad y los derechos básicos a todos los individuos amén de sus creencias, militancia, razas, religión y cultura. Los hizo dueños de sus propias vidas, a diferencia de otras filosofías que a lo largo de la historia solo se empeñaron en someter y castigar las libertades individuales y subvirtieron este derecho en función de intereses financieros, políticos, de raza o religión.

Henry David Thoreau (1817-1862) decía que "el mejor gobierno es el que gobierna menos" (5). Es ahí donde radica el éxito del liberalismo. No te obliga a pensar de una sola manera, no te agrede por pensar diferente ni te impone ninguna ideología específica. No puede imponértela porque él mismo como sistema no tiene un sello político particular. Es la ideología de las ideologías o la geografía de la diversidad, en la que conviven todas las formas de pensamiento político, racial, cultural, religioso, sexual y filosófico. Es el gran billar político en el que cada esfera posee un color específico y se desplazan libremente según el empuje de las fuerzas externas.

En cualquier sistema democrático en el que esté presente el autoritarismo blando, el control dataísta, el miedo y los pánicos, existe un sistema de libertad negativa. La pluralidad ideológica es la base de las libertades y la homogeneidad ideológica que pretende implantar el NOM capitalista-leninista es una práctica autoritaria que restringe las libertades.

Debemos interiorizar que el liberalismo democrático es el sistema más completo que hemos heredado, ya que no es una ideología estrecha o específica, sino más bien la gran caja ideológica donde pueden convivir muchas ideologías específicas. El liberalismo no es un sistema político, es estructura. Es el contenedor de todas las libertades filosóficas y políticas que auyentan los miedos.

Por tanto, honremos la única ideología creíble con la que contamos después de haber resistido la depuración de los siglos y la competencia de muchas otras fórmulas fallidas. Desechemos los miedos innecesarios, las fobias artificiales y solo demos importancia a los miedos importantes que son inevitables. Honremos la belleza filosófica del liberalismo, como bien lo define Patrick J. Deneen (1964): "Lo que ahora necesitamos no es perfeccionar nuestra filosofía, algo más, sino volver a honrarnos a nosotros mismos". (6)

Los comunistas en Goldman Sachs

Resulta que el pensamiento filosófico de Carlos Marx (1818-1883) no ha escapado a las interpretaciones simplistas y la censura de los propios marxistas groseros. Quien revise a profundidad sus manuscritos económico-filosóficos hallará un Marx mucho más filosófico, espontaneo y no el Marx doctrinario de *El capital* que nos han vendido. Para su sorpresa, encontrará que el odio que ha incentivado el comunismo sobre la propiedad privada solo ha sido una tergiversación del propio comunismo.

En haber confundido la "propiedad privada personal" con "propiedad privada sobre los medios sociales de producción "o propiedad burguesa" es donde radica esta malsana aplicación. Para Marx, como buen socialista quijotesco, la propiedad privada como forma de explotación era su único enemigo. Sin embargo, era indulgente con la propiedad privada positiva, como él solía llamar al pequeño patrimonio fruto del trabajo honesto.

Según Ricardo Chirinos, "Marx nunca cuestionó la propiedad privada 'bien adquirida, fruto del trabajo, del esfuerzo personal', es decir, 'la propiedad del pequeño burgués', sino toda aquella forma de propiedad que implique la apropiación de plusvalía (propiedad burguesa), que es donde se origina la injusticia y la explotación del hombre por el hombre". (1)

En las páginas 42 y 43 del *Manifiesto del partido comunista*, escrito por el propio Marx en 1848, se afirma: "Se nos ha reprochado a nosotros los comunistas el querer abolir la propiedad privada personalmente adquirida, fruto del trabajo propio, esa propiedad que forma la base de toda libertad, de toda actividad, de toda independencia individual. ¡La propiedad

223

bien adquirida, fruto del trabajo, del esfuerzo personal! ¿Os referís acaso a la propiedad del pequeño burgués, esa forma de propiedad que precede a la propiedad burguesa? No tenemos que abolirla. El rasgo distintivo del comunismo no es la abolición de la propiedad en general, sino la abolición de la propiedad burguesa". (2)

Esta diferenciación nunca fue esclarecida por los regímenes comunistas. Continuaron aniquilando toda forma de propiedad comprendidas como pequeñas y medianas empresas o bienes materiales obtenidos del fruto del trabajo.

En su manuscrito afirmaba que el comunismo grosero, "en efecto, ignora totalmente la realidad de la esencia humana, se mueve únicamente sobre el terreno económico del mundo de los objetos y de las cosas, queda prisionero de la 'alienación'". Este comunismo no hace más que reemplazar la propiedad privada individual por la "propiedad privada general"; quiere aniquilar "todo lo que no es susceptible de ser poseído por todos como propiedad privada". (3)

Esta tergiversación de su pensamiento fue una herramienta muy útil para que aquellos totalitaristas pudieran llevar a cabo la dominación de las masas en el socialismo mediante la guía de un marxismo esquemático que exigiera la abolición total de la propiedad privada como forma de restitución de la felicidad del obrero, y le transfería al Estado el control total de todo tipo de forma de propiedad.

El Estado se encargó de controlar estos bienes para después otorgarlos de manera selectiva, siguiendo sus parámetros de idoneidad o confiabilidad, según el grado de rendimiento ideológico y de disciplinariedad de los individuos. El Estado se arrogaba el derecho de decidir quién reunía las virtudes para otorgarle determinados bienes privados de manera privilegiada. Al anular toda forma de propiedad y la mediana y pequeña empresa, era más fácil alcanzar la dominación de las masas mediante el control de los estímulos. La administración de las distintas formas de propiedad privada o personal por parte del Estado se convirtió en una eficiente forma de sometimiento y de control.

Los líderes comunistas omitieron por muchos años que cuando Marx se refería al término "propiedad privada" se estaba refiriendo a los tóxicos medios de producción capitalistas como el tipo de propiedad enemiga de las clases obreras.

En ningún momento Marx mezcló en sus análisis estos dos tipos de propiedad como una sola. Cuando criticaba la propiedad privada social no se refería a la propiedad de los "objetos de uso", como por ejemplo una casa, un pequeño negocio, una oficina, un restaurante, un carro o cualquier otro tipo de bien material, sino al control en manos de una elite económica de los grandes medios de producción social que sirvieran para llevar a cabo la explotación de las mayorías. Más bien se refería a la emancipación de las diversas formas de enajenación humana y no a las posibles formas de prosperidad personal y económica. En sus poco difundidos *Manuscritos económico-filosóficos* de 1844 existía la convergencia de la propiedad privada dentro del socialismo.

La rivalidad artificial que crearon entre el socialismo y la propiedad privada surgió posteriormente a la tergiversación de su posterior aplicación práctica y no en su teoría. Al no ser un instrumento de explotación, la propiedad privada, según Marx, podía coexistir y contribuir perfectamente dentro del modelo socialista.

Estos manuscritos fueron extraviados exprofeso para que el totalitarismo comunista pudiera imponer su versión del marxismo. Tras años de malas interpretaciones, por primera vez, en 1932, estos manuscritos salieron a la luz en la versión alemana. Después que el comunismo había caricaturizado su filosofía y alentado la crítica injusta a su pensamiento por parte de los opositores, fue en 1959 que se logra imprimir la primera edición en inglés.

En este periodo perdido entre 1844 y 1959 la teoría sobre la convergencia de la propiedad privada dentro del socialismo sufrió una terrible época de oscuridad, ya que fue omitida por los ideólogos del comunismo grosero.

La existencia de una guía filosófica deformada les permitió a los burócratas socialistas hacer sus fechorías y engañar a las masas en nombre del marxismo, privando al socialismo de las ventajas que aportan la pequeña y mediana iniciativa privada a la dinámica económica del sistema como esquema mixto. Tal convergencia entre formas capitalistas coincidiendo dentro del esquema socialista de producción no es nueva, ya había sido trazada por Marx desde 1844.

Era obvio que estos manuscritos fueran censurados. En ellos Marx hacía referencia al "comunismo vulgar" del que años más tarde sería víctima, ese comunismo vulgar que manipuló sus ideas con toda intención para montar sobre su teoría marxista otro marxismo mutilado teóricamente. Resulta increíble que hasta el propio Marx haya sido censurado por los aplicadores de la ideología que él mismo creo.

En sus escritos era directa la crítica al comunismo ordinario y definía su vulgaridad como un conjunto de prácticas e ideas de doble moral que practicaban sus dirigentes de forma demagógica, y alertaba sobre la incompatibilidad de este comunismo con cualquier tipo de manifestación de la libertad individual.

Para Marx, los pensamientos sobre toda "propiedad privada individual se dirigen, al menos, contra toda propiedad privada más rica, en forma de envidia y deseo de reducir todo a un nivel común; de tal modo que esta envidia y nivelación constituyen, de hecho, la esencia de la competencia. El comunismo vulgar es solo la culminación de esta envidia y nivelación sobe la base de un mínimo preconcebido". (4)

La meta fundamental del ideario primero martiano y luego marxista que impulsó la revolución cubana cayó en la misma trampa extremista del marxismo vulgar y terminó tergiversando la verdad de su pensamiento, tal como lo hizo la vieja escuela bolchevique.

El revanchismo revolucionario pretendía arrebatarle a la burguesía los medios de producción, todo lo que comprendiera el inventario de los activos-país, y abolir cualquier reducto de propiedad privada positiva.

De manera populista, en 1960 exigieron la devolución de todos los bienes de producción que se encontraba en manos de la elite financiera para devolvérselo a los que consideraban legítimos propietarios, y en 1968 destruyeron todo reducto de pequeña y mediana propiedad privada que sobrevivía dentro del socialismo en Cuba.

El objetivo final era devolver a la sociedad, al pueblo y al hombre nuevo esos activos-país conquistados y arrebatados a la oligarquía opresora y explotadora. También había que eliminar las pequeñas y mediana empresas y regular la posesión de propiedades, para así evitar que los rezagos del capitalismo pudieran enfermar a la joven revolución.

Nunca se hacía referencia al real papel del Estado y a la función de la oligarquía comunista como el real poseedor de esos medios transferidos.

Detrás de este extremismo justiciero existía, ausente, el mismo factor abstracto que todos los movimientos progresistas de izquierda han obviado. Era necesario que alguien identificara a los verdaderos depositarios de estos activos-país, porque hasta ahora pueden ser tan subjetivos como el cuadro "naranja, rojo, amarillo" de Mark Rothko (1903-1970).

Ese depositario justiciero incómodo al que nadie mencionaba y que después le llamaron "Estado socialista" quedó en la abstracción o la interpretación en las etapas iniciales. Este error conceptual otorgaba a la cúpula de poder el papel de guardianes de las riquezas del pueblo, sin dejar bien explicito la forma en que lo manejarían.

¿Quiénes en verdad son los depositarios de los medios de producción social heredados de una revolución transformadora?: una oligarquía política y económica que maneja un partido único y una elite de poder encargada de administrar todos los recursos para el pueblo y en nombre del pueblo. Es decir, un reducido grupo millonario con poder de firma en una poderosa chequera que representa al pueblo.

Algo muy similar está sucediendo en el capitalismo neoliberal. En el caso de una posible revolución interna del capitalismo, ¿quiénes serían los depositarios de esa concentración económica que generaría el nuevo orden mundial financiero que derroque al viejo capitalismo?: una elite mundial, de poder económico y político, que administraría más del 90 % de los recursos financieros del mundo.

En ambos casos nosotros los individuos somos como menores de edad bajo la conducción de los tutores encargados de administrar las riquezas que producimos como un fideicomiso controlado por otros.

En una ocasión Habermas (1929) se refirió con asombro a cómo un grupo de hombres numéricamente pequeño, pero muy bien organizado, es capaz de dominar durante largo tiempo reinos inmensos e innumerables hombres con una estrategia bien trazada, y como a través de esta estrategia, en ciertas circunstancias, el poder de unos pocos puede evidenciarse como superior al poder de muchos.

Por ejemplo, en el caso del actual orden mundial, el 50 % del dinero que se mueve en el mundo está concentrado en ocho apellidos: Buffett, Ortega, Slim, Bezos, Gates, J.P. Morgan, Zuckerberg y alguno que otro más.

En Alemania están los Bertelsmann, en Suiza los Rothschild, los Bonnier en Copenhague (presiden el conglomerado Bonnier Group), en Inglaterra los Windsor, en Italia los Berlusconi, en España el grupo Prisa, en Brasil los Marinho (dueños del grupo Globo), en Canadá los Thomson-Reuters (dueños de la agencia de información y otra cartera amplia de empresas), en Estados Unidos los Bezos, Trump, Zuckerberg, Bloomberg, Koch, Vuitton, Page, Rodnie, Morgan, Busch, Rockefeller, Kennedy, Soros...

En Cuba, en cambio, la lista no es muy extensa después de 1959. El 100 % de la economía y la política nacional es controlada por los Castro-Espín y la oligarquía militar bajo su mando. Dominan todos los conglomerados económicos estatales y mixtos como Cimex —grupo económico que incluye tiendas minoristas, servicios de transporte marítimo, un renta-car y una distribuidora de joyas— y Medicuba, importadora y exportadora de productos médicos ligada al Ministerio de Salud Pública y el Palacio de Convenciones de La Habana. También poseen el control de Grupo de Administración Empresarial S.A. (Gaesa), el grupo empresarial de las Fuerzas Armadas Revolucionarias (FAR), cuya gestión abarca el Grupo de Turismo Gaviota —incluye un porcentaje importante de los hoteles de 4 y 5 estrellas de Cuba, la agencia de viaje Gaviota Tours, las Marinas Gaviota Cuba, la agencia de alquiler de autos Transgaviota y la empresa de insumos y servicios hoteleros AT Comercial S.A.—, Tecnotex y Tecnoimport (importaciones y exportaciones), TRD Caribe (supermercados minoristas de venta en divisa), Unión de Construcciones Militares, la Inmobiliaria Almest, la Zona de Desarrollo Integral Mariel y Almacenes Universales (servicios portuarios, aduaneros y transporte).

En el capitalismo-leninismo chino todo es posible, ser muy rico y comunista no es contradictorio. De hecho, el segundo hombre más rico de China y presidente del grupo inmobiliario Evergrande, Xu Jiayin, también milita en el Partido Comunista Chino (PCCh). Deng Xiaopin, padre del cambio, trazó los fundamentos del giro de China, como antiguo país hermético o de modelo marxista tergiversado, a un modelo más abierto al marxismo real. En un decreto publicado en 1984 afirmaba: "En los últimos años, China ha trabajado duro por superar errores 'de izquierda' y ha formulado sus políticas concernientes a todos los campos en concordancia con el principio de proceder desde la realidad y buscando la verdad de los hechos. Después de cinco años y medio las cosas han empezado a mejorar". (5)

Más adelante comentaba: "¿Hay alguien que pueda cambiar la actual política china de apertura al mundo exterior y vigorizar la economía doméstica? Si esto cambia, el nivel de vida del 80 % de la población china descenderá y habremos perdido el apoyo popular. Si estamos en la senda correcta y disfrutamos del apoyo popular, la política no cambiará". (6)

"La mayor parte de China debe continuar bajo el socialismo, pero se permitirá la existencia del sistema capitalista en algunas áreas como Hong Kong y Taiwán. Abriendo un grupo de ciudades del continente dejaremos entrar algún capital extranjero, el cual servirá como suplemento a la economía socialista y ayudará a promover el desarrollo de las fuerzas productivas socialistas. Por ejemplo, cuando el capital extranjero es invertido en Shanghái, esto ciertamente no significa que toda la ciudad se haya convertido en capitalista. Lo mismo vale para Shenzhen, donde el socialismo prevalece aún. La mayor parte de China continúa siendo socialista". (7)

El modelo chino, conocido como "un país, dos sistemas", propuesto por Deng Xiaoping para lograr la unificación de las varias Chinas en la gran China, establece la relación novedosa entre el relato dogmático socialista del partido y las empresas privadas. "Esta doctrina, si bien reconoce que China constituye un solo país, bajo el régimen de la República Popular China, se acepta que dentro de ese Estado chino unificado coexistan sistemas económicos y políticos diferentes en determinadas zonas, inclusive manteniendo el capitalismo en ciertas regiones del país en paralelo con el sistema socialista". (8)

Al parecer, en China si han releído correctamente los manuscritos de Marx y se ha establecido una relación armoniosa entre el dogma socialista y la economía de mercado. Tal es así, que para poder cotizar en la Bolsa de Nueva York necesitas el apoyo del Partido Comunista Chino para que Wall Street te abra las puertas.

La aplicación correcta de las ideas sobre la propiedad privada de Marx en China no deja de tener características singulares. Por lo general todas las empresas privadas que operan en la tierra del dragón rojo, incluidas las extranjeras, tienen una asociación con el Partido Comunista. Incluso la ley marca que para constituir una asociación comercial debe estar conformada con la presencia de algún militante del partido. Alibaba cuenta con cerca de doscientas asociaciones y se calcula que en la compañía trabajan unos siete mil afiliados al PCCh.

Los chinos han creado un modelo de convergencia combinando las dos medias partes incompletas para tratar de formar la naranja capitalismo-leninista. Considero que a la larga el modelo "un país, dos sistemas" evolucionará a uno superior: un país, un sistema. El acople que se está dando entre el capital y lo social en China ha sido estrategia para seducir el capitalismo desde el socialismo. Contrario a la versión china, las socialdemocracias de los países bajos, conocidas como el "estado del bienestar", desde hace más de un siglo ya vienen seduciendo al socialismo desde el capitalismo. Tanto los chinos como las socialdemocracias en los Países Bajos se acercan a un punto de perfección de la convergencia al que hemos llamado capitalismo-leninismo.

La conocida frase de Michael Harrington (1928-1989) "Socialismo para los ricos, capitalismo para los pobres" es aplicable para los pobres y para los ricos en cada sistema de manera indistinta.

Resulta curioso cómo muchos socialistas o comunistas, ya sean solo ricos, o en algunos casos millonarios, se inclinan por un nivel de vida similar al nivel de vida burgués alto, y los millonarios capitalistas, sin renunciar a los lujos burgueses, simpatizan con el socialismo, que a su vez es enemigo de la burguesía según el marxismo vulgar. Para abreviar, entonces vemos que tanto los socialistas de origen comunista o capitalistas no son incapaces de renunciar a sus niveles de vida burgués y les gusta pensar como capitalistas-leninistas.

En España, por ejemplo, es sintomático que las mayores fortunas son propiedad de personas afiliadas al pensamiento de izquierda. Les gusta pensar de manera liberal sin renunciar al modelo de vida burgués o capitalista.

Estas personas son ejemplos de políticos e intelectuales que han militado en el Partido Comunista, luchado por causas nobles o profesado simpatías con la izquierda siendo poseedores de importantes fortunas.

No digo que solo a los pobres les esté conferido el derecho de reclamar un mundo mejor. También es legítimo que los ricos piensen de forma liberal y progresista. Al final, del nivel de sus fortunas no depende que tiendan más a la derecha o la izquierda. El origen de las ideologías no es económico ni político, es puramente ideológico.

En la historia existen muchos de estos casos de convergencias ideológicas dispares en personajes con grandes fortunas y con inquietudes socialistas o de izquierda, como por ejemplo Federico Engels (1820), Harry Belafonte (1928), Jane

Fonda(1937), Silvio Rodríguez (1946), Ana Belén (1951), Bernie Sanders (1941), Joan Manuel Serrat (1943), Robert de Niro (1943), Juanes(1972), Maradona (1960), Sean Penn(1960), Anita Halkin y Cristina Fernández de Kirchner (1953).

Sucede que la derecha tiende a ser más conservadora a la hora de emitir sus juicios. Cuando tiene que aceptar que un millonario burgués piense o defienda las ideas de la izquierda lo considera una traición a su clase social. Es una incoherencia si lo vemos desde el materialismo dialéctico. El burgués conservador de derecha cae también en una traición a su clase de manera inconsciente, al juzgar al burgués de izquierda bajo las leyes del materialismo dialéctico marxista, según la cual el hombre piensa como vive. El primero, desde sus lujos, es sensible (como buen izquierdista) por los pobres. El segundo, desde sus lujos, hace un enfoque conservador aplicando un método filosófico contrario, el materialismo dialectico marxista, para interpretar el rol social de su clase sin saberlo. Ambas formas de pensar los hace susceptibles de ser valorados como traidores del capitalismo al que pertenecen o como portadores de una forma de interpretación conceptual errónea.

Otros han sido más coherentes con el principio materialista dialéctico. A pesar de ser influyentes figuras políticas e intelectuales de la izquierda no aplican en la categoría de traidores de su clase, ya que han mantenido un modesto estilo de vida y un bajo perfil económico, como es el caso de Ho Chi Minh (1890-1969), Nelson Mandela (1918-2013), Noam Chomsky (1928), Pablo Neruda (1904-1973), José Mujica (1935) o François Mitterrand (1916-1996).

A pesar de sus diversas motivaciones ideológicas, existe una realidad cuando ya eres parte de la elite financiera. Los ricos socialistas y los ricos capitalistas convergen en sus cuentas en Suiza, en el banco del Vaticano y en los paraísos fiscales y en sus lujos al estilo ideológico de Montecarlo. Los pobres en el capitalismo y en el socialismo también convergen en la obediencia y en la esperanza al estilo de la clase baja.

La hegemonía del capitalismo ha ido atenuando los niveles de antagonismos hasta el punto de que las elites capitalistas terminaron traficando con el vintage socialista y los incorruptibles líderes comunistas hicieron lo que era impensable: convertirse en comunistas al estilo Goldman Sachs.

Forbes, el UBS Bank, el OIR (Banco del Vaticano) y los paraísos fiscales le dan la bienvenida a las fortunas de los nuevos oligarcas socialistas o de izquierda. En el liderazgo del dólar se desvanecen las diferencias y los antagonismos entre socialistas y capitalistas cuando las partes se homologan como millonarios. Los oligarcas de los dos sistemas suelen converger en la Bolsa de Nueva York y a veces en el campo de golf.

China es en la actualidad el país líder en la lista de multimillonarios comunistas, según el banco suizo UBS y la firma auditora PWC. En 2018 el número de multimillonarios que rebasan los mil millones de dólares experimentó un aumento de 318 a 373 en solo un año.

El fundador del gigante del comercio electrónico Alibaba (versión china de Amazon), el camarada Jack Ma (1965), miembro del Partido Comunista, es el hombre más rico de China, con una fortuna calculada en 41,3 millones de euros. En 2014 protagonizó una de las salidas a bolsa más exitosas de Wall Street. Actualmente la empresa está valorada en más de 350 000 millones de euros.

Estas cifras (la mayoría obtenidas de la revista *Forbes*), suelen tener sus márgenes de error, algunos analistas no recomiendan trabajar con estos datos. A pesar de los prejuicios de algunos y los posibles márgenes de un 10 % de error que puedan tener algunos de sus estimados, es una herramienta prestigiosa y útil para obtener un acercamiento a un tipo de información que resulta ser muy resguardada, de difícil acceso y confidencial. Tiene el mérito de intentar llenar ese vacío con un margen de veracidad y confiabilidad respetable.

Los datos utilizados de las denuncias hechas por el diácono Jorge Sonnante, excolaborador del Papa Francisco, son citas textuales extraídas de entrevistas hechas al diácono por programas televisivos de prestigio y publicaciones reconocidas a las que cito por ser información pública. Aunque sujeta a verificación, considero de interés citar estas fuentes periodísticas, debido a la ausencia de estos datos en medios más confiables.

Forbes asevera que en Rusia existen hoy treintaiséis multimillonarios excomunistas, cuyas fortunas rebasan los mil millones. Según esta publicación, entre estos multimillonarios está Vladimir Putin (1952), un exoficial de la KGB hoy presidente, con un patrimonio calculado en 40 000 millones de euros. También existe otro número de nuevos millonarios por debajo de esa cifra que no son registrados por esta publicación.

Otro excomunista ruso es Mikail Khodorkovsky (1963), hombre del círculo de Putin. En 2003 se calculaba su fortuna en 15 000 millones de dólares.

Entre los millonarios comunistas chinos, el fundador de Midea, He Xiangjian, de 77 años, ocupa el puesto 45 en la lista global de ricos de *Forbes* con una fortuna de más de 24 000 millones. Guo Guangchang (1967), presidente de Fosun Group, uno de los mayores conglomerados privados de China, es propietario de una fortuna que alcanza los 6300 millones de dólares.

En 2016 *Forbes* definió a Fidel Castro como el séptimo mandatario más acaudalado del mundo. De acuerdo con la publicación, el Comandante socialista habría llegado a acumular más de 900 millones de dólares entre sus cuentas bancarias y sus inversiones en el extranjero hasta el momento de su muerte.

La conocida revista también hace mención a cuatro empresarios vietnamitas que recientemente figuran en su lista de millonarios comunistas mundiales.

El caso venezolano es un poco más impreciso, ya que es difícil rastrear el dinero con exactitud, pero se calcula que la fortuna de Diosdado Cabello (1963) ronde los 3500 millones de dólares.

Hugo Chávez (1954-2013), quien llegó a afirmar que "ser rico es malo", se calcula que dejó a su hija María Gabriela Chávez (1980) una fortuna de 4190 millones de dólares de herencia.

El sandinista Daniel Ortega (1945), en Nicaragua, aparece con una fortuna calculada en 3600 millones de dólares, según la revista *Suma*.

Un informe de la Fiscalía de Colombia, revelado por la W Radio, da cuenta de que entre 1995 y el 2015 las FARC (organización armada, hoy partido político de izquierda) obtuvo unos 1333 millones de dólares de ingresos.

El portal Índice Político señala: "Roxana Lizárraga, en su programa 'Ahora con Roxanna', éxito de la televisión boliviana, entrevista a un exservidor laico de Jorge Bergoglio que señala directamente al expresidente de Bolivia, Evo Morales Ayma, de tener a su nombre una cuenta bancaria por 325 millones de euros en el Banco del Vaticano (IOR) y de ser el apoderado legal de dos cuentahabientes bolivianos, que resultaron ser sus colaboradores cercanos: el vicepresidente Álvaro García y Gabriela Zapata; ambas cuentas por 17 y 135 millones de euros, respectivamente, en la misma institución del Estado Vaticano". (9)

También el portal colombiano El Expediente cita otra entrevista del diácono Sonnante en la que asegura: "El expresidente de Colombia Juan Manuel Santos figura como titular de la cuenta 001-3-16764 con un saldo de 390 millones de dólares, asociados a Inc Global Tuition & Education Insurance Corporation, la misma firma que apareció en el informe conocido como 'Papeles del paraíso' que señalaba dineros ocultos en Barbados". (10)

El mismo portal publica una entrevista del periodista Herbin Hoyos con el diácono de la Iglesia católica Jorge Sonnante, en la que este señaló la existencia de una posible cuenta vip en el banco del vaticano (IOR) del expresidente de Ecuador Rafael Correa por 193 millones de euros. (11)

Y así sucesivamente podríamos citar otros reconocidos nombres de la izquierda que son merecedores de pertenecer a esta selecta lista de oligarcas socialistas que convergen con los oligarcas capitalistas en la ideología de Montecarlo.

El equilibrio que se está dando entre multimillonarios de ambos lados es otro síntoma de distinción y de confluencias entre los dos sistemas antagónicos. Esta equidad monetaria entre millonarios de un lado y del otro los hace converger en un nuevo orden mundial. Este nuevo orden les facilita un espacio homogéneo de convergencia en el que el dólar esta despolitizado y coexisten una zona financiera desideologizada conocida como ideología de Montecarlo.

En ambos sistemas se ha dado una concentración de mucho poder financiero en manos de una elite oligárquica posicionada en la punta de cada poder. Tal concentración de riquezas trae consigo naturalmente la concentración de otros poderes centralizados a nivel político, militar, local y global y la necesaria homologación con los otros poderes en manos de las otras oligarquías financieras en un mundo interconectado.

Zbigniew Brzezinski(1928-2017) avisaba de los peligros de este abstraccionismo populista en su libro *The Tednotronic Era,* publicado en 1972. Brzezinsky aseguraba de manera visionaria que la era tecnotrónica nos arrastraría poco a poco a una sociedad más controlada, y ese control sería ejercido por una elite no interesada en preservar los valores tradicionales. Posteriormente nos alertaba que a través de los supuestos valores nuevos se harían cada vez más del control total e impondrían un modelo no conservador.

La ventaja de los millonarios socialistas en esta era tecnotrónica es que primero lograron consolidar el control totalitario en nombre del pueblo y una vez consolidados en el poder comunista se convirtieron en multimillonarios injustificados, a diferencia de los multimillonarios capitalistas, que primero crecieron como multimillonarios justificados en el liberalismo tecnotrónico y después concientizaron la necesidad de imponer el control autoritario en el mundo, para cerciorarse de que nada pueda poner en peligro la estabilidad del capital financiero global injustificado que poseen.

En el latín existe una frase muy elocuente para entender este fenómeno aparentemente ambiguo: "Quod licet Iovi, non licet bovi" (Lo que es lícito para Júpiter, no es lícito para todos). Resume las relajadas normas de comportamiento que la élite socialista burguesa aplica a sí misma y la doble moral hipócrita con la que aplican las normas más austeras de manera autoritaria a sus gobernados.

Deng Xiaoping, posmarxista genuino y padre de las reformas, describió sin hipocresía y con claridad la convergencia que existe entre capitalistas-leninistas en China cuando dijo: "Enriquecerse es glorioso, y algunos lo han hecho realidad. Y son buenos comunistas". (12)

La crisis de los tulipanes

"Todo el mundo sabe que la apuesta está arreglada
y aun así, juegan esperando un golpe de suerte.
Todo el mundo sabe que la guerra terminó.
Todo el mundo sabe que los tipos buenos perdieron.
Todo el mundo sabe que la lucha es desigual,
el pobre sigue pobre y el rico seguirá enriqueciéndose.
Así va la cosa, todo el mundo lo sabe.
Todo el mundo sabe que el barco se está hundiendo.
Todo el mundo sabe que el capitán mintió.
Todo el mundo tiene esa horrible sensación
como cuando muere su padre o su perro.
A todo el mundo le importa el dinero.
Todo el mundo quiere una caja llena de chocolates
y una rosa de tallo largo". (1)
Leonard Cohen (1934-2016)
Fragmento de la canción "Everybody Knows" (1988)

Después de disfrutar el filme titulado *Tulip Fever* y escuchar "Everybody Knows" o "The Future", me convenzo cada vez más de que debemos consultar la historia de manera periódica, ya sea a través de los libros, la música o el cine. Soy un amante de las canciones de Leonard Cohen y del cine de época en particular, porque ahí he encontrado algunas respuestas a muchas inverosímiles verdades que yacen ocultas detrás de las verosímiles mentiras que nos rodean.

El largometraje *Amor y tulipanes*, realizado en el año 2014 y estrenado en el 2017, fue dirigido por Justin Chadwick y contó con las actuaciones principales de Alicia Vikander, Christoph Waltz y Judi Dench. La historia, en su primer hilo argumental, narra un simple conflicto romántico que tiene

239

como telón histórico de fondo la primera burbuja inflacionaria conocida como "la crisis de los tulipanes".

Sophia, interpretada por Alicia Vikander, es una afortunada huérfana que logra salir del orfanato en el que vivía para casarse con un próspero comerciante mayor que ella de nombre Cornelis, interpretado por Christoph Waltz. Cornelis, perdidamente enamorado de su hermosa esposa, decide contratar a un joven pintor para que realice un cuadro familiar. La joven Sophia se enamora del pintor y aquí comienza una historia de infidelidades y otros sucesos que no les voy a contar para no arruinarles el interés por el desenlace.

Mientras esta primera línea dramatúrgica transcurre en la película, existe una subtrama que se enfoca continuamente en hacer referencia a la especulación financiera que se dio en Flandes, conocida como la "bulbomanía".

Los tulipanes llegaron a Europa desde Constantinopla (hoy Estambul) y se convirtieron a partir de 1620 en productos muy exclusivos y cotizados en el mercado de Flandes y Francia. Como su tiempo de cultivo es lento, el abastecimiento de tulipanes en el mercado no pudo satisfacer todos los pedidos, y esto trajo consigo el desabastecimiento del producto. La demanda fue mayor que la oferta y por eso se empezaron a cotizar los bulbos para no frenar la euforia del mercado. La especulación financiera no podía esperar por los años que demoraba el cultivo y el bulbo sustituyó a la flor. Con esta proyección a futuros empezó el primer antecedente de especulación financiera que se recuerde.

Esta cotización del bulbo y no de la flor generó un tipo de inversión que apostaba al futuro. Esta apuesta especulativa por algo que va a desarrollarse más adelante y que está por ver es el primer antecedente de los mercados a futuro tal y como hoy los conocemos hoy en las diferentes bolsas del mundo.

En 1623, mientras Sophia le era infiel a su esposo Cornelis, en las tabernas bursátiles se llegó a pagar hasta mil florines por un bulbo de tulipanes, cuando el sueldo anual promedio era de trescientos florines aproximadamente. Uno de estos bulbos llegó a alcanzar el equivalente al valor de una casa en 1635. El 5 de febrero de 1637 se alcanzó en el mercado la cifra récord de noventa mil florines (unos noventa mil dólares).

Al día siguiente intentaron subastar medio kilo de bulbos por la cantidad de 1250 florines y no se vendió. Ese 6 de febrero se prohibieron oficialmente estos precarios mercados bursátiles que operaban clandestinos en los bares, lo que produjo el gran crack de la bulbomanía.

El nivel de especulación fue tan grande que el Gobierno se vio obligado a intervenir y frenar esas prácticas ilegales. La burbuja estalló, dejando en ruinas a miles de personas que habían empeñado sus patrimonios para poder apostar en el mercado. El estallido produjo una resección enorme en Ámsterdam, llevó a la quiebra, al suicidio y a la miseria a miles de holandeses.

Otro maravilloso filme, *La gran apuesta* (The Big Short), se realizó con un presupuesto de 28 millones y fue magistralmente dirigido por Adam McKay. Se estrenó el 11 de diciembre de 2015 y está basada en el libro de Michael Lewis, interpretado en esta cinta por Christian Bale. La película narra la historia de cuatro raros visionarios que se percatan de la inminente quiebra del mercado hipotecario en Estados Unidos desde 2007. Viendo lo inevitable del estallido, deciden apostar a riesgo en contracorriente al sistema y sacar provecho del supuesto colapso financiero que se avecinaba.

Contra todo pronóstico y a contracorriente, Michael Lewis y el resto de los visionarios compran bonos de incumplimiento llamados Swaps, que no eran más que recursos financieros que adquirían el riesgo de una deuda de las compañías hipotecarias en caso de quiebra del mercado o en caso de una moratoria de pagos hipotecarios.

Los grandes fondos de inversión y los bancos estaban tan eufóricos que accedieron a vender esos bonos de protección porque estaban convencidos de que no los necesitarían, el mercado estaba sólido y era impensable que se prendieran las alarmas por una crisis. Michael Lewis se percata de que el mercado estaba en el peor momento de inflación de la burbuja, lo que era directamente proporcional a la etapa de mayor euforia y rendimiento. Como todos estaban ganando cifras ridículas, nadie se detuvo a ver la parte inmoral y el cóctel molotov que se estaba formando en las apuestas hipotecarias en Wall Street. El sentido común indicaba que la espiral de especulación llegaría a un punto en que los impagos se dispararían. Ese era el momento de dar el golpe y vender los swaps.

Estos arriesgados visionarios se enriquecieron en un momento de desgracia del sistema económico norteamericano. Lo que hicieron es muy cuestionable desde el punto de vista del moralismo ortodoxo. Eran conscientes de que si la burbuja explotaba cerrarían el trato más jugoso de sus vidas, y si el sistema colapsaba edificarían unas enormes fortunas personales sobre los escombros de los sueños del pueblo norteamericano, sobre el desempleo, sobre la quiebra de los negocios, sobre el empobrecimiento de la clase trabajadora, la pérdida de cinco mil billones de dólares para la economía nacional, los incontables suicidios y la pérdida del techo de ocho millones de familias. Además de convertirse en multimillonarios, solo les reconfortaban dos cosas más: demostrar que estaban en lo cierto y darle una bofetada sin manos a la cleptocracia

La distribución de la riqueza es demasiado importante como para dejarla solo en manos de economistas, sociólogos, historiadores. Según Thomas Piketty, esto atañe a todo el mundo y más vale que así sea.

El meollo de la cuestión en torno a la distribución de las riquezas no es en sí la distribución de la riqueza, porque esta nunca ha sido justa ni equitativa a lo largo de la historia. El problema surge cuando este control de la distribución de la riqueza se deja en manos de financistas, banqueros y políticos plutócratas. Cuando esto sucede, las riquezas pasan de una distribución a una apropiación, de una administración a un saqueo, y los estragos negativos se harán sentir en lo social.

La falta de sensibilidad por el bienestar social de los comerciantes y especuladores ha sido una constante a lo largo de la historia del surgimiento del comercio. Desde entonces ha peleado la autonomía para especular dentro de la legalidad. Hace seis siglos venimos repitiendo el efecto Robin Hood invertido. A diferencia de la literatura y el cine se roba a los pobres para dárselo a los ricos. Nadie aprende de lo acumulado en la historia desde 1637, con la primera crisis producida por una burbuja inflacionaria.

La respuesta resulta más obvia que la pregunta: por parte de las elites económicas no ha habido interés en corregirlas, sino todo lo contrario, se han empeñado en perpetuarlas. Los que dan las órdenes siempre han sido los mismos. Los métodos de control y enriquecimiento también. Los bancos y los fondos de inversiones necesitan que las crisis negativas se den de manera cíclica para poder mantener su hegemonía y su control, ya que generan a su paso la acumulación de constantes deudas que le sirven a la cleptocracia como mecanismo de control, dependencia y enriquecimiento.

Después de la crisis de los tulipanes empieza un ciclo enfermizo de recaídas constantes que ha llegado hasta hoy.

La segunda caída fue conocida como la Crisis de los Mares del Sur, provocada por la quiebra de dos empresas de origen inglés y francés que pretendían especular con la compra de deuda pública de Estados Unidos. Al fracasar, crearon una segunda espiral de quiebras en Europa, con nefastas consecuencias para la economía.

En 1797 surge otro pánico financiero, producido por la fuga de capitales golondrinos en Inglaterra. La salida abrupta de estos capitales especulativos por razones de fragilidad política provocó otra enorme crisis contagiosa en Europa.

Un cuarto pánico se produce en 1819, cuando explota la insolvencia de pagos de unos créditos especulativos que anteriormente brindaron a la agricultura los bancos en Estados Unidos. Esta crisis de pagos llevó a la quiebra a miles de empresas del sector y varios bancos intermediarios.

El pánico de 1837 surge cuando el entonces presidente Andrew Jackson suprimió el soporte jurídico al US Bank, desatando una crisis de la que se tardó cinco años en recuperarse.

Después de un periodo de calma, en 1857 vuelve a explotar otra burbuja, que se convirtió en la primera gran crisis a nivel mundial.

En 1873 se produce la gran recesión mundial, conocida como la gran crisis financiera de Viena.

Como si no bastara, en 1884 se da otro shock por la quiebra masiva de los bancos en Estados Unidos. Esta, como ya era costumbre, se contuvo por la intervención del Gobierno con un cuantioso rescate. Dejó diez mil empresas en bancarrota.

En 1901 se produce un nuevo caos económico, causado por la disputa entre los grandes bancos en Estados Unidos por el control del ferrocarril del Pacífico Norte.

No olvidemos el llamado "pánico de los banqueros", que surgió posteriormente, en 1907.

En 1929 estalla el gran crack financiero, conocido como "La gran depresión", causada una vez más por las altas utilidades que venían obteniendo los inversionistas en las bolsas de Estados Unidos a través de la especulación desde 1925. El llamado "jueves negro" del 24 de octubre de ese año, como ya es sabido, devino el estallido de la burbuja. El efecto contagioso de esta crisis fue fulminante a nivel mundial, hundiendo al mundo en una gran depresión que le dio nombre a esta megacrisis.

Esto no termina, amigos. En 1937 se produce otro pánico financiero, entendido como una recaída derivada del crack de 1929.

En 1973 la especulación de los precios del petróleo dispara el detonante que hace estallar la burbuja especulativa, dando paso a la llamada "crisis petrolera".

En 1987 explotó la "crisis asiática", que reventó por la bolsa de Hong Kong, contaminando los mercados asiáticos y posteriormente el resto de los mercados del mundo.

En 1994, con la firma del TLC (Tratado de Libre Comercio), se produjo la crisis conocida como "Efecto tequila", que se originó en México por la especulación de los bonos del gobierno mexicano.

Ya para 2000, con el auge de internet, los inversionistas y banqueros encontraron otro rubro para especular y ganar dinero rápido: el sector tecnológico. Esta crisis especulativa fue conocida como "la crisis de los puntocom".

Por último, el 15 de septiembre de 2008 estalla el pánico de los Suprime, la crisis de Lehman Brothers, a la que se refiere la película *La gran apuesta*, de la que hablamos anteriormente. Esta crisis se produce por la explosión de la burbuja inflacionaria en torno a los créditos hipotecarios tóxicos. Esta especulación fraudulenta gozó de las facilidades que le permitieron la desregulación financiera y la complicidad de George Busch y Barack Obama con los banqueros y con los fondos de inversión. Por eso Marx se refería al gobierno del Estado moderno como un comité de administración de los negocios comunes de toda la oligarquía financiera.

Ahora que vamos en camino de una nueva recesión, reconocida como "La gran depresión de la covid-19", debemos incluirla en esa espesa lista de pánicos cíclicos. Pero, ojo, no nos engañemos, esta crisis no es una crisis normal.

Para evitar detonar la nueva burbuja que se avecinaba para el 2020, el poder global concibió una "falsa bandera" mediante la sospechosa propagación de un virus elaborado en Estados Unidos y dispersado por un laboratorio mandarín para encubrir la inminente explosión de una gran recesión y desviar el interés hacia un culpable biológico. Esta "falsa bandera" ha servido para experimentar un exitoso ejercicio de control social que les permitió medir el nivel de dominio del mundo que tiene la elite que gobierna realmente. También ha servido como un recurso de catalización acelerada de una agenda de cambios trascendentales que estaban pendientes y avanzaban con mucha lentitud.

La propagación tan rápida de un virus denominado sars-cov2 ha colapsado el sistema circulatorio del capitalismo, frenando el consumo y deprimiendo considerablemente el sistema rotativo de la oferta y la demanda. Las medidas antivirus que se tomaron son un veneno para la economía. El aislamiento social exigido para evitar su contagio asfixia el funcionamiento social y económico. Este Black Swan disociativo nos obligó a escoger entre la salud o la crisis financiera. Como dice el refrán, "no se sabe que es peor: el remedio o la enfermedad".

Esta pandemia es el resultado del llamado "efecto Thucydides", o mejor dicho, es el resultado de un enfrentamiento de dos potencias por el control mundial, que pasó de una primera fase clasificada como guerra comercial a una segunda, caracterizada por una nueva escalada de guerra biológica.

No estamos frente a una simple crisis pasajera u otra de las tantas crisis financieras recurrentes causadas por las euforias especulativas, sino de la gran crisis del sistema capitalista global como estructura vencida.

Un colapso estructural del sistema capitalista (por ser dominante) produce un enorme contagio hegemónico al resto de todas las zonas geopolíticas del planeta. Se convierte en una crisis a mayor escala que escapa de los predios de las finanzas interconectadas para convertirse en la gran crisis de la civilización moderna. Es una crisis de los valores por los que apostamos, de los valores por los que nos regimos y por ende es una gran crisis de los valores individuales.

Las constantes crisis provocadas por las burbujas y las quimeras han provocado reducción en los ingresos anuales, pérdida de propiedades, reajustes económicos en el nivel de vida, conversión de muchos propietarios de negocios en empleados, disminución del "autoexplotado" o dueño de negocios e incremento de los explotados o asalariados.

La clase media ha tenido que abandonar el modelo de vida holgado y ha pasado al modelo de vida ajustado. Se han visto forzados a cambiar drásticamente sus costumbres y pasar por un proceso selectivo de racionalización y de ajustes severo, del modelo de suficiencia económica al modelo de dependencia del subsidio del Estado asistencial. Han dejado atrás el sosiego económico y padecen hoy la angustia constante por la pérdida del estatus.

Sería importante definir a qué llamamos clase media: aquellos con un ingreso anual promedio entre los 60 000 y los 120 000 USD al año. Se calcula que este nivel de ingresos anuales es suficiente para poder cubrir las necesidades básicas y además ahorrar o invertir holgadamente.

Según la profesora de Sociología Elisa Chuliá "No todo es ingresos. Ser clase media también tiene que ver con ahorros, patrimonio disponible, estilo de vida, nivel cultural, hábitos de consumo..." (1). En Estados Unidos y buena parte del mundo se tabula por el nivel de ingresos anuales. En síntesis, viéndolo de manera simple, la clase media es la capa que se ubica como intermediaria entre la clase baja y la clase alta.

Bajo estas unidades de medida clasista, nadie duda que la clase media se ha reducido. El reacomodo clasista indica cifras descendientes debido a un incremento de las desigualdades en el mundo. Algunos, alarmados por la caída abrupta del nivel de vida, consideran que estamos frente a una extinción de la clase media. No es correcto. Si bien ha habido un descenso significativo, esto no quiere decir que esté en extinción.

En la distribución de la riqueza en Estados Unidos, la clase alta poseía un 60% en 1983. En el 2016 había crecido al 79%. Sin embargo, en ese mismo 1983 la clase media poseía el 32% de esa riqueza, y en cambio en 2016 solo poseían el 17%.

Algo similar sucedió con la clase baja. En 1983 poseían el 7% de la distribución de la riqueza, y en 2016 había perdido participación y se ubicaba en el 4%.

Como vemos en estas estadísticas comparativas que marcan los índices de la distribución de la riqueza en Estados Unidos entre 1983 y 2016, la clase alta subió un 19%, llegando a acaparar casi el 80% de las riquezas. La clase media decreció un 15%, ubicándose por debajo del 20%, y la baja disminuyó un 2%. Evidentemente estamos frente a un desequilibrio social considerable a favor de una sola clase.

Según estudios, se calcula una disminución de casi 60% en Europa de la clase media. Según CNN, los estadounidenses de clase media ahora conforman menos de la mitad, el 49,9% de la población, por debajo del 61% de 1971. Es decir, hoy en Estados Unidos existe un 50% de concentración de la población en la clase baja.

México, un país exportador de petróleo, segundo socio comercial de Estados Unidos y segunda economía más grande de Latinoamérica, contaba en el 2010 con una clase media que, según cifras, alcanzaba el 39,16%. Un artículo publicado en *The*

New York Times, basado en los resultados de un sondeo realizado en este 2020, aclara que el 61% de los mexicanos creen que son de clase media, pero la realidad es que solo el 12% de la población pertenece a dicha categoría. Los ricos o la clase alta también se han reducido, ya que solo constituyen el 1% de la población.

Según los parámetros, para ser de clase media en México se debe contar por hogar con un ingreso mensual de sesenta y cuatro mil pesos moneda nacional, que son aproximadamente unos 3000 USD. Ese salario solo lo obtienen el 10% de las familias mexicanas. Como vemos, es una realidad que la clase media mexicana se va extinguiendo severamente a causa de la repartición desigual de la riqueza que impera en México y en el mundo, diseñada para debilitar y restarle fuerza al papel social de la pequeña y mediana burguesía.

Este desequilibrio ha provocado una enorme crisis de confianza en el sistema. El enojo clasista los obliga a arroparse o refugiarse en el extremismo tanto de derecha como de izquierda. El socialismo, olvidado en un cajón, renace como opción y salida de una clase social a la que se le exigió que fueran disciplinados, obtuvieran buenas carreras y se mantuvieran ajenos a los conflictos sociales, en fin, se portaran bien, y a cambio serian felices *forever* y disfrutarían del sueño americano.

La polarización de las riquezas en manos de unos pocos ha incentivado el sentimiento de engaño, de envidia social y la desmitificación del sistema. De esta gran masa de desilusionados, algunos son los nuevos militantes del socialismo inacabado o del capitalismo incompleto. La gran masa descontenta del capitalismo, desgajada del lugar social, es la cantera de muchos nuevos capitalistas-leninistas.

La expansión acelerada del apetito devorador de la alta burguesía provoca un temor horrible en la clase media y la pequeña y mediana burguesía, ya que se sienten amenazadas y en peligro de extinción. Es el miedo a la derrota de las clases medias y la clase trabajadora por parte de la elite cada vez más poderosa, con la ayuda de los socialistas. En este caso lo social se puede ver desestabilizado, la clase media se puede aliar con la clase baja para luchar contra la elite burguesa y evitar que no continúe empujándola hacia el hueco negro de la proletarización.

En el capitalismo tóxico se abandonan los centros y aumentan peligrosamente los índices de insatisfacción social cargados a los extremos. Existe una complicidad entre los extremos para extinguir la clase media.

En el socialismo, la escasa clase media es controlada y suscrita a una zona social de privilegios autorizados por el Estado. Para poder mantener la autoridad sobre los espacios más problemáticos donde residen los artistas e intelectuales y empresarios (zona incómoda), se crean pequeños espacios experimentales donde se administran las libertades y se sortean los estímulos individuales como trofeos entre los comprometidos o leales.

Estos privilegios coexisten en el esquema social como zonas francas, aparejados a la penuria generalizada que padece el resto de la población sumida en la precariedad. Cuando se llega a este punto, algunos incluso tienen la sensación de sentirse libres y útiles. "Es esa libertad sentida que está ausente" (2) la que coopera con la perpetuación del sistema político en el tiempo a través del adormecimiento intelectual, su comprometimiento y el desvanecimiento del compromiso social del arte, el pensamiento y la economía.

El hombre común, no favorecido por esa división social del trabajo, sin acceso a esa zona franca de libertades administradas, no encuentra remedio ni consuelo a su malestar en la cultura ni en el arte, ni tampoco puede ser pequeño empresario. Esto acentúa en los individuos "disciplinados" aquella "dificultad de vivir" a la que se ha referido Jacques Lacan en varias ocasiones.

Recordemos que en la clase media se originan los ideólogos de los cambios que históricamente han sucedido en el mundo. Siempre ha sido una herramienta política para la estabilidad política de los estados democráticos y por ende capitalistas. Si bien la clase obrera es la mano de obra, en la clase media está el motor y la inventiva que dinamiza las fuerzas productivas, tanto estatales como privadas.

Una sociedad sin clases (o con pocas clases) nos acerca más al modelo del revanchismo socialista que a un modelo realista de sociedad. Cuando el capitalismo tiende a simplificar la diversidad de clases establece una empatía con el modelo marxista en el que se simplifican de manera sustancial las clases. El empobrecimiento colectivo enfatiza la inmortalidad del socialismo. Para el capitalismo acarrea otro problema que denota una falla en el sistema, ya que la clase media es un factor político de equilibrio y un signo de prosperidad.

Si bien nunca ha habido un capitalismo justo socialmente, su injusticia se acentúa cuando lo abandona la prosperidad y la distribución de la riqueza se convierte en su concentración. Solo cuando la distribución de la riqueza se desconcentra y drena a lo social de manera menos desigual, entonces reaparece la prosperidad repartida entre los diferentes espacios sociales. Es ahí cuando el capitalismo alcanza su mejor versión de justicia social dentro de su consabida desigualdad endémica.

Cuando la riqueza se concentra en pocas manos, desaparece la función de intermediación de las clases medias y el tránsito de un polo a otro de la sociedad es más brusco y más contrastante. Este recorrido brusco de un polo de opresión a otro polo oprimido, al no contar con las zonas intermedias encargadas de proporcionar la degradación social, radicaliza el lenguaje de los oprimidos. La elite económica queda abandonada en la torre del castillo perdiendo contacto con la base social.

Si estos desequilibrios no se logran nivelar y sigue aumentado la concentración como todo parece indicar, estaremos ante una revolución interna generada por la pequeña burguesía empobrecida. Sus efectos lo veremos desde el arte, en las urnas, en el pensamiento filosófico, en lo ideológico y en la calle.

Los anteriores modelos de revoluciones burguesas que se dieron en los siglos xviii y xix, como la Revolución Francesa en 1789 y las revoluciones de 1820, 1830 y 1848 en Europa, se caracterizaron por tomar como valor absoluto las ideas de libertad e igualdad apoyadas conceptualmente en las ideas de la Ilustración. El elemento central de estas oleadas de descontento fue la participación de la burguesía como impulsora.

A pesar de que algunos historiadores no consideran la revolución de las trece colonias de 1776 en Estados Unidos como una revolución burguesa, una mayoría sí está a favor de considerar esta revolución como burguesa. Creo meritoria incluirla como antecedente histórico digno de consulta.

Ante el temor de cambios sociales, estallidos y el auge de una filosofía de resistencia o rebotes marxistas de neoderechas, autoritarismos o neofascistas causados por la repartición desequilibrada de las riquezas, la elite financiera apelará a medidas tecnológico-comunistas como el control dataísta, la inclusión del chip intracorporal, los sistemas de reconocimiento facial, la moneda electrónica única, el espionaje desde la central de inteligencia de Silicón Valley, las radiaciones de ondas, la planificación de un nuevo orden totalitario aplicando el control absoluto no visible convergente con el modelo socialista de control. No en balde están apresurados en lograr la implementación de estos sistemas de control, porque se temen fuertes sismos sociales. Con la salvedad de que en el socialismo los instrumentos de opresión son visibles exprofeso y aquí serán lo más intangibles posible.

Con la concentración de poder en una elite financiera, tal parecería que los muy ricos son los enemigos de clase intermedia. Esto homologa ideológicamente a la clase media con el sentir de la clase baja, formando un bloque compacto que divide contrastantemente a la sociedad en dos grupos bien identificados sin mediaciones. La masa de desilusionados crecerá sin control.

Se está dando una polarización de la sociedad entre unos pocos contra unos muchos. En esta desigualdad contrastante estuvo el origen del marxismo y el fascismo como plataforma teórica de los nuevos cambios.

Lo que sucede es que los grandes oligarcas, en su ceguera y avaricia, arrinconarán al resto de los ciudadanos a buscar explicaciones en un socialismo, en la neoderecha o una izquierda de manera involuntaria. También arrinconan a los gobiernos a incorporar un gran número de reformas socialistas para suplir el desequilibrio y frenar la rebeldía pequeñoburguesa.

Tendremos un capitalismo toxico y una pequeña burguesía intoxicada salvados de su toxismo por el reformismo socialista, convergiendo en un modelo de capitalismo-leninismo en el que el Estado será cada vez más fuerte e iremos del polo opuesto de la desregulación total al sistema de regulaciones excesivas. Un Estado poderoso y extremadamente inclusivo no es más que una burocracia al peor estilo socialista dentro del capitalismo.

Esta compresión social que distribuye las fuerzas hacia los extremos hace que la clase media busque soluciones en la combinación de otras ideologías y el viejo relato de la injusticia social marxista ocupe esas zonas vacías dejadas por las clases medias y por la ausencia del bienestar. El oportunismo marxista subsiste donde se le permite.

El neoliberalismo, reservado nada más para los muy ricos, obliga al capitalismo a no tener más opción que compartir su espacio con el socialismo.

La construcción del capitalismo saludable, compuesto por varias clases intermedias, es cada vez más dudoso. Tal pareciera que a los líderes neoliberales o los más ricos no les importa la salud de su propio sistema. Supuestamente ellos, por ser los más favorecidos, deberían ser los centinelas de la salud del modelo capitalista.

El adelgazamiento de la clase media no es bueno para el liberalismo, solo es favorable a la elite económica, al socialismo y al comunismo conservador.

Tal es la incoherencia en el obrar de este poder financiero y en el de algunos políticos, que cualquier blog especulador aseguraría que J. P. Morgan, Merrill Lynch, Warran, Buffet, Amancio Ortega, Carlos o Slim (por citar algunos de los diez primeros de la lista *Forbes*) tuvieran una agenda trazada para precipitar la convergencia del capitalismo-leninismo con la intensión de sustituir el neoliberalismo tóxico a corto plazo.

Quizás otra tesis un tanto más especulativa, pero igualmente conspirativa, sería que la clase media constituya un posible estorbo para el nuevo orden mundial y sea necesario debilitarla, ya que siempre ha sido el real ejército de mediación en las democracias y los defensores de las libertades individuales que se quieran abolir. Mientras más robusta sea la clase media, mas sólida será la democracia y menos posible implementar las medidas de control y opresión de corte socialistas que desean implantar en la agenda del NOM imperialista europeo.

Tal vez la verdad esté en la convergencia de un poco de ambas teorías conspiracionistas, o en la afinidad total entre las dos.

Una clase media robusta es una garantía para la paz democrática y es un síntoma de buena salud económica del capitalismo liberal e incluso de las democracias socialistas nórdicas. Para Aristóteles, la consolidación de una poderosa clase media debía ser una aspiración de toda sociedad democrática.

Es por eso que los sistemas totalitarios socialistas se encargaron de nacionalizar los medios de producción a la pequeña y mediana burguesía (en contra de lo ya dicho por Marx en sus manuscritos), para poder ejercer el poder totalitario sin obstrucción.

La usencia de una clase media en el socialismo elimina todo obstáculo clasista para poder llevar a cabo la dominación igualitarista. La ausencia de una clase media socialista es directamente proporcional a la ausencia de democracia y de libertades.

Los vestigios que puedan existir de clase media en el socialismo clásico yo no los llamaría clase media, sino más bien una capa favorecida adormecida. Sus privilegios dependen de su buena conducta para con el Estado, que es al fin y al cabo quien decide sobre quién es merecedor de esos privilegios, al ser el dueño de todos los tipos de propiedad privada.

En el modelo chino de "un país, dos sistemas" la convivencia del comunismo con la clase media y alta se da de manera muy particular. Siendo China el segundo país del mundo con récord de multimillonarios, desde los multimillonarios **hasta** la clase media están obligados a la contradictoria relación de militancia dentro del Partido Comunista Chino (PCCH). También es conocido que la clase media china no está interesada en ser militante del PCCH y tiene una afinidad con el modelo ideológico capitalista, no reside en China y existen cifras no comprobadas de algunos millonarios no militantes del PCCH desaparecidos.

Las oligarquías socialista y capitalista se homologarán tanto en sus riquezas como la coincidencia de métodos de empobrecimiento como fórmulas efectivas para el logro de más controles y más dominio. Para ambas oligarquías la clase media significa un terrible dolor de cabeza.

Cuando existe una amplia clase baja generalizada, la estabilidad democrática corre peligro. Quizás este empobrecimiento se haya instrumentado exprofeso para consolidar una pobreza comunal como experimento de una forma de dominio dentro del capitalismo-leninismo.

En los países con tradición democrática y liberal este enfrentamiento con la clase media sería el caldo de cultivo para el surgimiento de transformaciones sociales y cantera de extremismos ideológicos y antidemocráticos muy similares a los ocurridos en 1917, en 1959 y ahora en 2020, que al final nos acercarían a modelos más socialistas y antidemocráticos.

La clase alta está interesada en mantener su insaciable sed depredadora a toda costa, aunque destruya el equilibrio del bienestar social. Como no es ajena a las consecuencias nefastas que estos desequilibrios traen, trata de imponer el socialismo burgués para encausar el capitalismo descontrolado a través de las metodologías de control ya practicadas por el socialismo y ejercer una dominación capitalista del proletariado con los instrumentos comunistas. Con esta manera de capitalismo-leninismo alejada del capitalismo salvaje, el poder financiero neomenchevique se esfuerza por mantener a la pequeña burguesía proletarizada y a la clase baja más empobrecida, esperanzadas con el nuevo giro socialista justiciero demagógico y las ventajas de la democracia económica para atenuar los excesos radicales de la masa descontenta con la instauración de un gobierno amplio que no sea ni burgués ni proletario.

Como el nuevo orden mundial trae consigo el aumento a nivel global de la apetencia predatoria de la alta burguesía, se necesita la contaminación con el totalitarismo socialista para reproducirse y asegurar su supervivencia. Esta es la razón de que la alta burguesía necesite imponer un nuevo orden capitalista-leninista que le garantice el control del Estado, ya que le es imposible frenar su adicción predadora, creadora de desigualdades.

Mientras se simplifican las clases sociales, se ausente el bienestar en lo social, se distribuyan de manera desigual las riquezas y se siga extinguiendo la clase media, será más acelerado el proceso de convergencia entre el capitalismo y el socialismo en un modelo de capitalismo-leninismo.

Los instrumentos políticos son los mismos

Para el poder financiero internacional es imposible consolidar un Estado supranacional que sea capaz de garantizar un control colectivo de la sociedad global sin el apoyo de un grupo de instituciones de igual alcance global que ayuden a instrumentar ese control de la colectividad mundial. Para ejercer un poder totalitario a nivel mundial se suele controlar a los países mediante monopolios institucionales encargados de representar cada zona de la actividad humana y actúan como filiales de ese gran poder que garantiza su funcionamiento mediante la subvención financiera.

Después de la Segunda Guerra Mundial se concibió un entramado legislativo a favor de varios organismos con legitimidad y poder supranacionales diseñados para abarcar en control una determinada área del importante del funcionamiento del mundo. Estas organizaciones globales, encargadas de ejercer control segmentado sobre las distintas aéreas de las sociedades humanas, han sido financiadas por el propio poder financiero mundial y los gobiernos, fachadas que ellos mismos controlan. Al final el dinero sale de la misma chequera.

Existen dos tipos de organizaciones institucionales que lamentablemente han sido secuestradas, infiltradas y sobornadas por el poder financiero internacional que impulsa la agenda del nuevo orden mundial. Me refiero a:

Organizaciones internacionales gubernamentales (OIG). Aquellas conformadas por los Estados que se comprometen a cooperar y acatar los lineamientos de la organización o poder mundial en la que cada país está representado a través de un delegado y su equipo de representación y los gobiernos nacionales quedan supeditados a este gran gobierno mundial. Por ejemplo, la Organización de las Naciones Unidas.

Organizaciones internacionales no gubernamentales (ONG). Aquellas que no están conformadas por los Estados, sino por actores privados, agrupaciones sociales, organizaciones humanitarias o ecológicas sin fines de lucro, que actúan en distintas regiones como alternativa a los poderes estatales y dependen de financiamientos públicos y privados.

Desde 1945 aparecieron diferentes organismos mundiales encargados de supervisar la gestión del mundo para garantizar el control totalitario de la colectividad global. La función de cada organismo es ejercer un control a través de una temática específica como el sector financiero, alimenticio, farmacéutico, educativo, tecnológico, militar, racial, cultural, de seguridad y político.

En el caso de las ONG los objetivos o temáticas suelen ser menos gubernamentales y más específicos, al enfocarse en objetivos fundamentalmente humanistas de resignación social que no pueden abarcar las OIG, enfocándose en controlar y agrupar los colectivos segregados a las zonas de las minorías y las injusticias.

En el caso de las OIG surgieron varias organizaciones internacionales cuasi estados mundiales configuradas para limitar el poder de los Estados locales en diversas aéreas, trazar las políticas de seguir obligando a los gobiernos a cumplir de manera estricta los acuerdos trazados por la colectividad de países que conforman el gran Estado mundial, ya que, en caso de violarlos, podrían ser castigados por la organización y el resto de los miembros con sanciones económicas y hasta correctivos militares.

En materia de política exterior se creó la ONU (Organización de las Naciones Unidas), el Foro de Davos —

para programar la economía mundial—, el Grupo Bindelberg —acusado de conspirar para imponer un gobierno mundial, un dominio capitalista y una economía planificada—, la Unesco (Organización de las Naciones Unidas para la Educación, la Ciencia y la Cultura), la Unicef (Fondo de las Naciones Unidas para la Infancia), el Banco Central Europeo —que agrupa a diecinueve países de la Unión Europea—, la FAO (Organización de las Naciones Unidas para la Alimentación y la Agricultura), la OMS (Organización Mundial de la Salud), la OEA (Organización de Estados Americanos), la OPEP (Organización de Países Exportadores de Petróleo), el FMI (Fondo Monetario Internacional), la Reserva Federal, el Fondo Financiero Internacional, el Banco Europeo, la OTAN (Organización del Tratado del Atlántico Norte) y las ONG como subsidiarias con fines humanitarios, ambientalistas, jurídicos, raciales, etc.

Entre las ONG más importantes e influyentes figuran:

Mercy Corps. Situada en Estados Unidos, esta ONG, activa en más de cuarenta países, destina su actividad principalmente al uso de programas de socorro para ayudar en situaciones críticas.

Médicos sin Fronteras. Fundada en 1971 por trece doctores, esta ONG suiza ha conseguido extender la gestión de dicha organización a proporcionar asistencia médica y lucha por los derechos de las personas más vulnerables.

CARE International. Especializada en situaciones de posguerra, esta confederación ayuda a 84 países, atendiendo a 122 millones de personas. Destaca principalmente por tener planes de emergencia y de ayuda en países en los que puede producirse una guerra.

Ceres. Esta ONG ambientalista ha logrado convenios con más de 130 instituciones, inversores y grupos de interés público y 80 empresas destacadas en Estados Unidos, promoviendo el interés por cuidar el medio ambiente.

Partners in Health. Destinada a ayudar a las personas que poseen menos recursos con asistencia sanitaria, especialmente aquellos enfermos de sida y de tuberculosis.

The Wikimedia Foundation. Fundación perteneciente a la famosa Wikipedia. Con la ayuda de más de cien mil escritores voluntarios, ha logrado publicar más de veintitrés millones de artículos.

BRAC. Fundada en Bangladesh, su financiación es de nueve millones de dólares, con la cual ha ayudado a más 126 millones de personas. Es sin duda una organización innovadora, sostenible y todo un ejemplo para el mundo.

Open Society. Fundada en 1984 por George Soros, uno de los promotores visibles del nuevo orden mundial. Apoya a personas y organizaciones por todo el mundo que luchan por la libertad de expresión, la transparencia, la rendición de cuentas en el gobierno y sociedades que promueven la justicia y la igualdad.

Greenpeace. ONG ambientalista. Realiza campañas en todo el mundo por temas como la agricultura ecológica, los bosques, el cambio climático, contra el consumismo, por la democracia y el contrapoder, el desarme, la paz y el cuidado de los océanos.

En Cuba se repite el mismo factor de control total de la sociedad mediante la creación de diversas organizaciones políticas y de masas que sirven como instrumentos de agrupación por segmentos temáticos de los individuos para poder ejercer el control sobre ellos y dictar políticas a través del obligatorio cumplimiento de los lineamientos socialistas que trazan estas instituciones. También le sirven al poder cubano para mantener la cohesión totalitaria de la sociedad y la capacidad movilizativa. Tal es el caso del PCC (Partido

Comunista de Cuba), UJC (Unión de Jóvenes Comunistas), ACRC (Asociación de Combatientes de la Revolución Cubana), CTC (Central de Trabajadores de Cuba), FMC (Federación de Mujeres Cubanas), CDR (Comités de Defensa de la Revolución), MTT (Milicias de Tropas Territoriales), ANAP (Asociación Nacional de Agricultores Pequeños), UPJM (Unión de Pioneros José Martí), FEEM (Federación de Estudiantes de la Enseñanza Media), FEU (Federación Estudiantil Universitaria), EJT (Ejercito Juvenil del Trabajo), Uneac (Unión de Escritores y Artistas de Cuba), BPD (Brigadas de Producción y Defensa), Poder Popular —se genera desde circunscripciones de base y consejos populares que agrupan a los vecinos en cada uno de los 168 municipios del país—, y por último las FAR (Fuerzas Armadas Revolucionarias), financiadas todas con el dinero que administra la elite de poder estatal, las cuales responden a una misma agenda política.

Innecesario exponer más argumentos que avalen la posible convergencia del nuevo orden capitalista mundial con el socialismo cubano en la creación de instituciones u organismos de control de masas.

Cuando las coincidencias se multiplican infinitamente como en este caso y se convierten en muchas coincidencias, estamos evidentemente frente a una gran verdad y no frente a simples coincidencias. Detrás de esta vasta sumatoria de similitudes vista anteriormente me atrevo a asegurar que, tras un siglo de antagonismos, ambos sistemas supuestamente irreconciliables han llegado a la conclusión de que están indisolublemente ligados entre sí y forman juntos un proceso contradictorio único de exclusión y atracción. Han empezado a pedirse prestado copiado sus metodos y han comprendido que uno existe porque existe el otro.

Estas analogías lo dicen todo.

"Dentro de la revolución todo, contra la revolución nada"

Entre los artistas cubanos y los *global-stars* existen muchas analogías, aunque parezca lo contrario. A pesar de que sus orígenes y sus productos artísticos son distintos, la relación de estos con sus respectivas formas de poder los homologa. Desde diferentes contextos y diferentes afiliaciones responden a un mismo patrón de obediencia necesaria.

En el caso del arte, la cúpula financiera que define las reglas del mercado, la política, la economía y otras tendencias saben la importancia que tiene dominar los circuitos de distribución artística. En el control de los medios de distribución está el verdadero poder del business-art. Si posees la distribución, puedes definir el tipo de consumo del producto artístico e influir sobre los artistas.

En el sistema de producción, distribución y consumo al que se refería Juan Acha (1916-1995), la distribución es el elemento que articula la producción con el consumo. Desde la perspectiva marxista lo que determina la explotación es precisamente la propiedad privada sobre los medios de producción y distribución en manos de una elite. Estos dos principios económicos planteados por Marx son igualmente aplicables a la industria del entretenimiento como un tipo de relación económica de producción, distribución y consumo.

Los proletarios del lienzo y los obreros de la industria del cine, de la música, la televisión y la cultura artística, si no son parte del control de los medios de producción y de distribución, terminan siendo explotados, a pesar de la fama y de ser muy bien pagados. Desde ese poder generalmente no protagónico, detrás de toda la industria de entretenimiento, se producen los empleos, los grandes contratos de las grandes estrellas, y se controla lo que se produce y lo que se consume.

El rol que solía jugar el artista como agente impulsor de determinados cambios en la sociedad ha sido una preocupación recurrente a lo largo de los siglos xix y xx. Con la posmodernidad se ha complejizado. Pero la conformación de nuevos paradigmas culturales, estéticos, tecnológicos y la globalización cultural en la sociedad posmoderna han concentrado mayormente el poder en manos de los dueños de las tecnologías de distribución y de producción.

La inserción correcta del producto artístico en lo social, el reconocimiento de la función ideológica del arte y la estrategia de intervención en el espacio público o de consumo, depende absolutamente de quién controle los mecanismos tecnológicos de distribución. Quien tenga ese control es capaz de imponer las reglas en la cultura artística y en la opinión acerca de ella.

El control de la distribución significa el control sobre el mercado y las ideologías que ayudan a conducir el rebaño. La distribución es la zona en la que se trazan las pautas y la conducta a seguir por los artistas triunfadores según su grado de compromiso y lealtad.

El comité que controla la distribución en la ingeniería de *entertainment* está compuesto por el poder financiero e ideológico o productores ejecutivos, el poder de distribución o los sellos distribuidores dueños de los canales que expanden el producto artístico, asesores de inteligencia encubiertos como productores, creadores de tendencias sociales, la inteligencia militar y el filtro censor de las distribuidoras.

La gran industria del entretenimiento mundial está concentrada en manos del famoso The Big Six (El gran seis), conformado por la elite de poder política y financiera. Estos conglomerados de medios dominan entre el 60% y el 80% de la distribución del entretenimiento del mundo. The Big Six está conformado por:

- Twentieth Century Fox. Este conglomerado abarca muchas empresas que controlan la industria del cine, la música y la televisión. Son dueños del gran grupo de empresa de medios bajo los nombres The Times Group y News Corporation, con presencia en cuarenta y ocho países y con el sello Fox. Poseen en el mundo más de cuatrocientos periódicos, doscientas revistas y las plataformas de televisión Fox, Sky y Blue Sky. Producen series de TV y animados.
- Walt Disney Company. Fundada en 1923 por los hermanos Walt y Roy Disney, cuenta con las reconocidas productoras y distribuidoras Buena Vista Pictures, Miramax, Marvel Entertainment, Touchtone Pictures y Hollywood Pictures. Manejan Disney Music y canales de TV como Lifetime, History Channel y ESPN. Cuentan con la famosa cadena de noticias ABC, servicio de internet (WDIG) y telefonía móvil. Operan los parques de Disney en Orlando, Florida, y el de París, Francia.
- Universal. Controla la productora de cine Universal Pictures y la cadena NBC. Abarcan negocios en las telecomunicaciones como Maroc Telecom. Fabrican videojuegos. Poseen productoras de música como el sello discográfico Universal Music.

- Warner. A través de su megacorporativo Warner Comunications agrupa a Time inc. y Turner Broadcasting System. Posee las productoras de cine New Line, Cinema, HBO y Warner Bros, el poderoso canal de noticias CNN, además de Cartoon Network y el servicio de internet AOL.
- Sony Corporation of América. Filial de la marca de equipos electrónicos Sony. Poseen las productoras de cine MGM, Columbia Tristar, y canales de TV como Sony Televisión. Manejan las discográficas Sony Music, CBS Records, ARC y Sony BMG. También desarrollan videojuegos.
- CBS Corporation. Este enorme grupo tiene a cargo varias productoras de cine como Paramunt Pictures Motion Group, Dreamworks y las potentes cadenas de TV-radio CBS Corporation, MTV y VHI.
- En las artes plásticas el coleccionista es eje y dueño del capital alrededor del cual gira el nuevo sistema de distribución y consumo del business-art. Antes el objetivo de las obras plásticas era llevar la emotividad visual a lo social, y hoy se enfoca en la captación de un inversionista que busca diversificar su cartera de activos invirtiendo a largo plazo en obras de arte. El mecanismo de distribución está controlado por los comités de las grandes ferias del mundo: Feria de Arte (Bolonia, Italia); Feria Arco Madrid, España; Zona Maco, Ciudad de México; Art Basel (Miami y Hong Kong); Art Cologne (Colonia, Alemania);

FIAC (París, Francia); Artbo (Bogotá, Colombia) y Bienal Sao Paulo (Sao Paulo, Brasil).

Esta gran maquinaria es apoyada por revistas como *Art in America* y *Art News*. El indicador fundamental del mercado de artes plásticas son las casas de subastas más importantes, que dominan el porcentaje más alto de las ventas de obras de arte en el mundo:

- Sotheby's. Londres, 1744. Subastas anuales: 250.
- Christie's. Londres, 1766. Subastas anuales: 450.
- Bonhams. Londres, 1793. Subastas anuales: 700.
- Phillips de Pury & Company. Londres, 1796.
- Dorotheum. Viena, 1707. Subastas anuales: 600.

En el entramado socialista cubano, por ejemplo, es más centralizado. Todos los mecanismos de producción y distribución —galerías, teatros, estudios de grabación, locales de conciertos, editoriales, distribuidoras de discos y libros, revistas, canales de TV y cines— están en manos del Estado y la distribución es regida por una entidad estatal o Ministerio de Cultura (Mincult) que sigue la política oficial y depende del Consejo de Estado. Este ministerio se subdivide en institutos que abarcan cada manifestación, como Consejo Nacional de las Artes Plástica (CNAP), Instituto Cubano de la Música (ICM), Instituto Cubano de Artes e Industria Cinematográficos (Icaic) y otros que están conformados por un comité integrado por comisarios que responden a los intereses del Partido, bajo la supervisión de oficiales de inteligencias que atienden cada área, y por un departamento de control ideológico filial al poder político.

La relación que están obligados a establecer los artistas con el poder financiero que controla el mercado, la distribución y el consumo, al igual que en el caso cubano, en el que existe un control totalitario de la cultura más visible por parte del Estado, en el más honorable de los casos, me recuerda la historia del *Doctor Fausto*. Aquel doctor en teología que, motivado por su ambición personal, decide vender su alma al Diablo en un pacto con Mefistófeles para llegar a poseer el conocimiento pleno.

El primer antecedente de Fausto fue la ópera escrita por Christopher Marlowe (1564-1593). Posteriormente inspiró la tragedia de Johann Wolfgang von Goeth (1749-1832) publicada en dos partes, en 1808. En 1981 surge la película *Mefhisto*, dirigida por István Szabó (1938), basada en la novela homónima de Klaus Mann (1906-1949) y protagonizada magistralmente por Klaus María Brandauer (1943). El filme fue merecedor del Oscar a la mejor película extranjera en 1981 y del premio al mejor guion en el Festival Internacional de Cine de Cannes.

La historia se desarrolla en la Alemania nazi de los años treinta en la figura de un actor de teatro de nombre Hendrik Höfgen (inspirado en la semibiografía del famoso actor alemán Gustaf Gründgens), al que la situación política no le importaba y logra a través de un pacto con los nazis aumentar su influencia y su poder. Mientras más alto llegaba Hendrik Höfgen, más intenso se hacia el compromiso con la oscuridad. El título de la película es tomado de la interpretación que hizo Hendrik Höfgen de la ópera *Mephisto* con mucho éxito.

En la contraportada del libro *Doctor Faustus* encontré esta definición explícita: "*Doctor Faustus* es una obra sobre el deseo: para lo mejor en la vida, para conocimiento, poder, confort material, e influencia. El deseo empuja el desarrollo humano. No es ni bueno ni malo por sí solo, y solamente se ve limitado por la imaginación y por el sentido social e individual de lo que es ético. Ahí está la mezcla de tragedia y farsa en esta obra". (1)

Según la elite de poder financiero dueña de los medios de distribución del arte a nivel global, en lo oscuro está la fuente del poder de la que bebe de manera soberbia la vanidad humana. Según ellos, el ideal cristiano no es compatible con la banalidad, con la fama, el estrellato, el dinero y las aberraciones del ego.El cristianismo y la Biblia no son nada indulgentes con la moral política, porque el poder político y económico en su manual ético se rige por los valores que no son propios del cristianismo. Los estímulos y recompensas a las ambiciones de poder radican en los predios satanistas y no cristianos. Todo lo que prohíbe Dios, para Lucifer es agradable, y todo lo que no puedas pedirle a Dios, Satanás te lo concede.

La humildad del cristianismo solo exige un pacto de fe con Dios. Este tipo de ambiciones, consideradas pecados por el evangelio cristiano puro, no hallarán la aprobación de Dios. La llave del poder desmesurado está en un pacto que no proviene del evangelio cristiano, más bien nace de una fuerza oscura contraria a Dios. Todo pacto de poder no se hace con las fuerzas del bien y no nacen de la luz a la que estamos acostumbrados los cristianos.

Los pactos esotéricos illuminatis están basados en creencias ancestrales surgidas en la vieja Europa, en las que Lucifer, según la vieja astrología romana, significa "portador de luz" o "el lucero del alba". Para los antiguos, Lucifer no significaba Diablo ni Satanás ni Demonio. Lucifer era "La estrella resplandeciente de la mañana", según el libro *Apocalipsis de san Juan.*

Lucifer era un ángel muy hermoso que por soberbia se rebeló contra Dios, queriendo ser como él. Por esta irreverencia fue castigado a convertirse en un ángel rebelde, y a partir de ese momento es reconocido como un ángel caído contrario a Dios, convertido en Satanás.

En el esoterismo o la teosofía francmasónica o illuminati se sigue el ejemplo de la rebelión de Lucifer y se persigue su soberbia como ejemplo. Mediante la iniciación por grados o por conocimientos le hacen creer al adepto que puede convertirse en un ser superior con poderes especiales, alcanzando un estado casi divino si cree en Lucifer, sin necesidad alguna de contar con Dios.

Por eso para los miembros de estas sociedades este compromiso es un pacto con la luz —del latín lux (luz) y fero (llevar): portador de luz—, aunque para los no escogidos ajenos a estas prácticas sean pactos hechos en las tinieblas.

El pacto con el diablo depende del nivel de las concesiones y los sacrificios que se sea capaz de hacer con las fuerzas oscuras, y en el saber bajar la cabeza por conveniencias frente al poder satánico. El que busque poder político, éxito, dinero, fama, control, ego narcisista, longevidad y cualquier otro tipo de estas ambiciones, sabe que el pacto es con esas fuerzas demoníacas que existen desde hace siglos por encima de los poderes políticos y económicos del mundo. Solo se puede acceder a ese gran poder terrenal en manos de Lucifer mediante un pacto individual, mediante la adoración, las concesiones morales, la lealtad y las ofrendas diabólicas o sacrificios hechos en su nombre.

Es por ello que se hacen en la oscuridad y en un secretismo absoluto. Desde 1717, con la fundación de la Gran Logia de Inglaterra, y en 1776, con la fundación de la sociedad secreta La Orden de los Iluminados de Baviera, empiezan a infiltrar de manera encubierta las estructuras claves de poder del mundo, creando un Dee Power alrededor del cual han logrado por siglos consolidar el poder político y económico del mundo. Sus encuentros se realizan en centros de poder espiritual donde se trasmite el conocimiento mediante un entramado encubierto de ritos paganos y esotéricos con una simbología específica. Se suelen llamar órdenes de caballería, órdenes religiosas, sociedades secretas, logias masónicas... Quienes lo practican es una elite de elegidos que se autodefinen como iluminados. Se consideran descendientes de un linaje especial por pertenecer a una disciplina superior. Forman parte de un anillo de poder y una elite de influencias.

Como dijera José María Cardenal en su libro *Los misterios de la masonería:* "No se organizan sociedades secretas para marchar al unísono con la sociedad en que se vive: el secreto es necesario precisamente cuando se quiere conspirar contra ella".

Algunos "conspiranoicos" de YouTube, y otros investigadores responsables, aseveran que en el camino hacia el éxito de la mayoría de estas grandes estrellas existe un filtro satánico, el cual deben aprobar para conseguir sus metas más allá de su probada calidad artística. Si no existe un pacto con Lucífugo (el tesorero, encargado de los pactos), no habrá acceso a un trozo del *American Pie* que estas elites controlan. Para muchos está claro que el poder económico y el éxito multinacional dependen de la cercanía que puedan tener a estos círculos de poder y de las concesiones y favores que den a cambio.

Recientemente tuve el placer de ver el filme *The Assistant* (La asistente), realizado en 2019 y dirigido por Kitty Green, con la interpretación de la joven actriz Julia Garner. Catalogada de manera singular como género drama / empleo / abusos sexuales, narra con lenguaje cinematográfico muy realista la historia de Jane (Julia Garner), una recién graduada universitaria y aspirante a productora de cine que logra obtener un puesto como asistente de un importante ejecutivo de la industria del cine.

A lo largo de su práctica como asistente de este poderoso productor, empieza a percibir la incomunicación, el miedo, las aberraciones y los abusos sexuales que inflige su poderoso jefe a todas las aspirantes a papeles o a jóvenes actrices que entraban en su oficina. Poco a poco va entendiendo cómo funciona el *sofá casting* en Hollywood, cómo son las reglas y los pactos mefistofélicos en el putrefacto sistema de la industria cinematográfica, con la complicidad de los subordinados.

En una escena coincide en un ascensor con una empleada de la oficina que, al notar la cara de horror de Jane, le comenta: "No te preocupes, ella le sacará más provecho que él en ese encuentro", dejándole claro que los favores sexuales son algo normal, y todos saben que es la antesala del éxito.

El término casting couch (sofá casting) proviene de la industria cinematográfica y hace referencia al sofá que el actor o actriz encuentran donde son citados cuando van a realizar un casting, en el que el director o productor le pide favores sexuales a cambio de otorgarle los papeles estelares que anhelan para impulsar su carrera.

Dice Enrique Kirchman que "el término se remonta a inicios del siglo pasado, según un artículo de *Huffpost,* cuando un prominente director de teatro en Broadway, Lee Schubert, solía entrevistar a coristas en una habitación privada que tenía un sillón (de ahí la palabra couch). Luego, con la aparición del cine, influyentes productores como Darryl Zanuck (de 20th Century Fox) y Harry Cohn (de Columbia Pictures) —de quienes se rumoraba que pedían favores sexuales a las actrices— colocaron un sillón dentro de sus oficinas para estos propósitos. Probablemente de ahí se fue popularizando el término". (2)

Desde Shirley Temple hasta Charlize Theron se vieron obligadas a entender en qué consiste el casting couch. Después de conocerse los abusos de Weinstein, actrices como Rose McGowan (*Planet Terror*), Gwyneth Paltrow (*Shakespeare In Love*), Angelina Jolie (*Girl Interrupted*), Lea Seydoux (*Spectre*), Lena Headey (*Game Of Thrones*) y Joan Collins (actriz británica conocida por interpretar a Alexis Carrington en la serie Dynasty) (3), entre otras, han denunciado un sinnúmero de testimonios de mujeres conocidas como estrellas que fueron víctimas de acoso sexual y padecieron el casting couch.

El mundo gay también es igual o más agresivo y corrupto que el mundo heterosexual. Neil Meron y Craig Zadan, productores ejecutivos de la película musical *Chicago,* reconocen la existencia del casting couch homosexual. Muchos hombres y gays no escapan del sofá casting de poderosos ejecutivos homosexuales.

El tema del sofá casting pedófilo es aún más dramático y ha alcanzado a muchas importantes estrellas. Las actrices Alison Arngrim y Mary McDonough revelan en sus biografías las duras experiencias de niños actores victimizados por directores y seleccionadores. Shirley Temple escribió en su autobiografía *Child Star* que el productor de MGM Arthur Freed le había mostrado sus genitales en su oficina, cuando la actriz tenía apenas 12 años (4). Judy Garland, del famoso musical *The Wizard Of Oz* (1939), fue víctima de acoso; el más notorio de sus acosadores fue el mismísimo Louis B. Mayer (de la MGM), quien le tocó su seno izquierdo bajo el halago de que ella "cantaba desde el corazón" (5). Roman Polanski (aún buscado por la justicia por haber violado a una niña de 13 años aspirante a actriz) es uno de los envueltos en escándalos más recientes.

Esta práctica era un secreto a voces en Hollywood, vista como algo normal dentro de la industria. Al conocerse los grados de aberración de los pactos fáusticos a los que eran forzadas muchas actrices, se ha creado un movimiento conocido como #MeToo (Yo también). Es una iniciativa generada en las redes y fundamentalmente en *hashtag* para alentar a todas las víctimas del sofá casting dentro de la industria a que hagan sus denuncias.

Según Wikipedia, surgió en octubre de 2017 para denunciar la agresión sexual y el acoso sexual, a raíz de las acusaciones de abuso sexual contra el productor de cine y ejecutivo estadounidense Harvey Weinstein. La frase, utilizada durante mucho tiempo en este sentido por la activista social Tarana Burke, fue popularizada por la actriz Alyssa Milano, quién animó a las mujeres a tuitear sus experiencias para demostrar la naturaleza extendida del comportamiento misógino. Desde entonces el hashtag ha sido utilizado por más de 500 000 personas, entre ellas muchas celebridades. (6)

Aunque esto parezca un guion de ficción, una especulación conspirativa o incluso alucinación causada por sustancias tóxicas, existen múltiples coincidencias y testimonios que apuntan a que muchas de las megaestrellas artísticas que conocemos han establecido pactos fáusticos con estas elites de poder luciferinas desde hace siglos, a cambio de alcanzar la fama y el éxito con su arte. Entre los ejemplos de artistas que a lo largo de la historia han decidido vender su alma en un pacto a cambio de virtuosismo, fama o fortuna están:

El violinista Niccolò Paganini (1782-1840) y el también violinista y compositor Giuseppe Tartini (1692-1770). El compositor Franz Liszt (1811-1896), de origen astro-húngaro, incluso creó un Vals dedicado a Mefisto, entre los años 1859 y 1862. En la ópera Arrigo Boito, estrenada en 1868 en la Scala de Milán, se presentó la ópera dedicada a Mefistófeles. Tommy Johnson (1896-1956) y Robert Johnson (1911-1938), ambos músicos de blues, reconocieron que tuvieron contactos con el satanismo. "El Diablo ha sido inspiración de obras magníficas, desde el *Paraíso perdido* de John Milton (1608-1674) y el *Retrato de Dorian Gray* de Oscar Wilde (1854-1900). (7)

Ante el rotundo fracaso de su primer álbum religioso, Katy Perry (1984) afirmó en una entrevista que le vendió el alma al diablo para poder despegar y cosechar la fama que ostenta en la actualidad (8). Jimi Hendrix (1942-1970) también se dice que firmó el contrato con Satanás con su propia sangre (4). Marilyn Manson (1969) supuestamente fue ordenada sacerdote de la Iglesia de Satán. Los Rolling Stones, desde 1967, con su disco *Their Satanic Majesties* (Sus majestades satánicas) hacen un tributo público a su pacto fáustico. Al igual que muchas bandas que surgieron dentro de la ola satánica que arrastro el heavy metal entre 1968 y 1975 como Black Sabbath, Led Zeppelin, Deep Purple, Alice Cooper, Who, Ted Nugent, Judas Priest, Kiss con sus *SS nazis* y Steppenwolf, creadores del concepto heavy metal posteriormente definido como estilo satánico.

También Iron Maiden se suma a esta lista cuando lanzan su disco titulado *El número de la bestia*, haciendo alusión al 666, conocido como el número de Satanás. La agrupación de power metal Kamelot tiene un tema llamado "March of Mephisto" (La marcha de Mefisto) en su disco *The Black Halo*. Walt Disney (1901-1966), que logró llegar al grado 33 en la masonería, era un conocido satanista. Se ha comprobado la presencia de símbolos luciferinos y pedófilos camuflados en muchas películas de Disney como mensajes subliminales para los niños. En 2006, la banda de pop Enigma dio a conocer *Dancing with Mephisto* (Bailando con Mefisto).

La película El bebé de Rosemary, dirigida por Román Polansky (1933, conocido satanista), supuestamente inspiró el crimen satánico de la actriz Sharon Tate (1943-1969), novia del propio director, embarazada de ocho meses y medio, brutalmente asesinada en la casa de Polansky junto a otras cuatro personas por seguidores de la secta conocida como La Familia, dirigidos por su líder, Charles Manson (1934), en la madrugada del 9 de agosto de 1969. Algunos aseguran que esto fue una ofrenda del director a la bestia.

En su libro *El asesinato de la música* el escritor español Rafael Palacios relata cómo el rapero Jay Z (1969) reconoce en una entrevista con Oprah Winfrey (1954) que él es illuminati y que Sasha Fierce es la entidad satánica que ha tomado posesión de Beyonce (1981).

Más adelante, Rafapal narra cómo Robert Allen Zimmerman (conocido como Bod Dylan, 1941) fue el primero en reconocerlo públicamente al afirmar que "la industria discográfica estaba dirigida por el lado oscuro de la fuerza" (9). Esta declaración fue en el conocido programa "60 minutos", en el cual seguidamente confesó: "Hice un pacto de hierro con él hace mucho tiempo y estoy tratando de retardar mi final". "¿Cual fue ese pacto?", inquiere el periodista. "Llegar a donde estoy ahora", responde. "¿Puedo preguntar con quién fue ese pacto?". (Se ríe) "Con, con, con... el jefe de todo: el comandante en jefe". (10)

Después de leer esta increíble "coincidencia", no sabemos si el pacto lo hizo con Lucifer, con Fidel Castro, con el presidente de Estados Unidos o con los tres juntos. A los tres se le denomina igual.

Hablemos del segundo Comandante en Jefe y las características de sus pactos con la intelectualidad artística. Sabemos que en Cuba todos los medios de distribución y promoción son de absoluto control del Estado, y los más importantes fenómenos de impacto social y cultural requerían de un pacto y el visto bueno del Comandante en Jefe, ya sea en su versión simbólica o directamente personal.

Desde los primeros años del triunfo de la revolución cubana hubo mucha expectativa entre los artistas e intelectuales sobre el papel que jugarían en el nuevo diseño político y cómo tenían que colocarse. La revolución emergente no tardó en dejar claro que soñaban con una nueva relación con el arte y la cultura y que apostaban por un arte didáctico, ideologizante, educativo y fundamentalmente se exigía un pacto fáustico con la nueva utopía.

En aquel debate entre intelectuales, artistas y Fidel Castro recogido por la historia como "Palabras a los intelectuales", ocurrido en 1961 en la Biblioteca Nacional de La Habana, el Comandante en Jefe definía los límites de permisibilidad de los artistas dentro del proyecto político que encabezaba. De una forma muy sencilla y no menos totalitaria lo definió así: "Dentro de la Revolución todo, contra la Revolución nada".

El antiintelectualismo poco a poco fue ganando fuerza y terminó militando en filas con el populismo revolucionario. En 1971, en el Congreso de Educación y Cultura, queda definido que lo que importa en realidad es una estética comprometida con la construcción de la tarea socialista-comunista.

La propia tensión creciente entre el populismo y el intelectualismo obligó al Estado en este Congreso a cuestionar la autonomía de las artes y de los creadores frente al poder político. Se oponían a la idea del artista o el intelectual como grupo de poder independiente con reglas propias y con una visión de la realidad no gramsciana. Se cocinaba la idea de que los creadores —fundamentalmente escritores, artistas plásticos, cineastas y periodistas— sí fueran conciencia, pero no crítica, sino activistas o cómplices de los nuevos sueños sociales que ya dibujaban el utópico poder político.

En los años setenta se promovieron auténticas formas de creación artísticas acordes con el pacto oficial trazado, como la literatura policíaca, el testimonio, la poesía revolucionaria, el realismo pictórico, los didácticos y triunfalistas noticieros de cine y la canción protesta mejor conocida como Nueva Trova. Promovieron la proletarización de buena parte de la creación y la cultura hasta donde se pudo. El pueblo se convirtió también en fuente de creación artística capaz de generar un arte de nivel y auténticamente comprometido con el funcionamiento del sistema.

Esta idea sedujo a importantes Faustos del arte y las letras que abandonaron las líneas del intelectualismo para pasar a las líneas del antiintelectualismo. Surgieron nuevos creadores de las filas del arte popular y de otros sectores de la sociedad (como por ejemplo del Ejército), que no arrastraban el lastre y las poses intelectualistas y se regían por la disciplina.

Es conocida la suerte que corrieron intelectuales y artistas que no transigieron y no abrazaron esta euforia desde su discurso artístico.Como sabemos padecieron el olvido, la censura, el aislamiento en los gulags llamados Unidades Militares de Ayuda a la Producción (UMAP) y por último el exilio.

Es a partir de este momento cuando el poder político se da cuenta de que se puede direccionar el curso de la cultura hacia sus metas revolucionarias, que son dueños absolutos de los medios de distribución y comunicación (ya que los espacios alternos fueron cerrados), que poseen los espacios institucionales, los mecanismos de legitimación y, por ende, que se consideran capaces de diseñar una estética revolucionaria priorizando un tipo de creación artística que ayudará a erradicar el intelectualismo y evitarse dolores de cabeza presentes y futuros.

Así funcionó la revolución cultural cubana hasta hoy. Pero en los años ochenta se da una de las crisis más agudas entre la institución y los creadores con el resurgimiento del intelectualismo alentado por los aires de glásnost que soplaban del Este europeo, un periodo agudo de crisis económica y los síntomas visibles de desgaste interno. Renace un tipo de arte crítico, no cómplice, militante, pero no a la manera oficial, y agudamente reflexivo sobre la realidad cubana.

Este movimiento empezó en las artes plásticas con la llamada Generación de los 80 y se generalizó al resto de las manifestaciones. El poder era mucho más flexible, más abierto a entender lo que estaba sucediendo. Tenían cuadros con experiencia política para enfrentarlos. Se abrieron espacios experimentales para canalizar este nuevo intelectualismo, no se cerraron los espacios de discusión, hubo acceso a debatir ideas de este nuevo arte en algunos medios oficiales y el poder político a su máximo nivel se acercó al nuevo intelectualismo y trató de entender qué estaba sucediendo. Era evidente que había temor por parte del poder, pero se sabía que algo importante se estaba gestando y decidieron, en vez de pisarlo de manera estalinista, tratar de encausarlo.

Al final lo resolvieron de la mejor manera gracias a que le dieron un seguimiento acorde y descubrieron cómo agrietarlo. Aunque no escapamos de la censura, la represión, el monitoreo policial y el cierre de varias exposiciones y destituciones de funcionarios por ser cómplices de la causa de los artistas rebeldes, en este caso es válido resaltar que mantuvieron todo el tiempo canales de comunicación receptivos.

Estudiaron el nuevo fenómeno e identificaron las carencias comunes de todos los artistas. Abolieron los candados migratorios y le dieron riendas sueltas al mundo de lo prohibido. La institución estimuló los largos viajes para todos estos artistas. La política legitimó oficialmente la obras de la mayoría de estos creadores y pasaron de ser rebeldes a vacas sagradas a través de espacios de legitimación como la Bienal de La Habana, la colección del Museo Nacional de Bellas Artes, la Fundación Ludwig (en el caso de las artes plásticas), y fomentaron el acelerado mercantilismo dentro y fuera de la Isla para que importara más el preciosismo contemplativo y la técnica en las obras, dejando el criticismo en un segundo plano por no ser muy comercial.

A diferencia de esos gloriosos años ochenta, después de treinta años y ya adentrado el siglo xxi, el oficialismo en Cuba ha mutado y estos nuevos gestores que le han sucedido a la desaparición física de Fidel Castro con la complicidad de viejos taimados estalinistas han destapado una caja de pandora y han iniciado un grave conflicto al promover el decreto 349 para regular la producción y distribución del arte en Cuba. Han ideado un filtro para decidir quién está autorizado a producir y comercializar su arte y quién no. Aparte de su naturaleza meramente discriminatoria y de censura, esconde también el bochorno que sufre la moral oficialista por los subproductos artísticos que están apareciendo con amplia aceptación popular, como si la realidad social no fuera la madre de esa subcultura del bochorno.

Contrariamente a la definición moderna del arte descrita por Foucault, que concibe "el ejercicio del arte como una praxis de la libertad en donde la cultura arriba cada vez más desregularizada generando una forma de vida distinta donde se refuerza el Intelectualismo y el valor del arte como una zona de poder independiente en sí que desarma a la ideologización como medio de sometimiento y enfatiza el papel crítico del arte en la sociedad, la oficialidad cultural cubana crea una inquisición cultural que denota una incapacidad para sostener un diálogo con los artistas que ya habían experimentado en los ochenta y les funcionó.

Demuestra que el Estado Cubano o sus nuevos gestores políticos no están aptos para enfrentar esta nueva ofensiva transformadora que se está produciendo en la cultura. Es clara su impotencia para reconocer que la explosión de nuevos herejes y las recientes manifestaciones artísticas bochornosas forman parte y son auténtico reflejo de las zonas oscuras de la realidad social cubana, y son por tanto legitimas.

Cualquier tipo de herejía artística que entra dentro de las clasificaciones emitidas por dicho decreto, llámase reguetón chabacano, activista, estético-político, intelectual crítico, artista por cuenta propia, etc., al no estar aprobado oficialmente, lleva un castigo legal. Automáticamente, al aplicarse las sanciones judiciales, se sale de las coordenadas de la discusión del arte y los castigos que plantea dicho decreto igualan a nivel social al artista desobediente y el delincuente común. Por tanto, la definición de su sanción escapa de los bordes del mundo de las discusiones estéticas y se adentra en las normas del mundo penal.

Es probable que el Comandante con el que pactó Bod Dylan no sea el mismo con el que pactó Nicolás Guillén (1902-1989). Uno es la matriz en una reducida escala y el otro es una fuerza de poder oscuro a nivel global, pero el mecanismo de comprometimiento es el mismo, existe una convergencia entre los comisarios capitalistas y socialistas en la forma de sometimiento de la cultura artística.

El pequeño Comandante del experimento tropical era un gran utopista, convertido después en un autoritario. El otro, el gran Comandante, también es utopista, pero un utopista satánico.

En la isla comunista del "Comandante pequeño", para poder llegar a donde querías también se requería de un pacto mefistofélico con el sistema. Para poder acariciar las mieles que goza la cúpula de poder también se requería pasar el examen fáustico para medir tu lealtad con la línea trazada por el Comandante en Jefe.

Veamos con ejemplos prácticos cómo se homologan las mismas prácticas de control y dirigismo desde una cultura a la otra cultura en ambos sistemas.

La Egrem (Empresa de Grabaciones y Ediciones Musicales), como es sabido, es una filial del gobierno cubano y está controlada por los comisarios políticos y financiados por el poder político del Estado. Pertenece al sistema distributivo en manos de la elite económica y política. Todo lo que se graba en esos estudios está aprobado por la línea ideológica del partido comunista.

De manera coincidente, el sello discográfico encargado de distribuir el rock and roll (modelo de antisistema) en Europa y el mundo, conocido por las siglas EMI, también resultó ser una filial del Ministerio de Defensa inglés, controlado por los servicios de inteligencia británicos.

Daniel Estulin revela cómo los Beatles fue una operación de transformación social diseñada entre el Instituto Tavistock en colaboración con la escuela posmarxista de Frankfurt, con la colaboración musical y filosófica de Teodoro Adorno (1903-1969).

Rafael Palacios narra cómo la Operación Kaos, desarrollada por la CIA, destruyó el impulso renovador de la generación Acuario, así como en Cuba los comisarios culturales, con la ayuda de la inteligencia cubana, conocida como G2, desintegraron la generación de intelectuales y artistas rebeldes conocida como la Generación de los 80, infiltrándolos y detectando sus debilidades.

En el caso de la generación Acuario en Estados Unidos y en el Reino Unido, lo lograron también infiltrándola y convirtiendo a estos artistas en adictos a las nuevas drogas, con la introducción de la heroína, creada en laboratorios farmacéuticos europeos, y posteriormente con el LSD.

La heroína, introducida entre estos artistas, es un derivado del opio, y fue desarrollada por los laboratorios de Bayer junto con la farmacéutica propiedad de Rockefeller conocida como IG Farben.

El LSD fue la droga mortal que destruyó la cultura de los años sesenta. Fue creada en 1940 en el laboratorio suizo Sandoz AG. Hoy es una filial del gran conglomerado farmacéutico Novartis. Con la introducción autorizada de estas drogas letales producidas legalmente por las farmacéuticas más reconocidas como el *big farmacy* financiadas por la misma elite financiera del mundo con la supervisión de los servicios de inteligencia y el ejército norteamericano, lograron su cometido: transformaron la generación Acuario en la generación "Lucy in the sky whith diamonds".

Jim Morrinson, vocalista de la banda The Doors, hijo de un alto militar del ejército, era símbolo del antisistema, tenía como manager y hombre de confianza nada más y nada menos que a un importante productor musical de nombre Paul Rothschild (1935-1995). Con ese apellido podemos inducir que su manager era más que un manejador, y que el propio Morrinson era monitoreado constantemente.

El mismo Rafael explica como otro agente de inteligencia también dedicado a la producción discográfica, de nombre Andrew Oldham (1944), fue uno de los cerebros encargados de armar fenómenos sociales como el de Los Beatles. También participó en la creación del modelo antitético de los chicos malos, The Rolling Stones. Estos serían el modelo travieso y perverso que complementaría ideológicamente al modelo de chicos buenos de Liverpool.

El 28 de abril de 1959 en Cuba se funda Casa de las Américas, de la mano de Aidée Santamaría (1922-1980), su presidenta. Este órgano político-cultural fue trazado como parte del entramado para promover los movimientos de liberación nacionales en el continente americano con la fachada cultural. Está orientado a reagrupar el pensamiento intelectual de la izquierda latinoamericana afín a Cuba alrededor de un centro con una identidad ideológica. Su objetivo es expandir el ideario izquierdista de la revolución cubana entre la intelectualidad de América Latina y captar el consenso internacional de prestigiosas figuras del arte y las letras latinoamericanos simpatizantes o no con el proyecto cubano. Era una institución guiada por la inteligencia cubana incipiente para penetrar con la ideología de izquierda el pensamiento artístico-cultural y la intelectualidad de América. Es un foco de formación ideológica y una plataforma de expansión del comunismo desde la cultura.

Patrick Iber, profesor de Historia en la Universidad de California, en Berkeley, después de una ardua investigación ha demostrado cómo la Agencia Central de Inteligencia (CIA), a través de los servicios secretos de Estados Unidos, concibieron un plan de apoyo al Centro Mexicano de Escritores, del que salieron Juan Rulfo (1917-1986), Carlos Fuentes (1928), Elena Poniatowska (1932) y Carlos Monsiváis (1938-2010). El objetivo era captar a los escritores mexicanos más importantes, poder contrarrestar la ofensiva de seducción ideológica de Casa de la Américas y frenar el auge de los intelectuales de izquierda en Latinoamérica, como Pablo Neruda (1904-1973), y como parte de la estrategia de la guerra fría.

En los años setenta, después de haber intoxicado a la generación Acuario y haber fallecido misteriosamente algunas de sus figuras más contestatarias y emblemáticas por "intoxicaciones o suicidios", empieza el lanzamiento del modelo gay y transexual en la música de los años setenta. Según plantea en su libro *La muerte de la música*, de la mano de David Bowie el movimiento Glam no fue más que una operación construida para lanzar el movimiento gay o bisexual como nueva moda liberal.

En el año 1969 se funda en Cuba el Grupo de Experimentación Sonora del ICAIC, antecedente de la creación oficial del Movimiento de la Nueva Trova, proyecto de asimilación de los lineamientos de la revolución cubana de un grupo de artistas problemáticos. Su objetivo estratégico era atraer y controlar a los miembros más destacados del movimiento, como Silvio Rodríguez (1946), Pablo Milanés (1943) y Noel Nicola (1946-2005), bajo un cotejo institucional. La estrategia fue concebida para tratar de crear un producto artístico con un sello revolucionario que sirviera como un patrón moral e ideológico dentro y fuera de Cuba. Ya a mediados de los años ochenta estos artistas ex problemáticos hicieron su pacto fáustico con el oficialismo y se convirtieron en trofeos culturales y embajadores artísticos de la revolución cubana.

Esta exitosa estrategia política contó con el apoyo de dos influyentes figuras de la cultura cubana de entonces: la mencionada Haydée Santamaría y Alfredo Guevara (1925-2013), presidente en esos años del Instituto Cubano del Arte e Industria Cinematográficos (ICAIC), un excepcional intelectual marchito a la sombra de su lealtad incondicional a Fidel Castro.

Veamos como las artes plásticas no escapan del dirigismo. Gracias a la desclasificación de archivos del FBI y la CIA recientes se ha podido confirmar que el posicionamiento inusual y las grandes cotizaciones que hoy goza el expresionismo abstracto norteamericano de finales de los años cincuenta y sesenta se debe a una operación de fabricación de la CIA. El objetivo fue seducir las mentes de las clases alejadas de la burguesía durante los años de la guerra fría y promover un arte alejado del compromiso social y la reflexión crítica. En síntesis, se quería promover el pensamiento abstraído alejado de la realidad. Ahora se sabe que la CIA disparó artificialmente al mercado este tipo de arte y fue el mayor comprador de obras de artistas como Mark Rothko (1903-1970), Jackson Pollock (1912-1956), Willem de Kooning (1904-1997) y Barnett Newman (1905-1970) en sus inicios y estuvo detrás de la organización del evento New American Painting, que sirvió como lanzamiento de este movimiento conocido como expresionismo abstracto en las principales ciudades europeas: Modern Art in the United States (1956) y Masterpieces of the Twentieth Century (1952).

"Según informó el investigador noruego Ole Dammegard, el presidente Eisenhower otorgó poderes a su vicepresidente Richard Nixon para crear un escuadrón de asesinos bajo la excusa de derrocar a Fidel Castro, al que llamaron 'Operación 40' que tenían como objetivo asesinar a líderes dentro de Estados Unidos o en otros países que pudieran generar despertar en la humanidad". (11)

Según Rafael Palacios, "nos encontramos con nombres ya conocidos como Luis Posada Carriles, Frank Sturgis, Meyer Lanski u Orlando Bosch, porque aparecieron en el asesinato de Kennedy o la invasión de Bahía de Cochinos". (12)

Prosigue: "El asesino perteneciente a este grupo, José Perdomo, resultó ser el portero de la finca donde vivía John Lennon y estaba en el lugar de los hechos cuando sucedió el asesinato. Perdomo fue uno de los testigos que señaló a Chapman como el asesino del músico. Más conocido como José Sanjenis, para el propio Dammegard fue el más probable asesino de Lennon, porque las balas que le mataron partieron del lado donde se encontraba el cubano y no de donde estaba el loco de Chapman". (13)

Sigo citando: "En el año 2015, cuando se encontraba en su lecho de muerte, el también asesino por cuenta de la CIA, apellido Hodges, reconoció ante el FBI haber asesinado a Marilyn Monroe, además de 37 personas, activistas políticos, pero también artistas por encargo de un general del ejército". (14)

Sobran ejemplos de diferentes tipos de pactos en las dos orillas, entre artistas luciferinos con el poder global y los artistas cubanos con el poder oficialista, cada uno con su Comandante en Jefe, sin mezclarse. Sus similitudes radican en su complicidad con los poderes globales autoritarios, y sus diferencias son el tipo de poder al que adoraron.

Tal es el caso de Teodoro Adorno (1903-1969) y Abel Prieto (1950), Erick Clapton (1945) y Silvio Rodríguez (1946). Sus majestades Mick Jagger (1943), Keit Richards (1943) y Juan Formell y Los Van Van (1942-2014). Raúl Martínez (1927-1995) y Andy Warhol (1928-1987). Santiago Álvarez (1919-1998) y Román Polansky (1933). Madonna (1958) y Alicia Alonso (1920-2019). David Bowie (1947-2016) y Amaury Pérez (1953). Jay Z (1969), Beyonce (1981) y Pablo Milanés (1943). Walt Disney (1901-1966) (masón grado 33) y el ingenioso recién fallecido Juan Padrón (1947-2020). Lady Gaga (1986) y Omara Portuondo (1930). Clive Davis (1932) y Alfredo Guevara (1925-2013).

Muchas estrellas pop en el capitalismo pagaron la deslealtad al pacto luciferino con sus propias vidas. La existencia de muchos de ellos bajo el paraguas de las drogas y los tiradores solitarios fue muy efímera.

Lograr traspasar los 27 años era un acierto para un joven artista rebelde que intentara insubordinarse al pacto en Estados Unidos y el Reino Unido. Por eso Jimmi Hendrix (1942-1970), Janis Joplin (1943-1970), Brian Jones (1942-1969), Robert Johnson (1911-1938), Jim Morrison (1943-1971), Notorius Big (1972-1997), Kurt Cobain (1967-1994), Amy Winehouse (1983-2011) y Peter de Freitas (1961-1989) pertenecen al llamado Club de los 27, por coincidir todos en haber fallecido misteriosamente a esa edad a manos de las "drogas y el suicidio". Este exterminio de figuras pop fue sentenciado por el escritor Truman Capote con la frase: "Morir pronto, y dejar un hermoso cadáver". (15)

En el experimento socialista en el este, a la deslealtad, la disonancia o la disidencia les esperaba el exilio, el gulap, el ostracismo, la censura y la cárcel. Tal fue el caso de Mijaíl Bulgákov (1891-1940), Václav Havel (1936-2011), Andrei Tarkovski (1932-1989), Vladímir Samóilovich Hórowitz

(1903-1989), Alexander Solzhenitsyn (1918-2008), Alexei Navalny (1976) y Anton Nosik (1966), más recientemente después de la caída del muro.

La deslealtad o el arrepentimiento del pacto, las estrellas del rock y del pop en el capitalismo lo pagaron con la vida, con un ingreso en un centro psiquiátrico o con el desprestigio en el más leve de los casos.

En ambos escenarios (en la versión cubana y la versión del capitalismo globalista) disentir también tuvo su precio y sus víctimas, cada uno a su manera. Así les sucedió a Jim Morrinson (1943-1971) y Celia Cruz (1925-2003). Jimmy Hendrix (1942-1970) y Paquito D'Rivera (1948). La Lupe (1936-1992) y Janis Joplin (1943-1970). John Lennon (1940-1980) y Mike Porcel (1950). Guillermo Cabrera Infante (1929-2005) y Michael Jackson (1958-2009). Reinaldo Arenas (1943-1990) y Charles Chaplin (1889-1977). Bob Marley (1945-1981) y Amaury Gutiérrez (1963). Kurt Cobain (1967-1994) y Santiago Feliú (1962-2014). Amy Winehouse (1983-2011) y Albita Rodríguez (1962). Willy Chirino (1947) y Prince (1958-2016). Whitney Houston (1963-2011) y Gloria Estefan (1957). Y muchos más.

Por ello podemos afirmar que detrás de cada éxito artístico o detrás de cada mito, más allá de sus valores artísticos, ya sea en el capitalismo o en el socialismo, generalmente siempre va a estar precedido por algún encuentro amistoso con alguna de las formas de poder en las que se desdobla Mefistófeles.

La agenda socialista para el 2030

El nuevo orden mundial no es más que la imposición de un gobierno mundial centralizado al estilo del socialismo negativo. La élite globalista ha impulsado —mediante el cabildeo del Estado profundo, y desde de sus filiales, como la Organización de las Naciones Unidas (ONU)— la implantación de una agenda de convergencia ideológica entre el capitalismo global y las ventajas de socialismo.

Este contragobierno paralelo, llamado "El Estado profundo", a través de la ONU y otras instituciones globales que se arropan bajo su nómina, han cabildeado agresivamente desde hace años para lograr la imposición de lo que se llamó la Agenda 21, la que más tarde fue rebautizada como Agenda 2030, con el supuesto objetivo de lograr un desarrollo sustentable para el mundo.

El socialismo positivo y el socialismo negativo le son afines para el logro de sus metas en cualquiera de sus dos versiones. En su estrategia teórica, plagian el incuestionable humanismo teórico heredado del cristianismo que justifica a la utopía socialista positiva.

Ahora bien, existe otro socialismo negativo que se caracteriza por ser represivo, irrentable, centralista, coercitivo, enemigo de las libertades y autoritario, al que igualmente han copiado silenciosamente para llevar a cabo la práctica de sus objetivos ocultos. Es decir, en su doble pensamiento, el capitalismo globalista posee una afinidad visible con el socialismo cristiano y una afinidad no visible con el socialismo oscuro.

La oscuridad de estos métodos aparece camuflada detrás de la belleza propositiva de la Agenda 2030. Si analizamos sus "bien intencionados objetivos", veremos que existe una ausencia total sobre los métodos prácticos y el cómo serían aplicados estos fines. Esta plataforma, en su redacción, es totalmente ambigua y abstracta y no deja en claro cómo será aplicada y quién está a cargo de su aplicación.

Nuevamente estamos ante la trampa del comunismo, en el que el fin justifica los medios y la poesía del lenguaje socialista encubre la verdadera cara impositiva de sus prácticas.

Al conocer el contenido de la Agenda 2030, salta a la vista el lenguaje usado en el programa original de setenta páginas de la ONU. Si lo copiáramos y lo insertáramos en la constitución socialista cubana, requeriría mínimas correcciones en el orden ortográfico y no de contenido ni estilo. Algunos puntos se diluyen con la plataforma de la Internacional Socialista, y podría ser el programa social de cualquier gobierno progresista o comunista.

Existe una convergencia asombrosa entre el relato del nuevo orden mundial trazado por la Agenda 2030 con el programa teórico de la revolución cubana esbozado en 1953 por Fidel Castro: me refiero a *La historia me absolverá*. Parecen fragmentos extraídos del evangelio de la "teología de la liberación". También coincide con el programa de "Socialismo con rostro humano" aprobado en abril de 1968 por el comité central del Partido Comunista Checoslovaco, o con la propia constitución china, aprobada por el quinto Congreso Nacional Popular el 4 de diciembre de 1982.

Desde el punto de vista histórico o geopolítico, la Agenda 2030 padece de un ahistoricismo y una desterritorialidad cuestionable, ya que no tiene en cuenta los rezagos de la guerra fría, las diferencias entre los sistemas, los conflictos regionales, los revanchismos ideológicos y los estados de deterioro de la economía de los países empobrecidos. Aboga por una uniformidad utópica a la vieja usanza comunista. Los políticos socialistas y los ideólogos del nuevo orden hablan un idioma muy similar, todos persiguen los mismos objetivos.

No entendemos por qué se empeñan en seguirse llamando todavía capitalistas y cómo socialistas si están trabajando en una plataforma política única. Quizás pretendan en el 2030 que socialismo poscomunista y capitalismo sean una misma cosa sobre la base del exitoso experimento chino "un país, dos sistemas".

Según Wikipedia, en su metalenguaje, la constitución china establece que "todos los ciudadanos son iguales ante la ley. Garantiza los derechos fundamentales de todos los ciudadanos, incluidos el de elegir y ser elegidos. También consagra las libertades de expresión, prensa, reunión y asociación, así como la libertad de creencias religiosas y la inviolabilidad de la libertad individual, de la dignidad personal, de la propiedad privada legítima y del domicilio" (1). Sin embargo, el derecho de huelga ha sido suprimido con el argumento que "la huelga no daña solamente los intereses del Estado, sino también los de los propios obreros". (2)

A continuación, proporciono una síntesis de la Agenda 2030 concentrada en diecisiete objetivos de desarrollo sostenible, y los invito a que sean más perspicaces que yo, y puedan encontrar alguna no coincidencia de cada uno de estos objetivos del nuevo orden con la utopía socialista moderna:

Objetivo 1: Poner fin a la pobreza en todas sus formas en todas partes.

Objetivo 2: Acabar con el hambre, lograr la seguridad alimentaria, mejorar la nutrición y promover una agricultura sostenible.

Objetivo 3: Garantizar vidas saludables y promover el bienestar para todos en todas las edades.

Objetivo 4:   Garantizar una educación de calidad inclusiva y equitativa y promover oportunidades de aprendizaje permanente para todos.

Objetivo 5:   Lograr la igualdad de género y empoderar a todas las mujeres y niñas.

Objetivo 6:   Garantizar la disponibilidad y la gestión sostenible del agua y el saneamiento para todos.

Objetivo 7:   Garantizar el acceso a energía asequible, confiable, sostenible y moderna para todos.

Objetivo 8:   Promover el crecimiento económico sostenido, inclusivo y sostenible, el empleo pleno y productivo y el trabajo decente para todos.

Objetivo 9:   Construir una infraestructura resistente, promover la industrialización inclusiva y sostenible y fomentar la innovación.

Objetivo 10: Reducir la desigualdad dentro y entre países.

Objetivo 11: Hacer que las ciudades y los asentamientos humanos sean inclusivos, seguros, resistentes y sostenibles.

Objetivo 12: Garantizar patrones de consumo y producción sostenibles.

Objetivo 13: Tomar medidas urgentes para combatir el cambio climático y sus impactos.

Objetivo 14: Conservar y utilizar de manera sostenible los océanos, mares y recursos marinos para el desarrollo sostenible.

Objetivo 15: Proteger, restaurar y promover el uso sostenible de los ecosistemas terrestres, gestionar de manera sostenible los bosques, combatir la desertificación y detener e invertir la degradación de la tierra y detener la pérdida de biodiversidad.

Objetivo 16: Promover sociedades pacíficas e inclusivas para el desarrollo sostenible, proporcionar acceso a la justicia para todos y construir instituciones eficaces, responsables e inclusivas a todos los niveles.

Objetivo 17: Fortalecer los medios de implementación y revitalizar la asociación mundial para el desarrollo sostenible.

Como les decía, entre estos diecisiete puntos y un cuadro de Kandisky (1866-1944) no existe diferencia. Esto puede ser el óleo "blanco sobre blanco", de Kazimir Malévich (1879-1935) o la agenda del 2030.

Observe cuidadosamente cómo los abstraccionistas que elaboraron estos objetivos no mencionan las herramientas incómodas tal como lo suele obviar el socialismo negativo.

Enningún punto de este documento se hace mención a la preservación de la libertad humana, y son ignorados los valores del liberalismo. No se hace mención a la cultura de cada región, los etnicismos, las conquistas patrióticas, ni existe referencia a las conquistas democráticas.

No se especifica cómo piensan atacar los lastres del mundo posmoderno que ellos han creado, la concentración de las riquezas en unos pocos, cómo combatir el neoliberalismo, el papel de las religiones, el uso opresivo y deshumanizado de la tecnología. Solo propone como solución la inyección de más globalismo para corregir el globalismo. Tampoco explica cómo deben lograrse estos objetivos y mediante el uso de qué instrumentos serán capaces de homologar al mundo a este estadio de conquistas paralelas.

Este documento es más de lo mismo, plantea una utopía que ya es cómplice desde el inicio con la distopía, y como toda plataforma de socialismo negativo lleva intrínseca una nueva forma de dominio sobre la base de uso populista de nobles objetivos.

Propone la toma de control global del gobierno de cada nación en todo el planeta. Al estilo del doble pensar oculta una agenda neofascista corporativa global que extenderá las dolencias del socialismo negativo al resto del mundo libre por largo tiempo, dejando caer en las sociedades la tristeza del efecto zoológico, como dijera Leonard Cohen.

Estos diecisiete puntos servirán para prolongar en la humanidad el devastador ciclo de pobreza, mientras se enriquecen las corporaciones globalistas más poderosas del mundo, que resultan ser las mismas hipócritas que concibieron esta plataforma de objetivos plagiados de las agendas socialistas para encandilar la vista del mundo y poder instaurar el capitalismo-leninismo a nivel global.

El Came y el eurocapitalismo-leninista

A pesar de que Estados Unidos es parte de esta puja imperialista, hoy el eje de su estrategia de dominación es menos belicista y mide más las consecuencias para proyectar un tipo de conflicto armado de desgate. Su prioridad radica en fortalecer la expansión del protagonismo del mercado mundial mediante la tecnología. El viejo esquema de dominación intervencionista que conlleva el despliegue de grandes movimientos de tropas y recursos, ha llevado a la economía de Estados Unidos a una bancarrota económica a largo plazo.

Bin Laden, con su terrorismo provocativo, tenía la estrategia de fomentar focos de insurgencia dispersos en distintos territorios hostiles para que Estados Unidos cayera en la trampa de enrolarse en variados y prolongados conflictos regionales sin salidas que significaran un desangre humano y económico. La idea era desgastarlo, endeudarlo y desca-pitalizarlo económicamente mientras se seguían involucrando en conflictos hostiles y prolongados. Al parecer, casi lo logra.

El dólar le apuesta a consolidarse en el centro del comercio del mundo a como dé lugar. Para lograrlo posterga por ahora cualquier opción de la fuerza convencional. Una vez sometidos los países financieramente, prefiere dejarles a los gobiernos locales y sus políticos, empleados leales de Estados Unidos, que se encarguen de encausarlos políticamente.

Si el nuevo orden neocolonialista financiero lograse integrar el dólar en la trampa de la moneda única, esto sería un suicidio para la primera potencia. El día en que el dólar pierda su control sobre el comercio y dé paso a una moneda única, Estados Unidos se convertirá en una nación más dentro del anillo de control de las elites financieras europeas y las legendarias monarquías.

Así les sucedió a las naciones europeas con la unificación monetaria del euro en 1999. Los países cedieron su autonomía en nombre de tentadoras promesas de crecimiento grupal. Poco a poco cedieron su independencia al ceder el control monetario sobre sus divisas a un banco central con sede en Bruselas. Sus proyecciones y su crecimiento están medidos por las reglas que va trazando la cooperativa denominada Comunidad Europea.

La unificación europea puede parecer un proyecto progresista o quizás hasta *avant-garden* a primera vista, pero no lo es. A pesar de sus incuestionables ventajas, resultó ser un tenebroso prototipo diseñado por los banqueros europeos para llevar a pequeña escala su concepto de lo que sería el nuevo orden mundial.

La zona euro es el espejo a escala reducida de lo que no debe suceder a gran escala. Las otras ventajosas libertades que posee han sido concedidas a costa del sacrificio de otras libertades fundamentales a largo plazo. El discurso de sus líderes lleva implícito el doble pensamiento orwelliano y en su reverso podríamos constatar que las supuestas ventajas se han convertido en una mordaza financiera.

Los países, al unificar sus divisas, cedieron su autonomía sobre las decisiones financieras y concesionaron su independencia monetaria. El poder soberano sobre su dinero garantiza el no sometimiento a ningún poder supremo sin que esto invalide su buena intención internacionalista. Se puede lograr un internacionalismo que garantice la multipolaridad sin tener que llegar a cederle a los plutócratas europeos el control totalitario de las finanzas del mundo.

Al convertirse en un grillete financiero, anula la identidad política de cada miembro y los países pasan de ser identidades independientes a ser convertidos en provincias.

Los políticos no presiden de manera autónoma y se convierten en empleados de la unión. Los países dependen de la gran burocracia radicada en Bélgica, puesta para frenar el desarrollo espontaneo de las naciones. Los miembros terminan homologados por la no riqueza repartida equitativamente.

Estos países homologados, al no tener autonomía, son esclavos de esta especie de cooperativa socialista de países capitalistas. La Unión Europea es una forma de igualitarismo capitalista-leninista de naciones. Los países miembros pertenecen a una planificación centralizada típica del cooperativismo creado por los bolcheviques.

Como vemos, el socialismo continuó siendo la fuente de inspiración en la que el nuevo orden ha bebido a pequeña escala. El antecedente histórico que sirvió como referente a la creación de la Unión Europea fue un experimento de cooperativismo trasnacional socialista al que denominaron Came (Consejo de Ayuda Mutua Económica). La zona euro es hoy el Came del capitalismo-leninista europeo. Los países que fueron exsocialistas lo saben, ya que han sido miembros de estas cooperativas y han participado en las dos versiones. Entre los estados miembros del Came estuvieron Bulgaria, Checoslovaquia, Hungría, Polonia, Rumanía y la Unión Soviética, ahora Rusia. Más tarde se agregaron Albania, RDA, Mongolia, Cuba en 1972 y Vietnam en 1978. En la categoría de miembros observadores fueron admitidos Afganistán, Angola, Etiopía, Finlandia, Laos, México, Mozambique, Nicaragua y Yemen del Sur.

El Came fue una organización multinacional que agrupó a los Estados de tres continentes con sede en Moscú, y fue creada en diciembre de 1949 por los países socialistas o bloque comunista, a excepción de Yugoslavia (en categoría de miembro asociado). Tenía objetivos muy similares a las que hoy tiene la Unión Europea. Su finalidad era lograr la cooperación económica preferencial entre los países miembros del bloque, creando una zona franca de comercio y de intercambio que los blindara de las sanciones del comercio mundial controlado por Estados Unidos y se convirtiera en una ofensiva contra el Plan Marshall implementado en plena guerra fría. Aquí volvemos a toparnos con el antimperialismo norteamericano que es afín tanto a socialistas como al NOM. Entre sus funciones estuvo la de "promover la unificación y coordinación de la cooperación en el desarrollo de una economía planificada, el progreso económico, científico y técnico, la igualación de los niveles de desarrollo económico de los países miembros". (1)

"A través de esta organización era coordinado el sistema de trueque del comercio entre los países miembros" (2). En octubre de 1974 se le concedió a la organización el estatuto de observador en la ONU. En 1975 mantenía relaciones con más de treinta organizaciones internacionales, intergubernamentales y no económicas, científicas y técnicas. En 1975 la participación de los países miembros representaba un tercio de la producción industrial mundial" (3). El 28 de junio de 1991, tras el derrumbe del campo socialista, esta entidad fue disuelta.

El beneficio obtenido por la Unión Soviética fue mayor que el del resto de los demás miembros. El original socialista y su posterior versión en la zona euro sirvieron para consolidar el dominio y la influencia de dos grandes formas de poder trasnacionales que controlan la unificación.

Si los poderes supranacionales que encabezan estas alianzas desearan desestabilizar las finanzas de cualquier miembro por no cumplir sus normas, sería una operación muy sencilla. Por tanto, la subordinación a la planificación centralizada es por mandato y se acoge a una disciplina global.

Si bien en Europa el euro no ha traído un empobrecimiento de las economías de los países miembros, como sucedió con el Came, sí se ha dado un crecimiento lento. Los más fuertes tienen que jalar a los débiles y los débiles frenan el desarrollo de los más fuertes. Se estandarizan los niveles de progreso. Las economías se vuelven interdependientes. Las naciones miembros responden a un dominio central y a un gobierno global.

El Brexit es la respuesta de los ingleses a la disfuncionalidad de este neocolonialismo socialista que implantaron las elites bancarias en Europa. Dentro de poco veremos surgir nuevos Brexits. El único beneficiado es el poder global, que ha conseguido neocolonizar a Europa, expandir el radio y sus alternativas de riquezas y debilitar la jerarquía del dólar para posteriormente someterlo.

Con un dólar fuerte, o al menos que se mantenga como líder, no puede surgir una moneda única en el mundo, ya que las elites financieras de Europa no permitirían unificar al mundo monetariamente bajo el poder del dólar. Si esto sucediera solo beneficiaría a Estados Unidos, ya que fortalecería más la hegemonía del imperialismo norteamericano. Entonces la alternativa que persiguen con la creación del bloque euro y las monedas electrónicas es devaluarlo e aislarlo.

Está claro que estos duques, varones, monarcas y banqueros sionistas intentaran sabotear y derrocar el poder patriótico del dólar por todos los medios. Para esta cruzada antidólar han tratado de fortalecer el prestigio del yuan e incrementar las operaciones con el euro. Han depreciado el valor del petróleo y atizado artificialmente el valor de las criptomonedas y el bitcoin para crear divisas internacionales desenganchadas del dólar.

Es necesario hacer hincapié en que el auge de las criptomonedas y del bitcoin que hoy vemos recomendado como flamantes instrumentos de inversión, a pesar de que responden al proyecto antidólar, son parte de la agenda de dominación del nuevo orden mundial, ya que son el tipo de divisa alternativa y digital que viene tratando de imponer el gobierno del mundo. En síntesis, estamos asistiendo al enfrentamiento de un imperialismo global que pretende absorber las clásicas formas de imperialismos existentes mediante la imposición de una única moneda que sea rectora sobre el resto de las monedas existentes.

Europa ha permitido su rezago y ha terminado siendo sometida en el experimento a pequeña escala de lo que se quiere implementar a nivel mundial. El laboratorio de la zona euro es un espejo de lo que no debe suceder en el mundo, a pesar de que las integraciones a veces suelen ser positivas.

Detrás de la cadena institucional existe una elite financiera dueña del banco que domina al resto de los bancos. Ese banco madre pretende controlar las divisas del mundo. Ya lo dijo Nathan Mayer Rothschild: "Quien controla la emisión del dinero, controla al gobierno".

Esta ocupación financiera es la nueva forma de sometimiento. Las armas son sustituidas por los capitales y los soldados son el Estado profundo, conformado por agentes infiltrados en altos cargos que responden al NOM a favor del internacionalismo.

Con las redes y la tecnología globalizada también controlan la otra parte del sistema. Me refiero a la educación, la cultura, la información, el pensamiento y todo el funcionamiento sociocultural.

Mediante el dataísmo, los avances —biológicos, trashumanos, genéticos—, los pánicos, las llamadas armas silenciosas y las ondas "centimétricas" pretenden doblegar al ser humano hasta poder convertirlos en individuos aturdidos y dóciles.

Con el control de la tecnología y las finanzas, las armas convencionales son obsoletas. La neocolonización biotecnológica se da en un plano totalmente invisible.

Fidel Castro y el Windows 2.0

La construcción de modelos incompletos que requerirán perfeccionamientos periódicos constantes es una modalidad ensayada con éxito desde el laboratorio cubano y reproducida por Bill Gates (1955) para lograr la perdurabilidad del sistema Windows, construido como un sistema con fallas exprofeso, y por ende siempre va a estar a la defensiva, ya que habitualmente dichos errores lo exponen a las constantes agresiones de diferentes virus. Es una plataforma que periódicamente necesita crear parches defensivos o antivirus para contrarrestar los mismos virus fabricados por sus creadores.

Así ha sucedido a lo largo de la transformación de Bill Gates, que va desde promotor de tecnologías hasta el nacional socialista filántropo. En el caso de Windows y las vacunas nunca llega la cura total, y los análisis posteriores han demostrado que despierta efectos secundarios tanto en los vacunados como en los programas para computadoras.

Cada innovación inaugura un conflicto prolongado y cada supuesta cura deja una ventana abierta para la entrada de nuevas formas de virus que a su vez generan nuevos parches. El creador de la necesidad es el creador del seudorremedio. La imperfección del seudorremedio genera una nueva necesidad que hace que vuelva a iniciarse el ciclo.

En su artículo "La identificación digital ID-2020, el terrorífico plan de Bill Gates para controlar la humanidad", Magdalena del Amo nos describe atinadamente cómo se instrumentarán estas reformas después de este gran caos provocado por la covid-19. El método es muy simple: se aplica "la dialéctica hegeliana del problema-reacción-solución". Se crea un problema, la sociedad pide medidas, quien creó el problema llega con la solución y todos a aplaudir". (1)

Para ilustrar lo dicho con un ejemplo concreto aseveraba que "hace tres años, Bill Gates habló de la amenaza de una pandemia, no porque sea un visionario, sino porque es el 'dueño' del problema y de la solución". (2)

Meses antes había expresado: "...el anuncio del magnate fue un adelanto para que nuestros sistemas de salud vayan rellenando los formularios de pedido de millones de dosis de vacunas y antivirales. Ha dicho que ya están preparadas. Llegado el momento, la Organización Mundial de la Salud (financiada en su mayor parte por laboratorios farmacéuticos y por particulares, como el propio Gates) sacará las banderas rojas de pandemia y ¡ya está el show completo! Lo peor de todo es que las personas con un sistema inmunitario más endeble morirán, sí o sí. ¡Justo lo que pretenden!". (3)

Como vemos, ningún programa ya viene completo y ningún efecto se cierra, ya que es más rentable fabricar conflictos prolongados que proyectar conflictos con finales a corto plazo. Es una vieja fórmula ya probada por Harry Potter, el Pentágono, las series de Netflix, las farmacéuticas con el cáncer, el VIH y la que nos ocupa: la revolución cubana.

Cada parche, además de neutralizar el virus momentáneamente, logra prolongar por un tiempo más la efectividad del sistema, hasta que aparezca el nuevo conflicto autocreado que a su vez obligue a contrarrestarlo con otro nuevo parche concebido por los mismos que fabrican el virus. Es decir, el creador del sistema es el creador del virus y del parche, y a nosotros los consumidores nos hacen creer lo contrario.

Después de la huida de Fulgencio Batista se implementó en Cuba la construcción de un futuro romántico que se sabía desde el inicio era imperfecto. Fue construido con asombrosa semejanza a como después Microsoft creó el Windows.

El primer Windows, llamado 1959, venía concebido como una revolución democrática popular alejada del comunismo.

Seguidamente aparecieron muchos virus, pero me concentraré en dos muy peligrosos, conocidos como la invasión de Bahía de Cochinos de abril de 1961 y la Crisis de los Misiles de octubre de 1962.

Después de haber sido neutralizados, se venía elaborando el parche con el nuevo Windows. Esta nueva versión era inmune a los anteriores virus. En este Windows se radicalizaba el carácter socialista de la revolución cubana y contaba con la nacionalización de todas las empresas norteamericanas y una potente barra con muchos iconos y gráficos que facilitarían la gran transformación social. De hecho, este Windows fue muy popular y controvertido, ya que muchos usuarios no sabían cómo operar los comandos.

Con la creación del Comité Central del Partido Comunista de Cuba en 1965 y el primer Congreso del Partido en 1975, se crea el poderoso Windows llamado socialismo-comunista.

Posteriormente surge otro virus en 1980 llamado Mariel. En 1990 surge uno potente formateado para destruir el sistema, conocido como perestroika, que provocó el colapso de todos los programas del Windows comunista que se vendieron en Europa. Automáticamente los hábiles ingenieros cubanos contrarrestan con el nuevo parche radical conocido como el Windows "Socialismo o muerte". Este fue creado en el periodo especial, ya no contenía la versión del comunismo.

En este el Excel venia reforzado en una aplicación hecha para la inversión extranjera, y formateado para el dólar.

A este Windows le siguieron nuevos virus como el Helms Burton en 1996, la visita del Papa Juan Pablo II (1920-2005) en 1998, y otros muchos más, hasta que apareció otro parche denominado Windows 2000.

La versión 2002 contenía en su programa una nueva versión de socialismo capitalista de Estado. Es necesario aclarar que el

Windows 2000 y el último Windows Obama, a pesar de sus diferencias operativas, sus contenidos son muy similares.

Después de la muerte de Fidel Castro no ha habido giros sustanciales en el sistema y estamos a la espera del anuncio de nuevo Windows.

Aquí precisamente radica la longevidad del experimento comunista cubano. Primero en su habilidad camaleónica de adaptarse a las dificultades, y segundo en la forma guerrillera de enfrentar los futuros inciertos.

El poder en ambos casos fue creando formas de asociarse a la evolución de la verdad. La estrategia de insurgencia, que consiste en golpear y saber desplazarse, ha convertido a la Isla en la gran Sierra Maestra, en un escenario de batallas por la supervivencia del proyecto a lo largo de sesenta años. Por eso ya hemos dicho que en la mayoría de los cubanos convive muy adentro un guerrillero agotado.

La revolución cubana y Windows, a pesar de su carácter intolerante, nunca han llegado a convertirse en sistemas rígidos y fieles a la primera versión. Su vitalidad depende de su pragmatismo y de su acomodo a los ataques. En cada parche se ofrecen nuevas aplicaciones actualizadas que a veces se contradicen con diseños anteriores y no respetan un modelo rígido de programa.

Desde sus creaciones el 1ro. de enero de 1959 y el 9 de diciembre de 1987, ambos sistemas han guardado múltiples similitudes en su estrategia de conservación. Quizás el Windows 2.0 sea una adaptación del primer Windows 1959 creado por Fidel Castro. Sus similitudes no se dan quizás en el aspecto tecnológico. Windows puede haber copiado la estrategia de marketing usada por los socialistas cubanos para garantizar el poder de forma prolongada en situaciones adversas.

Windows, inspirado en el modelo cubano, entendió que no se pueden construir sistemas que funcionen por largos periodos sin fallas. Deben ser sistemas de apariencia perfecta, pero con fallas incluidas desde su configuración, para que los reajustes constantes que generan sus imperfecciones se conviertan en las justificaciones que le permitan a la larga renovarse constantemente.

La cita del capitalismo y el socialismo en un lugar del posmodernismo

El concepto de posmodernidad define un grupo de tendencias artísticas, políticas, arquitectónicas, literarias, culturales y filosóficas que surgieron después de los años setenta y que mantienen su vigencia hasta hoy. Se suele dividir a la posmodernidad en tres sectores, dependiendo de su área de influencia: como un período histórico-político, como una actitud filosófica o como un movimiento artístico.

En lo que concierne a la actitud filosófica, el individuo posmoderno suele priorizar el presente. El futuro y el pasado pierden importancia en sus enfoques filosóficos. Existe un interés por lo inmediato y la única revolución que el individuo está dispuesto a llevar a cabo es la interior. Se valora el culto al cuerpo estilizado acorde al canon estético y la liberación personal es el centro de la filosofía de vida. Existe una pérdida de la fe en la razón científica, una atracción por todo lo alternativo y todo lo marginal al sistema y a la vez se crea una dependencia de la tecnología como herramienta de vida.

El hombre basa su existencia en el relativismo, la pluralidad de opciones, el subjetivismo y la pérdida de fe en el poder público lo aleja de los falsos idealismos.

Aparecen grandes cambios de enfoques en torno a las religiones y la fe cristiana. Las personas aprenden a compartir la diversión digital y cada vez más lo virtual acaparara más tareas y funciones. La crisis de los canales tradicionales de comunicación genera abundantes teorías alternativas sobre conspiraciones permanentes para explicar los grandes problemas económicos, políticos, sociales, religiosos e ideológicos.

En el arte, entre los cincuenta y sesenta empieza a ser visible el posmodernismo en la arquitectura como la manifestación pionera en incorporar este novedoso discurso en sus proyectos.

Más adelante, en el cine, podemos avizorar rasgos de la posmodernidad en películas como *Matrix, Blade Runner, Buffalo 66, American Beauty, El club de la lucha, Linha de Passe, Spring Breakers* y toda la filmografía de Larry Clark". (1)

En la literatura podemos hablar de autores posmodernos, como los estadounidenses David Foster Wallace, Paul Auster, Giannina Braschi, John Fowles, Thomas Pynchon y Don DeLillo; el alemán Winfried G. Sebald, la italiana Susanna Tamaro, el mexicano Felipe Montes, el francés Michel Houellebecq, Ariel Garaffo, y Juan Manuel Tucky, J. G. Ballard, Philip K. Dick, Chuck Palahniuk...

Si se intentara definir la posmodernidad en la literatura en dos obras representativas, elegiría *El nombre de la rosa,* de Umberto Eco (1932-2016) y *Si una noche de invierno un viajero,* del cubano-italiano Italo Calvino (1923-1985).

En las artes plásticas y la música, surge aproximadamente en 1979 con la aparición de las transvanguardias. Uno de sus mayores exponentes es la banda Talking Heads.

"Los rasgos más notables en el arte plástico postmoderno son la valoración de las formas industriales y populares, el debilitamiento de las barreras entre géneros y el uso deliberado e insistente de la *intertextualidad,* expresada frecuentemente mediante el *collage* o *pastiche*". (2)

De manera contraria a la modernidad y a las vanguardias artísticas de principios del siglo xx, que su idea del progreso se basaba en la innovación y la evolución de nuevos fenómenos inéditos, "el arte postmoderno defiende la hibridación; se caracteriza por el eclecticismo, la mixtificación, el "nomadismo" —ir de un estilo a otro—, la "deconstrucción" —tomar elementos estilísticos del pasado—, etc.

Los postmodernos vuelven a los métodos clásicos, a la supervivencia de formas y estilos artísticos del pasado, creando una mezcolanza de diferentes estéticas, cayendo en la repetición, la reinterpretación; el resultado es esta mezcla indiscriminada de temas y estilos. (3)

En su definición histórica y política, el postmodernismo se define con un *vintage* de diferentes partes de otros sistemas ideológicos que retoman de manera apropiativa las cenizas ideológicas del pasado y con ellas construyen un discurso de convergencias acorde a sus nuevas necesidades.

Se da mediante una homologación de ideologías, y para ello necesita desacralizar las ideologías clásicas e históricas para poder manipularlas.

En contraposición con la modernidad, la posmodernidad es la época del desencanto distópico. "Se renuncia a las utopías y a la idea de progreso de conjunto. Se apuesta a la carrera por el progreso personal. Se produce un cambio en el orden económico capitalista, pasando de una economía de producción hacia una economía del consumo. Desaparece la ideología como forma de elección de los líderes siendo reemplazada por la imagen. Hay una excesiva emisión de información (frecuentemente contradictoria), a través de todos los medios de comunicación. Se pierde la intimidad y la vida de los demás se convierte en un show, especialmente en el contexto de las redes sociales. Descalificación de los líderes. Cuestionamiento de las grandes religiones y formulas históricas". (4)

En el caso de lo político e ideológico, sucede que en algún punto intermedio se está efectuando un intercambio de atributos entre la derecha y la izquierda. Cuando una viene, la otra va. Una en su retroceso y la otra en su avance, han coincidido en un punto histórico del camino a principios de este siglo, extraviando sus identidades y sus rutas en un centro el cual denominamos convergencia.

Confusamente por el tradicional carril del socialismo o comunismo nos está llegando el capitalismo populista, y por el acostumbrado carril de la derecha nos está llegando la izquierda de mercado.

Vivimos un posmodernismo político, filosófico y cultural, donde cada bando se apropia de manera pragmática de las herramientas típicas de los otros sin alterar sus consignas y echa mano a cuanta práctica política le sea útil de manera oportunista para lograr su supervivencia.

Ha surgido en la ideología un discurso populista homogéneo que lo mismo le sirve al socialismo que al capitalismo actual como herramienta de convencimiento, amén de las diferencias de contenidos. Desde ambas tribunas se busca captar a los simpatizantes fáciles a través de la manipulación de los miedos y las fobias. Este populismo está integrado por un poco de todo lo que se quiere oír, pero de dudosa identidad e intencionalidad.

Las crecientes diferencias entre los pocos ricos y los muchos pobres que ha dejado a su paso la ofensiva neoliberal impulsada en los noventa por Reagan y la Thatcher, propiciaron vertiginosamente la proliferación de los populismos de izquierda y de derecha después del desplome de las izquierdas y el desencanto liberal.

El miedo a la pobreza y la fobia que genera la sensación de empobrecimiento, unidos al sentimiento de desviación del rumbo patrio, son tierra fértil para que se propague este discurso de agitación político-facilista.

El populismo triunfa donde hay miedo y resentimiento. Hay una crisis de las libertades y, por ende, una desmoralización de las ideologías dominantes. Donde hay carencias e insatisfacciones habrá populismo. El populismo suple al discurso terapéutico y motivacional y los políticos se confunden con los pastores cristianos y evangélicos. El presbiterianismo se ha apoderado de las instituciones políticas, perdiendo las ideologías y la política su identidad.

El nombre de Charles Darwin (1809-1889) aparece junto a los de Adam Smith (1723-1790), David Ricardo (1722-1823), John Maynard Keynes (1883-1946), Frederich Hayek (1899-1922), Milton Friedman (1912-2006) y Thomas Piketty (1977) en los manuales básicos de economía moderna.

Lo económico se ha convertido en el origen de lo político y lo ideológico, perdiendo estos su autonomía. Las finanzas son enfocadas desde la perspectiva de las ciencias naturales. Las economías se han convertido en formas de gobierno en sí mismas.

Esta crisis de las ideologías que provocó la ausencia de innovaciones políticas y trajo consigo los reciclajes o las convergencias es lo que Francis Fukuyama definió como "fin de la historia".

Desde mi punto de vista el posmodernismo, al no ser una ideología nueva en sí y nutrirse de las apropiaciones de fragmentos de varias ideologías, dio la sensación de que habíamos topado con pared, pero esta sensación del fin fue una muerte simulada. A lo que asistimos con la caída del comunismo y la crisis recurrente del capitalismo no fue más que a una muerte de un tipo de concepción de las ideologías como identidades únicas portadoras de innovación exclusivas.

La posmodernidad trae consigo esa crisis de los lenguajes y convierte la falta de innovación en un nuevo discurso. El reciclado de las fórmulas políticas modernistas y clásicas convergiendo en un discurso ecléctico en sí se convirtió en un tipo de discurso nuevo. El reciclaje de partes de ideologías en una se instauró como una forma de innovación.

Nos enfrentamos a dos relatos políticos que borran los márgenes de las antiguas militancias de manera oportunista para poder mantenerse a flote. Es un eclecticismo ideológico en el que convergen, que se ensancha para poder responder a la diversidad étnica y política que existe en las sociedades capitalistas y socialistas.

Esta pulverización de creencias individuales, filosóficas, artísticas y sociales impide que existan únicas filosofías o ideologías puras que puedan ser capaces de abarcar con un solo discurso esta variedad, como sucedía en la modernidad. La crisis de invenciones obliga al socialismo y al capitalismo a prestarse.

Toda posmodernidad es un reciclaje de lo histórico que se da por una crisis de los relatos ideológico-políticos rígidos heredados de la modernidad que la antecedió. En este caso, esa anterior etapa estuvo marcada por una larga luna de miel de dos ideologías rígidas como las izquierdas que se volvieron cada vez más represivas y monolíticas y el neoliberalismo totalmente desregulado que consintió el libertinaje del mercado y la tecnología como herramienta de expansión.

Después de tres décadas de hegemonía de estas fórmulas con bordes bien definidos, es el momento de difuminar los bordes y construir alianzas entre las filosofías políticas supuestamente contrarias. La crisis de ambos sistemas coincide en una sola cosa: la necesidad de un énfasis en el bienestar social que la izquierda nunca cumplió y al neoliberalismo no le importó. Un estado del bienestar es el punto de convergencia.

También el feroz globalismo económico, que arrastra lo político y lo cultural, desintegra el bienestar de la clase media baja y pone en peligro a las entidades, fomentando la apatía democrática y, lo que es peor, poniendo en crisis los sagrados valores liberales.

Las clases trabajadoras insatisfechas no saben a dónde correr. Por un lado, las izquierdas están desprestigiadas, no ofrecen alternativas nuevas y se convierten en aparatos improductivos, represivos y abiertamente enemigos de las libertades. Las democracias liberales, por su parte, en su competitividad, no han cumplido con su papel de salvaguardar las libertades y derechos del individuo y han sido cómplices de las arbitrariedades del mercado y la tecnología, permitiéndoles el control y la mercantilización de la vida. Las opciones más progresistas han fallado, unas convirtiéndose en dictaduras y las otras en cómplices del capitalismo salvaje.

Se necesita la construcción del discurso de discursos. Un nuevo lenguaje impregnado de mayor liberalismo, ajeno a resentimientos. Que su retórica (inevitablemente populista) devuelva la esperanza social prometida por la izquierda y el bienestar de las minorías y de la clase media trabajadora más conservadora.

Se necesita un liberalismo de Estado mucho más tolerante y respaldado por gobiernos verdaderamente supervisores que velen por el cumplimiento de esas libertades y que puedan englobar las identidades de cada nación de manera más amplia, mas aglutinadora, más diversa. El discurso tiene que ser más liberal, más básico, y no monolítico: un discurso de convergencias.

Eso solo se logra con un discurso de discursos, que recicle los positivismos y rescate el gran discurso postmoderno convergente extraviado por la derecha, por la izquierda y por el liberalismo.

El trumpismo-leninismo y el marxismo inverso

Hace ya un tiempo, Mario Vargas Llosa convocó a una cruzada de treinta prestigiosos escritores a raíz del auge electoral que ha conquistado el populismo de derecha en Europa. Advirtió que "es necesario hacer sonar las alarmas contra los incendiarios que juegan con el fuego de nuestras libertades". (1)

Lo acompañan en esta cruzada proliberal reconocidos nombres como el español Fernando Savater, el italiano Roberto Saviano, el turco Orhan Pamuk, el indio-británico Salman Rushdie, el francés Bernard-Henri Lévi (impulsor de la idea) y muchos más simpatizantes que no fueron firmantes del documento.

El senador por Vermont, Bernie Sanders, por su parte, convocó a construir una nueva Internacional Progresista "renovada, sobre las bases de la extinta Internacional Socialista, que ayude a frenar el totalitarismo que arrastra la nueva derecha y pone en peligro las conquistas democráticas y los avances del capitalismo liberal alcanzados en el mundo y en particular en Estados Unidos".

Para muchos, la situación es inquietante, sobre todo para los liberales de centro. La pregunta es: ¿por qué tantos intelectuales y políticos demócratas, como dice el mismo Vargas Llosa, se unieron a este sonar de las alarmas?

La amenaza es real, y su efecto a mediano y corto plazo será letal. Existe una cruzada revanchista en contra de la saturación de las democracias liberales a raíz del auge del trumpismo populista de nueva derecha y su rápida propagación en el viejo continente. Como veremos a continuación, esto viene desgarrando el liberalismo democrático poco a poco.

Si en Europa (según Vargas Llosa), que es "la segunda patria de los hombres libres" (3), está en peligro el liberalismo democrático, es porque en la casa matriz (me refiero a Estados Unidos) ya las libertades están inmersas en un franco conflicto bélico interno entre ideologías y en un litigio clasista invertido que difiere a lo que estábamos acostumbrados a ver.

Resulta que estamos viviendo como una pesadilla la polarización entre el liberalismo (llamado de manera simplista de izquierda) y el conservadurismo de nuevo tipo. En América, hoy, o se es rudo o se es comunista

Estados Unidos se viene debilitando a nivel nacional en una feroz lucha de ideologías al viejo estilo de la guerra fría. En la sociedad norteamericana contemporánea reina el separatismo ideológico. El equilibrio centrista ha sido roto, polarizándose las fuerzas mediante el uso de la prédica populista, que excluye y denigra a las ideologías que no le son afines.

Después de zozobrados periodos de relativa estabilidad centrista, la gran América, la primera casa de los hombres libres, inició el siglo xxi con el bandazo izquierdista liberal socialista y el bandazo derechista radical, en franca polarización. En ambos casos, el centrismo se sintió contaminado por el exceso de socialismo, y después con el revanchismo de una nueva derecha rezagada con sed de venganza que no da señales de conciliación.

Es muy curioso lo que ha sucedido. Resulta que siempre el caudillismo, el populismo, el culto a la personalidad, el autoritarismo, la xenofobia, la discriminación ideológica, la concentración del poder en un déspota, el alarde militarista, el monarquismo y la intolerancia a la disidencia intelectual habían sido disvalores de los líderes de dictaduras de derecha e izquierda en la historia. Sin embargo, recientemente lo hemos vistos como atributos del liberalismo republicano.

Se han invertido los personajes y los contextos. El gran caudillo gobierna en la casa de los hombres libres y los llamados países excomunistas van hacia el centrismo, hacia la convergencia y combinan las fórmulas políticas y económicas mixtas en sus versiones más retrogradas.

Es muy singular, mas no menos inquietante, lo que se ha gestado. Sucede que los nostálgicos comunistas avanzan al centrismo y se topan en un punto medio en su avance con el retroceso de Estados Unidos hacia esa viejas y caducas prácticas políticas que dábamos por sepultadas y que era impensable que se dieran en la "Gran América".

La radicalización extrema del nativismo norteamericano no lo diferencia del franquismo. El rescate que hace Donald Trump de esa fétida herencia totalitaria es como si Dios castigara a la Gran América con la reencarnación de obsoletas prácticas para poner a prueba y sacudir la solidez de las viejas estructuras democráticas que nos amparan.

Los centristas y liberales no tienen cabida en el nuevo esquema de revanchismo de derecha, como pasaba en las anacrónicas dictaduras comunistas y de derecha. Todos corren hacia los extremos entre el intercambio de proyectiles ideológicos.

La fanaticada derechista concentrada en el centro-este del país profesa una lealtad ciega a su líder similar al fanatismo peronista, o al nacional socialismo en Alemania. Este nuevo tipo de peronismo americano es apoyado por una clase media empobrecida y denigrada ansiosa por recobrar su antigua zona de confort económico, decidida a imponer su punto de vista por encima del bien de la nación.

Sucede algo muy peculiar y confuso en la forma de conducción de la nueva derecha. Es una ideología armada por apropiaciones de otras ideologías en su teoría y en su práctica. Esto dibuja un mundo político contaminado de paradojas producto de la mezcla inusual de todo tipo de fórmulas políticas en franca convivencia en una misma gran fórmula aglutinadora o convergente.

Por ejemplo, en las llamadas revoluciones comunistas, la clase obrera rendía culto a la ideología de izquierda como doctrina para enfrentar a la oligarquía de derecha explotadora. Sin embargo, hoy, en Estados Unidos, la clase trabajadora rinde culto a la nueva derecha y se opone a los ricos de tendencia socialista.

La agitación populista, patrimonio de los comunistas y nacionalistas, hoy es el recurso más poderoso de la arenga de ultraderecha republicana. Los mítines, al mejor estilo del octubre rojo, se hacen hoy desde la Casa Blanca o en las convenciones republicanas.

La China comunista es el centro del imperialismo comercial capitalista. El capitalismo se hunde financieramente en el endeudamiento con una nación comunista.

Si antes el independentismo era llevado a cabo por movimientos de liberación nacional de izquierda, hoy los intentos independentistas se han convertido en separatismos de derecha.

La elite económica de Estados Unidos ha sido contaminada por la izquierda. Las clases populares se han descontaminado de todo vestigio de izquierdismo.

La elite económica es acusada de izquierdista y la clase media trabajadora participa de la línea conservadora que no le pertenece como clase si seguimos la lógica marxista.

Ahora resulta ser que las naciones comunistas practican el darwinismo capitalista y la nueva derecha proclama una proyección idealista del individuo. Es como si el socialismo se enfocara más en la individualidad y la derecha en el hombre nuevo. El pragmatismo neoliberal de la derecha es sustituido con utopismo. El comunismo se esmera cautelosamente en enfocarse más al pragmatismo mixto como método de supervivencia.

Según Alex Brandon, "La nueva derecha no es marxista, sino weberiana". Ahora los ricos son los que "siguen operando con una mentalidad materialista marxista, centrada en la explotación económica" (2). "A diferencia de Marx, Weber creía que el motor del mundo no son los recursos materiales, sino las ideas" (3). Estamos, por tanto, frente a una nueva derecha de corte utópico-idealista, que se opone a la visión materialista marxista que practica la elite que ostenta el poder económico en el capitalismo. Un capitalismo liberal global-socialista enfrentado a una derecha renovadora antiglobal-conservadora.

Dígame usted si nuestra actualidad política no es digna de ser concebida como el mejor de los trabalenguas ideológicos. El mismo votante socialista de hace cinco años, hoy ejerce el sufragio de manera opuesta y vota por la nueva ola derechista. Esto me recuerda aquella frase de Octavio Paz: "La izquierda, en América Latina, es el primer paso hacia la derecha".

El temor a la pérdida de los etnicismos hace que muchos liberales demócratas voten por el muro de Trump.

La nueva izquierda, en su gran mayoría, ya no es enemiga ciega de la economía de mercado capitalista, al menos en su esencia. La nueva derecha, por su parte, se opone al neoliberalismo, y lo rechazan con vehemencia cuestionando la falta de control del capitalismo y sus efectos devastadores en las empresas más modestas, zona social resentida de donde surge esta nueva ideología.

La retórica antimonopolio ya no es patrimonio de la izquierda. Hoy es la plataforma de lucha de la derecha conservadora que busca el rescate de la pequeña y mediana empresa como fuente de empleo y recursos, frente al globalismo arrasante.

El caudillismo totalitario, patrimonio de los sistemas comunistas, nazis, nacionalistas y populistas es reclamado hoy por una derecha que le pide a su líder mano dura, y exaltan el modelo del jefe de hierro y del gran peleador. Hoy la derecha capitalista quiere arrebatarle el comunismo a Iósif Stalin (1878-1953), un caudillo hecho de acero, en honor al real significado del apellido Stalin (stal, acero).

El monarca no representa por primera vez los intereses de la elite poderosa. Descalifica las sólidas instituciones de la gran América, convertidas en un estado profundo disidente. Estamos evidentemente ante una lucha de clases al revés de cara a un nuevo orden mundial en el que todos los contrarios han cambiado de posición al estilo de un marxismo inverso. Es como si viéramos la democracia contemporánea frente a un espejo que altera de manera invertida los valores y lugar de los contrarios.

¿Cómo podemos entender esta realidad política invertida? ¿De qué valieron esas largas clases de historia y filosofía política?

La realidad política contemporánea es el efecto de un negativo fotográfico aplicado a lo histórico. Todos los valores están invertidos. Lo que siempre fue blanco, ¿cómo es posible que ahora sea negro?

Todo lo que era característico del socialismo comunista hace cien años, hoy vuelve como patrimonio ideológico del capitalismo. Las democracias han sido contaminadas por la metodología política del rival.

La nueva derecha se está encargando de desempolvar el ejercicio de poder rudo ya archivado en la historia, desenterrando viejos resentimientos de manera muy peligrosa.

Esta reencarnación de los disvalores políticos tiene ahora nuevos dueños. Los contrarios son el negativo de su oponente en este nuevo capitalismo-leninista.

No es necesario ser comunista para querer un mundo mejor

Los que tratamos de escapar de los regímenes reguladores, emigramos por varias razones que se dan de manera específica o combinadas. Lo hacemos para recobrar el control sobre nuestras vidas, para mejorar económicamente y ayudar a nuestras familias, poder ser libres, poder pensar distinto por razones de hostilidad política y de seguridad personal.

A la llegada, lo primero que resalta es la poca injerencia que tiene el Estado en la vida privada de los individuos. Ese divorcio que encubre la ausencia disimulada de lo político en la vida cotidiana proporciona una sensación de libertad plena no antes vivida. Pareciera que podrías palpar el cielo con la palma de tus manos. Consideras que has llegado a una zona de confort terapéutica que te sanará de todas las patologías que arrastras heredadas del totalitarismo. Después, con el paso del tiempo, te darás cuenta que algunas son incurables.

Existen dos tipos de inmigrantes: el que emigra a otros países menos Estados Unidos y transita de la desesperanza comunista al capitalismo blando europeo o al capitalismo desordenado que se da en la mayoría de los países latinoamericanos. Existe el otro inmigrante que se traslada del capitalismo blando a la "superpositividad" pragmática del neoliberalismo norteamericano. El primer encuentro con el "sueño americano" lleva una lenta asimilación y un proceso digestivo que no es en blanco y negro. Generalmente transcurre de la euforia superpositivista al desánimo, o de manera inversa.

Esta "superpositividad" a la que se refiere Byung-Chul Han te lleva a entender que el exceso de las barreras sociales es perjudicial e innecesaria, ya que son enemigas de la productividad y del progreso económico y humano. Es por eso que en Estados Unidos el manejo de las libertades es un tema pragmático, la proliferación de las libertades son el corazón que mantiene latiendo la dialéctica del sistema que todos conocemos como economía de mercado y de consumo.

A veces se suele identificar de manera simplista la buena democracia con el consumo y se tiende a definir al individuo como un consumidor democrático, asociando peyorativamente ambos conceptos. Ahora bien, aunque las libertades dependen del consumo, existen diferencias bien claras entre el hombre democrático y el individuo consumidor. En el caso del hombre democrático como individuo intelectualmente inquieto, este disfruta la democracia y ama las libertades, y el individuo consumidor suele ejercer su acción democrática a través del consumo que ayuda a impulsar el sistema. Este último es un consumidor indiferente que pertenece al simplismo generalizado que impera en la cultura de supermercados que la globalización ha impuesto.

Cuando el inmigrante llega a su nuevo destino, pasa abruptamente de un extremo a otro, mutando de la resaca populista a la revancha individualista, y de la transformación del compañero al señor. La sensación constante de pertenencia a un grupo social uniforme va mutando de lo abstracto al detallismo, de lo difuso a lo nítido, y su concepción socialista sufre un cambio de enfoque y transita de un Jackson Pollock (1912-1956) a un Chuck Close (1940).

En los inicios te das cuenta de que dejaste atrás un tipo de "sociedad disciplinaria" más primitiva (tal como la definió Foucault), y pasaste a otro tipo de obediencia intangible. El romance dura hasta que te arrincona el sistema por no ser exitoso económicamente, con tu primer ticket de tránsito injusto, tu atraso en la renta, tu crédito deficiente o cualquier otro tipo de indisciplina involuntaria que te lleve a ser merecedor de la primera infracción capitalista que te obsequia el liberalismo disciplinario. Entonces entiendes que, si no eres exitoso, rentable y disciplinado, el mismo sistema te orilla y te recicla.

En el caso del liberalismo, lo disciplinario es casi invisible en tanto no incumplas la ley. A diferencia del totalitarismo, que se esmera en exhibir constantemente los métodos coercitivos como forma de gobernación y cambia la ley de manera arbitraria para actualizar los aparatos correctivos.

En el segundo caso el Estado es enemigo de las libertades individuales. En el liberalismo el Estado es el guardián de dichas libertades, cuyos límites llegan hasta donde llega el sentido común de disciplina. En síntesis, cuando emigras, abandonas el no se puede disciplinario por el sí se puede disciplinado.

En esta nueva aventura como inmigrante te das cuenta de que el cumplimiento estricto de la disciplina en el capitalismo es el equivalente en el socialismo a la ideología militar que aglutina a los individuos. En los regímenes totalitarios la libertad es conducida por la disciplina militar férrea y por una única moral política específica que representa solo a un grupo social. En el caso del liberalismo, las pautas morales son las reglas que le dan forma a la conducta de millones de individualidades ideológicas obligadas a convivir en un todo democrático imposible de encausar de otra manera.

En este paquete social tan heterogéneo reinaría el caos si no existieran canales de conducta comunes bien trazados y de obligatorio cumplimiento para todos. El cumplimiento de la ley, el constitucionalismo, el Estado de derecho, la moral básica y la igualdad humana es lo que conduce a la libertad por buen camino.

El fascismo, el catolicismo, el musulmanismo y el comunismo son formas de gobiernos totalitarios que edificaron sus modelos políticos en base a los conceptos de raza, religiosos y de clases. Todos tienen en común que sitúan el terror en el núcleo de sus revoluciones.

El terror estalinista ya tenía sus antecedentes en el terror bolchevique y mucho antes en el terror de la Revolución Francesa. El paso del catolicismo por la historia ha tenido un saldo dramático y sangriento con las cruzadas que terminaron a finales del siglo xv y la Santa Inquisición, fundada desde 1184. El terror nazi ya se veía venir desde sus orígenes en el terror fascista. Por último, el terror de ISIS y Hezbollah tiene sus antecedentes en el septiembre negro conocido como la masacre de Múnich en 1972, y posteriormente en 1981, en Irán, con la creación del Consejo Supremo para la Coordinación de la Revolución Islámica.

El totalitarismo revolucionario en particular, en su afán de instaurar un nuevo proyecto de dictadura del proletariado, suprime la dualidad Estado-sociedad, tomando el control de ambas esferas y expandiendo su dominio a la totalidad de la vida colectiva. Contrariamente, en las democracias persiste la dualidad Estado-sociedad, y la injerencia del Estado en la vida pública es limitada.

Cuando Francis Fukuyama se refería a la moral de las sociedades democráticas, enfatizaba "que la dignidad del ser interior descansa en su libertad moral" (1). Entonces podemos deducir que en los límites de la libertad moral están las bases del equilibrio disciplinario de estas sociedades.

La democracia tiene que ser entendida como una forma de organización de la sociedad y no como tal o cual sistema político. Es una sociedad individualista de masas o el reinado del individualismo igualitario que aglutina diversas fuerzas políticas e ideológicas. Aquí la igualdad no es entendida como el igualitarismo populista de las izquierdas que plantea que todos somos iguales, sino como igualdad de condiciones para que todos puedan crecer hasta donde sus cualidades se lo permitan.

Por eso Daniel Bell definió esta modalidad neoliberal como la cultura de la "realización de sí" (2).

Muchos confunden la democracia con la disociación de muchas ideologías y con el anarquismo social, porque es una ruptura con el viejo modelo de filiación única y de organización militarizada de la sociedad que responde a un solo mando ideológico. Cuando se intenta suprimir este coherente desorden democrático por un férreo orden político unificante, es cuando se transforman en dictaduras, ya que es obligada la diversidad ideológica a afiliarse a un solo patrón político que no representa al resto de las diversidades.

De lo que hay que desentenderse es de lo político, lo religioso y lo clasista mismos como sistemas políticos únicos, y convertir la administración de la sociedad en el sistema político sustituto global. La muerte de las democracias sucede cuando son secuestradas por lo político, como estuvo sucediendo en la mayoría de los países de Latinoamérica. Platón, en el libro VIII de La república, lo aclara: "Es un régimen político que no es tal" (3). Es el gobierno de la sociedad.

"Los gobernantes tienen aire de gobernados, y los gobernados aires de gobernadores" (4). Los gobiernos son elegidos por una mayoría controlada por una minoría mediante una lógica de sorteo llamada elecciones. En ellos nadie puede ser molestado por sus opiniones políticas, ideas, afiliación religiosa, sexual o de raza, mientras que sus manifestaciones no perturben el orden público establecido por la ley moral. Se soporta en lo económico por la libre competencia y el respeto a la propiedad privada.

Sabemos que el apego que expresa el capitalismo por la libertad individual es posible porque la libertad es en sí misma el combustible que necesita para sobrevivir dialécticamente. Te percatas de que sin libertad personal no puede haber prosperidad económica verdadera, y viceversa. Esto se da en casos de sociedades donde el desarrollo individual protagoniza la expansión del modelo económico.

También existen otros ejemplos como China, India y el norte de México, donde esta fórmula no produce el mismo resultado. Existe una creciente prosperidad económica, pero sin libertad personal. En estos países esto es posible porque el crecimiento económico se domicilia en zonas atrasadas. Logran altos niveles de productividad mediante la explotación neocolonial con rezagos de esclavismo, utilizando fuerza de trabajo barata.

En el comunismo, el ejercicio de la libertad individual es un misil destructor de la masa socialista y socava esa unidad que usan para aplastar el desarrollo de las individualidades. Para uno es la fórmula que impulsa el sistema, para el otro es el martillo que parte la roca.

Ya después de un tiempo, el inmigrante percibe una sensación de prosperidad que produce la apabullante hiperactividad económica que genera la competitividad y a su vez la obligatoriedad de lograr un rendimiento en todos los niveles de la vida. La rentabilidad óptima es aplicable a todos los rubros de la sociedad, incluyendo los mecanismos disciplinarios de coerción. Es por ello que el aparato disciplinario funciona con asombrosa eficacia a la par del resto de los otros rubros.

Con el tiempo llegas a pensar que la tozudez del comunismo por defender ciegamente un modelo ortodoxo de socialismo de probada ineficiencia económica es una decisión exprofeso. Lo pienso así cuando veo que la miseria es convertida en arma de dominación y motivo para coartar las libertades. El bienestar es el rehén de las prioridades políticas y el hegemónico control del Estado no deja paso al animal-egoísta que todos llevamos dentro, con ansias de crecimiento. Estas restricciones y ese amor por el control administrativo de la sociedad que tienen los líderes socialistas provocan una negatividad bloqueadora que impide un crecimiento posterior.

Los sistemas ciento por ciento socialistas (mal llamados comunistas), al estar quebrados y no poder satisfacer las demandas de sus individuos, se ven obligados a sostenerse por la fuerza, aplicando la mano dura. Es ahí cuando se convierten en sistemas involutivos, impositivos y castrantes de la individualidad, en los que impera el no se puede. En las sociedades con límites bien dibujados o del no se puede hay una saturación de barreras. Son gremios dirigidos bajo las reglas de ordeno y mando.

Con regularizaciones excesivas no puede haber crecimiento. La restricción de las libertades individuales es el veneno del crecimiento. He aquí por qué el próspero libre mercado y el totalitarismo no son compatibles. Uno busca el bienestar social sobre modelos económicos improductivos y el otro busca el bienestar individual y las libertades para alimentar la productividad del propio modelo económico.

El excesivo poder que tienen las instituciones estatales en los regímenes socialistas de cuartel con el pretexto de salvaguardar la "igualdad social" encubre un odio (no manifiesto) al desarrollo de las libertades personales. Como modelo contrario el liberalismo estimula el darwinismo del individuo y suplanta el deber ser por un ser terrenal.

La libertad posee una dependencia muy estrecha con la prosperidad económica y a su vez la prosperidad económica posee sujeción absoluta a las libertades. Su dependencia se da en un círculo cerrado en el que a mayor libertad se produciría mayor rentabilidad y a mayor rentabilidad se producirían mejores condiciones para el desarrollo de esa misma libertad en igualdad de condiciones. Una economía de mercado depende obligatoriamente de la libre circulación de mano de obra, capital, ideas y constantes motivaciones, y eso sin libertad es imposible.

Sin prosperidad, el liberalismo es pura filosofía, y sus propias bases liberales caerán en una crisis como la vivida en Rusia en 1917, en Alemania en 1918 y la que podemos constatar nuevamente en nuestros días.

Cuando las democracias se convierten en pura filosofía surgen esas viejas barricadas sociales, políticas, separatistas, raciales, culturales, religiosas y económicas originadas por la pobreza. Estas manifestaciones van en contra de la naturaleza del liberalismo, porque frenan y frustran el proceso de intercambio de las libertades universales y obstaculizan la homogenización que hace falta para motivar y crear nuevas necesidades de consumo.

El Estado dogmático, cuando frena y estataliza el libre flujo de las libertades, congela el crecimiento en todos los aspectos de la vida. Pero cuando el gobierno interviene solo en lo necesario, libera las fuerzas productivas y estimula la competitividad individual y económica. Entonces florece un clima de libertades y se pasa del modelo de sociedad con límites al de sociedad sin límites, a la sociedad de los límites invisibles. De todas formas, para el inmigrante saturado de ver los límites del Estado por doquier, el no constatarlos de manera burda ya es un gran alivio, aunque intuya que al final todos los mecanismos coercitivos visibles o no visibles persiguen lo mismo: la dominación.

En la búsqueda de una mayor competitividad y rentabilidad del soporte económico que fomenta el liberalismo, se le incorporó desde los años ochenta un catalizador llamado neoliberalismo. Este nuevo liberalismo con prefijo neo surgió de una tendencia economicista y no política. Los expresidentes Ronald Reagan y Margaret Thatcher promovieron erróneamente esta visión puramente economicista como un sistema político, y lo anunciaron con fanfarrias como una fase superior de emancipación de los mercados del control estatal.

Esta innovación economicista o gobierno de los números, convertida en sistema político, creó una contradicción en el seno de las democracias, ya que estableció el autoritarismo de las leyes del capital y redujo a los sistemas liberales a una contraposición constante entre las opciones de igualdad que ofrecen las democracias y las propias desigualdades generadas por la practica económica democrática.

Esta contradicción se da porque la hiperactividad económica que engendra el positivismo capitalista genera un exceso de productividad, y ese exceso de productividad requiere de un amplio consumo que lo asimile. Si no hay un amplio consumo hiperactivo, el exceso de productividad genera crisis, y estas crisis se suelen contrarrestar con el expansionismo de los mercados o con la globalización y las guerras. Si el capitalismo no está en constante expansión, colapsa.

Las guerras surgen después de la crisis y "cuando las fuerzas de producción, debido a la falta de mercados, estallan y se desahogan en formas no-naturales" (5). Entonces entendemos que "Consumimos para la paz" y para preservar las libertades (6). Si consumimos para evitar las crisis, para evitar las guerras y preservar la prosperidad que alimenta las libertades, entonces debemos ser cocientes que lo mejor del capitalismo trae consigo un culto a la culpabilidad. Quizás seamos libres, consumistas y culpables a la vez.

En esta búsqueda de fórmulas más eficientes para frenar las crisis, la globalización necesitaba soltarle las amarras al mercado. Esto desencadenó una espiral de especulación y avaricia individualista que rompió el equilibrio social y la equidad liberal que se había fomentado desde los años cincuenta y hasta mediados de los ochenta, después del New Deal promovido por Roosevelt.

Al separar el Estado de la lógica económica, automáticamente se disminuyó el gasto público y se recortaron los programas sociales de apoyo monetario. El mercado podía escoger a su antojo los rubros que fueran rentables para invertir y no los necesarios. La agresividad competitiva que alcanzó el mercado norteamericano y la voracidad consumista que promovió el propio modelo liberal se convirtieron en la espada de Damocles en contra de las propias libertades individuales que generan ese dinamismo económico.

Lo que provoca las crisis de los gobiernos democráticos no es otra cosa que la intensidad de la vida democrática, y a veces, desgraciadamente, la amenaza a las democracias surge de las propias filas democráticas consolidadas y no de fuerzas enemigas externas.

El socialismo cometió el mismo error y pensó que su enemigo eran los oligarcas y el mercado. Se enfrascó en contraerse y no se percató de que en la burocracia comunista estaba su fin.

Después del desmantelamiento comunista en 1990 y la posterior hegemonía que gozó el liberalismo, crecieron las democracias en el planeta y disminuyó la pobreza crítica en los países del tercer mundo de un 45 % que había en los noventa a un 17 % en el 2011. La mortalidad infantil descendió de un 22 % en 1960 a un 5 % en 2016. La globalización permitió que la producción mundial de bienes y servicios creciera un 400 % más, y el desplazamiento de la producción a países más pobres propició que se expandiera la prosperidad a otros rincones del mundo. En 1970 solo había unas treinta y cinco democracias electorales. Entre 1989 y 1991 llegaron a existir casi ciento veinte sistemas democráticos en el mundo.

Ya para el 2000 el número de sistemas democráticos había disminuido. El nuevo orden mundial traía fallas y comenzaron las disputas entre las elites trasnacionales, denominadas globalistas, y las elites patrióticas. Crecieron las desigualdades y la clase media se empobreció. Quebró la mayor parte de la pequeña y mediana industria. Se desplazó el trabajo que llevaban a cabo las clases medias en los países desarrollados a los países del tercer mundo en busca de una mano de obra barata que garantizaba mayor rentabilidad. Se deterioró la calidad de vida y el crecimiento acelerado de la prosperidad económica mundial hundió a la mediana burguesía en un estancamiento económico. Esto empezó a crear resentimientos que alentaron a los grupos minoritarios con capacidad de bloquear la acción colectiva democrática y de imponer su malestar egoísta como plataforma ideológica, como sucede con el actual sistema político norteamericano.

Coincido con Fukuyama cuando afirma que los grupos políticamente más desestabilizadores no son los pobres, "sino las clases medias que sienten que están perdiendo su estatus con respecto a otros grupos" (5). Alexis de Tocqueville recalcaba que la Revolución Francesa no la provocaron campesinos indigentes, sino una clase media en ascenso que de repente vio caer sus expectativas económicas y políticas. Si bien las revoluciones las ejecutan las clases bajas, estas son conducidas y motivadas por líderes de clase media instruidos. No olvidemos que Marx, Fidel Castro y Maximilien Robespierre, por citar tres ejemplos, venían de familias burguesas, terratenientes e ilustradas, y estudiaron leyes en las universidades más caras de sus respectivos países.

Es necesaria una distancia entre el Estado y el mercado, en eso estamos de acuerdo. Lo que sucedió es que el Estado perdió de vista el mercado, terminó cediendo sus demandas y trató de encubrir sus fechorías con programas sociales de contingencia que dispararon el gasto público y el populismo de izquierda. Este exceso de socialismo encubridor trajo su efecto contrario para la propia socialdemocracia, ya que fue una maniobra demagógica y desesperada que saturó de izquierdismo la base ideológica conservadora norteamericana, y prendió las alarmas macartistas.

En medio de estas pugnas, el inmigrante del que hablábamos al principio se consolida como un hombre más libre. Entiende que el liberalismo es el recipiente que aglutina todas estas libertades en una caja llamada democracia que garantiza la representatividad y la convivencia armoniosa de todas las ideologías conducidas y regidas por la disciplina moral y no por ningún sistema político o doctrina. Sabe que la Constitución y todo el aparato legislativo que la sustenta están vivos y siempre listos para salir al paso y resguardar ese sagrado binomio democracia-libertad. En esta relación democracia-libertad es donde reposa el crecimiento económico, que no es más que el corazón del capitalismo, ese corazón que hace grande a toda nación.

El inmigrante, después de años de convivencia en Estados Unidos, dejando atrás el comunismo, puede dar por sentadas las libertades que disfruta. Esto le permite pasar a un nuevo estadio de inquietudes y centrarse en otras nuevas preocupaciones. Ahora podrá enfocarse en analizar las potencialidades del capitalismo, que aún no florecen por culpa de las propias trabas y perjuicios del propio capitalismo.

El inmigrado ha comprendido que "si no eres parte de la solución... eres parte del problema". (6)

Las conclusiones del inmigrante

Si el liberalismo se acercara al estado del bienestar generalizado, ya no sería necesario reavivar el lastre socialista ni las inoperantes hegemonías sindicales ni el militantismo moscovita ni la vuelta trasnochada a la internacional socialista propuesta por los liberales desilusionados como Sanders o la trasnochada izquierda latinoamericana.

Por tanto, se ha producido una "derechización de la clase obrera" (1). El papel que juega Sanders es de rectificarle a los trabajadores de Estados Unidos el curso de sus demandas desde la tribuna de izquierda, arrebatarle a Trump esa clase obrera inconforme que lo apoya, reencauzar el origen de sus demandas hacia el marxismo y a través de la izquierdización del desencanto norteamericano. Ambos extremos son nefastos, y lo que menos necesitamos son extremismos.

Apuesto por un escenario que inyecte fórmulas de bienestar social que sirvan como contrapeso al neoliberalismo, reduciendo ese veneno que trae consigo el prefijo neo y conservando la pureza del concepto liberal. Considero que para lograr un liberalismo del bienestar no es necesario llegar a una democracia socialista al estilo del modelo danés de los setenta ni obligar al liberalismo a caminar con el socialismo y con la izquierda cogidos de la mano.

Recordemos que existe una disputa en el mundo democrático entre la libertad y el bienestar social. A veces el exceso de libertad no necesariamente genera "igualdad social". Hay otros casos de "igualdad social" que limitan las libertades individuales. Es por eso que muchas democracias liberales no logran el equilibrio entre libertad y bienestar social y dejan insatisfecha la libertad a los hombres libres.

Es ese capitalismo inconcluso que entonces apela a la ideología de izquierda (innecesariamente) en busca del equilibrio social que compense el desarrollo de las libertades individuales. Una vez más coincido con Francis Fukuyama cuando asevera que la solución estriba en el equilibrio que deben ejercer las democracias entre la libertad individual y la igualdad política.

Creo en el centrismo, en los valores liberales, en la libre competencia, en el individualismo emprendedor, en la rentabilidad autosuficiente y en la independencia necesaria del mercado del gobierno, pero también creo que ya es necesario un nuevo New Deal que contrarreste el desequilibrio socioeconómico que trae consigo la globalización que le dio paso al fortalecimiento de su otro extremo: el exceso de socialismo de izquierda en Estados Unidos.

No ayuda para nada atizar el fuego de los populismos de izquierda y de derecha, ni la obesidad del gobierno y la satanización de los ricos. Tampoco es bueno alimentar falsas expectativas sobre la igualdad social en las democracias. El sueño del igualitarismo es para la izquierda lo mismo que el sueño americano lo es para la derecha. Cada sistema cuenta con un sueño, y ambos sueños tienen en común propuestas populistas y promesas inconclusas.

No simpatizo con esa actitud de insurgencia de la izquierda demócrata norteamericana promovida desde el mismo Washington y su verticalismo moralista. Transitar por el camino del jacobinismo liberal no nos ayuda y lo único que incentiva es a que abandonemos el centrismo.

No confundamos la necesidad ética que tiene el neoliberalismo de ser barnizado con iniciativas de contrapeso sociales. No lo bernicemos con el jacobinismo socialista.

El liberalismo democrático, visto desde una perspectiva crítica, reconoce que necesita enmendar los desaciertos provocados por ellos mismos, por su propia marcha económica y por la avaricia engendrada en su carrera desmedida por alcanzar la rentabilidad máxima. Solo hay que revertir algunas leyes neoliberales para rescatar al liberalismo de la crisis que le trajo su alianza con el prefijo neo.

El New Deal, aplicado por un nuevo Roosevelt, se encargará de sanar las heridas que provocó la avaricia del mercado sin mordaza, sus burbujas inflacionarias, y por ende sus crisis. Esa es la labor de un Estado benefactor apoyado en una economía inteligente. La gente en el poder debe dejar de actuar, como hasta ahora lo ha hecho, para complacer a los mercados financieros.

El nuevo macartismo, en su histeria antisocialista, es capaz de satanizar cualquier fórmula interesada en promover el Estado de bienestar social dentro del capitalismo. Tratar de impulsar cualquier tipo de ideas socialistas en Estados Unidos es directamente proporcional a ser tildado de comunista. Pasas el filtro de ese simplismo macartista de moda que impone el discurso extremista de derecha en su intento desesperado por frenar el avance de las corrientes de izquierda en las filas políticas, en la intelectualidad norteamericana y en una parte de la sociedad contemporánea descontenta con un capitalismo incompleto.

El forcejeo político se vuelve un campo de batallas pasionales. Vemos involucionar el debate democrático cuando se recurre a un lenguaje de odio, acusaciones infundadas, cacería de brujas, ofensas públicas, coacciones, intimidaciones autoritarias, conductas irregulares para desprestigiar al contrincante y hasta el uso de listas negras o rojas contra personas sospechosas de posturas socialistas o de izquierda.

Es sabido que estas típicas reminiscencias macartistas son contrarias al espíritu de la primera enmienda de la constitución de Estados Unidos. Lo lamentable es que muchos de los propios emigrados del comunismo que se han acogido a dicha enmienda vuelven a reproducir la política de ojo por ojo en sus prácticas, en el lenguaje intolerante, en la burla, en las humillaciones y en el mismo revanchismo segregacionista del que fueron víctimas.

Es un error de la neoderecha de moda tildar de comunistas a los que apuestan por fórmulas de compensación social para lograr un capitalismo mejor y un Estado de bienestar dentro de la propia rentabilidad. Tal pareciera que el bienestar y la justicia social solo fueran patrimonio de las izquierdas y querer un mundo mejor te convierte automáticamente en comunista. No tienen en cuenta que estamos en un mundo postmoderno, donde todas las propuestas políticas reciclan y se prestan soluciones unas a otras. Es increíble cómo el populismo marxista y los regímenes comunistas han secuestrado el término bienestar socialista como suyo y lo han convertido en las banderas de su sueño socialista, un sueño contrincante con el sueño americano.

Tenemos que hacer entender que también el sueño americano no es solo individualista, y que la justicia social y el bienestar común tienen que formar parte de la retórica del liberalismo y de ese sueño americano. Debemos comprender que la construcción de un mundo mejor es un falso lema de las izquierdas, y que el bienestar social no es una marca registrada por el comunismo.

Conclusión: la convergencia histórica

Para mantener un equilibrio hegemónico, el gobierno mundial ha financiado organizaciones progresistas, no progresistas, líderes de todas las creencias, movimientos sociales antagónicos y sistemas políticos integrados por grupos o por individuos que funcionan como contrapesos sociales y persiguen la introducción de cambios en la sociedad desde diferentes puntos de vista.

El gobierno del mundo desde hace más de un siglo ha tratado de estimular mediante el apoyo financiero la interacción de diferentes fuerzas dentro de un campo social. Para estas elites, la mesa de billar es un equivalente de este campo de fuerzas sociales en el mundo en el que interactúan un número no preciso de esferas de colores distintos con rutas independientes, pero interconectadas, que interrelacionan por carambola. contradictorio, pero el *stablishment* necesita que existan estos pujantes grupos sociales, tendencias distintas y movimientos políticos, aunque algunos parezcan contrarios a sus objetivos y contrarios entre ellos mismos. La estrategia del juego depende de la ubicación de las esferas sobre la mesa para poder planear los disparos que provoquen que reboten entre sí y las acerquen a posiciones favorables.

Maurice Joly, en su libro *Diálogo en el infierno entre Maquiavelo y Montesquieu,* expone con claridad cómo juegan estas elites: "De cara al público, seremos amigos de todos. Apoyaremos a todos: anarquistas, comunistas, fascistas y particularmente a los obreros. Ganaremos su confianza y ellos se volverán así, para nosotros, un instrumento muy útil".

Para la elite de control, estos movimientos opuestos entran dentro de lo que la física llama "los campos unificados". Para ellos, la sociedad y el billar político es un campo unificado en el que la existencia de las fuerzas contrarias o esferas de colores distintos es necesaria y tiene fines de contrapeso muy concretos.

Para la físico-política y el billar, un campo no es más que el espacio y el tiempo que ocupan los cuerpos, las esferas, los individuos, los movimientos sociales o los sistemas políticos. Estos sistemas o cuerpos cuentan con un número finito de "grados de libertad" y depende de los desplazamientos de las esferas dentro de los límites de la mesa. El desplazamiento es muy importante, porque determina la dinámica del campo social y es la esencia del juego.

En la teoría de los "campos unificados", los espacios de libertad de los cuerpos están previstos por unas ecuaciones predeterminadas, por la posición de las bolas y el tipo de golpe que se le aplique para que interactúen entre sí por carambola. Estas ecuaciones diferenciales permiten medir el grado de libertad exacto que pueden gozar las partículas y a través del golpe se puede prever y accionar sobre los movimientos sociales, los individuos o los sistemas políticos. Generalmente estas libertades de movimiento coinciden con lo que se espera a nivel de estrategia.

Para entender las formas de control global (y por qué no, el billar) mediante la ayuda de las ciencias aplicadas, la física nos dice que existen, dentro de los tipos de campos, los sistemas llamados holónomos. Estos están diseñados para que coincidan los grados de libertad con las coordenadas creadas para definirlos y manejarlos.

La ingeniería físico-política reconoce como un sistema holónomo el proyecto global del nuevo orden mundial concebido como una partida de billar, ya que el número de grados de libertad controlable es igual a los grados totales de libertad creados y estos pueden ser medidos por métodos tecnológicos de manera muy precisa. Al estar trazados los mapas de libertad, se dejan correr muchas esferas de diferentes colores con destinos distintos que disipan la impresión de hegemonía y dan la sensación de que se desplazan libremente.

Si fuéramos una de esas esferas, creeríamos que actuamos libremente por tener un color diferente y porque nos movemos en un campo holónomo que supuestamente nos permite escoger nuestro recorrido dentro de los límites de la mesa o campo de acción. En estas zonas de falsa libertad, para los físicos, son campos holónomos. No olvidemos que el movimiento y la inter-acción entre las esferas se da por una fuerza o energía externa y responde a una estrategia del jugador. Para los políticos, estos campos se llaman democracias del billar.

Cuando militamos en tal o cual movimiento social o político nos sometemos con voluntariedad a ellos, pero dependemos del jugador. Al final, esa voluntariedad militante continúa siendo una forma de sometimiento de segunda mano, ya que estos movimientos, más que contrarios, suelen ser intermediarios en la escala de control que establece el gobierno mundial en su estrategia de carambola.

Todos los movimientos políticos, sociales, ecológicos o *wherever*, como la palabra lo indica, son movimientos. Al igual que las esferas de colores, se mueven hacia un punto. Generalmente su movida es hacia el futuro o, mejor dicho, hacia un mejor futuro, aunque para eso tengan que rebotar entre ellas. Una vez que inician su movimiento, es difícil saber con exactitud hacia dónde se dirigen realmente. A veces creemos que van a toda marcha hacia adelante y realmente retroceden. Otras veces, retrocediendo, sentimos que avanzan. En ocasiones depende del choque con las otras fuerzas para saber los destinos que toman.

No existe un movimiento revolucionario importante en los siglos xix y xx que no haya sido proyectado en estos campos holónomos o en una mesa de billar, y no existen movimientos en este campo en los que el nuevo orden no haya colaborado desde hace más de un siglo. El poder de manipulación de las elites de los campos holónomos sociales es tan antiguo como el billar y como estas propias elites.

Por ejemplo, concibieron la Primera Guerra Mundial como un juego de carambola para que los illuminatis pudieran derrocar a la monarquía rusa de los Romanov (1868-1918) e implantar el ateísmo comunista, apoyando a Lenin (1870-1924) desde las sombras. Fortalecieron el comunismo y la violencia bolchevique para expandirse, acaparar otros territorios, eliminar adversarios y debilitar las religiones.

Según Mónica Nita, la aristocracia bancaria financió el ascenso del comunismo en Rusia, China y Europa del Este. También colocó en el poder a Hitler (1889-"1945") y Mussolini (1883-1945), Stalin (1878-1953) y Roosevelt (1882-1945).

El ascenso de Hitler fue financiado por grandes corporaciones y bancos alemanes y norteamericanos como Siemens, Daimler Benz, Porche-Volkswagen, Ford, Coca Cola, Kodak, Standard Oil, IBM y Chase Bank.

Una vez instalado Hitler y logrados sus objetivos, continuaron jugando a carambola y apoyaron a los aliados para frenar el fascismo. La Segunda Guerra Mundial fue concebida para hacer desaparecer a Hitler como peligro para el poder del sionismo y lograr la posterior consolidación del Estado de Israel. Así lo aseguró Jacob Rothschild cuando afirmaba: "Financiamos a ambos bandos de cada guerra desde la época de Napoleón".

Cada revolución, movimiento social o incluso las ONG no han estado Soros. Detrás de ellos estuvieron reconocidos teóricos, ideólogos y las grandes chequeras de estas elites. Todas las revoluciones, las guerras y la sangre ofrecida al poder cabal han sido útiles para lograr un desgaste y la dispersión de las esferas de colores después de los rebotes y poder precipitar la llegada del Tercer Reich y alimentar a la bestia.

Si bien cada movimiento social, como ya vimos, tiende a desplazarse hacia un punto determinado como meta, tal cual sucede en el billar, ese punto vendría siendo su fin. Aquí la palabra fin puede tener dos significados: un objetivo a alcanzar y a la vez a un final.

En el momento en que este objetivo utópico se desvanece y se transforma en distopía, se aproxima a su final, tal como sucedió con el comunismo, el fascismo y sucederá con el separatismo vasco, el chavismo, los chalecos amarillos, el proyecto Greta Thunberg y el resto de las esferas que poco a poco irán desapareciendo del campo holónomo al caer en la cesta. Cuando ese fin se aproxima, solo se puede elegir entre colapsar o corregir el rumbo. Hitler, por ejemplo, optó por la primera, es decir, por caer en la cesta. El comunismo, después de su desplome como bloque hace treinta años, ha optado por la segunda, chocando y rebotando con los reductos aislados de lo fue la guerra fría.

Cuando el fin como finalidad desaparece y muta hacia otros fines, es lo que se llama la corrección de la ruta. En esta etapa se incorporan nuevas alianzas con otras ideologías y se apropian de partes de otros sistemas en uno mismo.

Los movimientos comunistas del siglo xx tuvieron como patrocinador a las mismas chequeras que hoy apuestan por el nuevo orden mundial, como ya hemos dicho. Para el gobierno del mundo era necesario que el comunismo fuera capaz de enfrentar a un sistema rival en la mesa de billar de la cual también ellos eran patrocinadores: el capitalismo.

Sabían que un capitalismo hegemónico sin controles y sin contrapeso era desastroso para el propio capitalismo, y así fue. Después del banderazo que la Thatcher (1925-2013) y Reagan (1911-2004) dieron al neoliberalismo en los años noventa, el capitalismo ha involucionado, invirtiendo el modo de generar riquezas sobre la base de la generación de crisis o falsas banderas.

Estaba previsto que del choque de estas dos esferas de colores distintos el supuesto vencedor no sería un vencedor real. Más bien se esperaba que de este conflicto se produjera el nacimiento de un tercer juego o movimiento apocalíptico e integrado denominado el nuevo orden mundial. La supuesta victoria del capitalismo sobre el comunismo fue pírrica. Como dijera Iván de la Nuez: el muro de Berlín terminó cayendo hacia ambos lados.

Se sabía que tanto el capitalismo como el comunismo eran sistemas finitos. En sus ADN portaban los genes autodestructivos. Fueron sistemas construidos con errores en su diseño original. Más tarde o más temprano requerirían de los ajustes y las adaptaciones, como también ha sucedido con Windows.

El comunismo no llegaría a la larga a buen puerto. El germen negativo estaba en su concepción fantasiosa y su incompatibilidad para la generación de riquezas que soportaran el inmenso costo del proyecto social. Su divorcio con el darwinismo lo convirtió en un sistema idealista enajenado de los intereses reales del hombre. Para sostenerse se vio obligado a convertirse en un estado permanentemente opresivo.

También era previsible que la versión neoliberal fuera el cáncer terminal del viejo capitalismo. La desregulación de los mercados era la eutanasia del sistema, ya que enfrentaría en su seno la codicia contra las virtudes del liberalismo democrático. Aquí el problema fue inverso: la prosperidad y la riqueza desplazó a la utopía capitalista. Se convirtió en un capitalismo incompleto, insatisfecho y alejado del sueño americano.

La covid-19, creada artificialmente por el poder del mundo como falsa bandera, fue diseñada para paralizar el funcionamiento de la economía con las medidas de aislamiento que infartaron el sistema de funcionamiento económico. Este colapso económico aumentó las desigualdades, el pánico, el descontento político, la distribución desigual de las riquezas. El Estado ha tenido que subvencionar lo social de manera emergente.

Todo ha sido un gran complot para acelerar la crisis social del neoliberalismo, catalizar el colapso definitivo del modelo conservador y poder acelerar la llegada del socialismo al estilo cubano, el sincrético socialismo cubano que ha sido resultado de la mezcla de dos grandes razas políticas: ha mutado de la coherencia comunista a la mixtura ideológica y del comunismo científico al keynesianismo. En su mezcla, transita hoy del relato comunista al socialismo capitalista-leninista de Estado.

En esta etapa de mestizaje ideológico no parece interesarle la coherencia, sino la supervivencia. La coherencia ya no es prioridad, lo que importa es la confluencia y el funcionalismo de doble moral. Lo político sigue repitiendo las consignas de la guerra fría del viejo relato comunista. La economía capitalista sigue las reglas del keynesianismo criollo. El discurso oficial sigue referenciando al leninismo y el pensamiento económico del Che Guevara, y por detrás aplica las leyes de Adam Smith (1723-1790) y Milton Friedman (1912-2006) en su sistema económico.

En Cuba coincide un modelo keynesiano-capitalista-leninista con el marxismo costumbrista concebido por Cirilo Villaverde (1812-1894). La conservación del control es el termómetro que determina qué se puede y qué no se puede. Giorgio Gucci, Louis Vuitton, Versace, Armani y Mont Blanc abrieron sus boutiques en La Habana. Después de las visitas de Madonna, dos Papas consecutivos, el concierto de sus majestades los Rolling Stones y la salida de Barack Obama "rápido y furioso" y todo sigue igual.

Fidel (1926-2016) murió sin ver este *nocaut* del viejo capitalismo, y Nixon (1913-1994) sin ver morir a Fidel. La bestia negra se paseaba por La Habana en un lluvioso 20 de marzo y Omara Portuondo le dedicaba en la Casa Blanca a Barack Obama el bolero "Lágrimas negras".

Un banco en Alemania ha emitido unas tarjetas de crédito temáticas con el rostro de Carlos Marx (1818-1883). Estas se han vuelto muy populares, incluso algunas personas han abierto cuentas en ese banco para obtener la *master card* con el rostro del filósofo germano. Ya es tarde para saber si Marx estaría feliz de ver su imagen en uno de los máximos emblemas del capitalismo.

Sigo el hilo con Marx: me llama la atención que para poder visitar su tumba en el cementerio Highgate en Londres hay que pagar cuatro euros, y la visita a la tumba de Adam Smith en Edimburgo es gratuita.

Tanto el capitalismo como el comunismo no respetaron a lo largo de su trayectoria los objetivos de partida. Después de décadas de desgaste, de sobrevivencia y de tregua, pueden llegar al perdón mutuo. Empiezan a pedirse prestado, tal y como estamos viendo.

La China comunista es hoy el centro del imperialismo comercial capitalista y el mayor financista del capitalismo norteamericano. El país más poderoso del mundo está seriamente endeudado con la mayor nación comunista.

La elite capitalista es acusada de izquierdista y la clase trabajadora pertenece a la derecha conservadora. En América del Norte gobierna hoy un caudillo autoritario, y en la Rumanía de Ceausescu (1918-1989) una democracia liberal. Resulta ser que naciones comunistas practican el darwinismo capitalista, y Jacob Rothschild impulsa la creación de un nuevo mundo más utópico. Mientras el socialismo se ha vuelto más pragmático, las cinco familias más ricas del mundo apuestan por un "nuevo hombre" y por un utópico NOM.

La retórica antiglobalista ya no es patrimonio de los *freekes* de izquierda ni de Greenpeace. La bandera ha pasado a manos del Tea Party conservador republicano.

Muchos liberales prefieren un gobierno de mano de hierro y Locke (1632-1704), Kant (1724-1804) y Rawls (1921-2002) han dejado de ser referentes. El modernismo político apuesta por el *great fighter*.

El senador Sanders, desde Vermont, con una pala chica intenta profanar la tumba de la Internacional Socialista, mientras los rusos invierten en el bitcoin.

David es amigo de Goliat, y los primeros miembros de la lista Forbes ya no leen *The economist,* ahora repasan los manuscritos de filosofía de Marx.

El peronismo norteamericano no se diferencia mucho del franquismo peronista. La patente del populismo ya no es propiedad exclusiva de los comunistas ni de los evangélicos.

Estas realidades invertidas son parte del trabalenguas ideológico que nos rodea. La posmodernidad se asemeja al efecto de un negativo fotográfico en el que todos los valores están invertidos. Lo que siempre fue blanco y negro, ahora es inverso, y la geopolítica parece un cuadro de Komar and Melamid.

Esto dibuja un mundo político contaminado por las paradojas, por el reciclaje de todo tipo de fórmulas políticas e ideológicas en franca convergencia en un gran todo aglutinador. Este mundo posmoderno, definitivamente, se ha convertido en un examen para el que no hemos estudiado.

La modernidad del siglo xx y la covid-19 resultaron ser un grupo de peldaños en la aceleración hacia una misma dirección. En esta convergencia arrastrarán al resto de los movimientos más pequeños con ilusiones de cambios.

Esa es la angustia actual de las izquierdas y las derechas, del capitalismo hegemónico y los reductos socialistas, de los comunistas y liberales, de los LGBT y los ecologistas, de las minorías raciales y las feministas, de los religiosos y los supremacistas, los transgénero y el antifascismo, los antiglobalistas y los globalistas.

¿A dónde vamos?: hacia la convergencia, la homologación de los sistemas, el mestizaje ideológico en el caso de los cubanos.

¿Por qué vamos hacia la convergencia? Nos dirigimos hacia la demolición controlada de un capitalismo tóxico y de un comunismo disfuncional, su sustitución por un nuevo capitalismo de mercado trasnacional y biotecnológico. Ambos no desaparecerán, solo serán reciclados por el tifón llamado nuevo orden mundial (NOM). Nos dirigimos entonces a la confluencia de las dos sociedades y sus derivados hacia una forma sociocultural mixta. Esta convergencia es producida por el desgaste de los grandes modelos anteriores, el balance que han hecho estos bajo el peso tanto de sus virtudes como de sus errores.

El siglo xx fue la gran arena en la que cada gladiador demostró sus virtudes y sus errores estratégicos. Estos desaciertos fueron poco a poco derivando sus verdades en distopismo. En su intento de supervivencia han agotado todas las opciones de renovarse que el sistema poseía. El pozo se ha secado, tanto para el socialismo como para el capitalismo, y después de exprimir las posibles salidas que le quedaban, están agotados. Su última oportunidad para renovarse ya no está dentro de las posibilidades del sistema, está afuera, y la solución para cada uno la posee el otro. Es hora de dejar las no sustanciales diferencias que los dividen, que entiendan que en la convergencia está su única salvación. Ambos han llegado fatigados al mismo punto, a la misma meta y a la misma conclusión. Al final, no hubo ni ganador ni vencedor, esto ha sido un empate técnico después de doce desgastantes rounds. La convergencia es la única salida que tenemos para dejar de vivir en un mundo de distopías.

El siglo xxi es el siglo *let it be,* en el que se rescatan las buenas y malas razones de cada uno en un campo de convergencia holónoma denominado *new order.*

El economista holandés Jan Tinbergen (1903-1994), en su folleto *Convergencia de los sistemas económicos del Este y del Oeste* (1968), pronosticó que esa convergencia se produciría "como consecuencia de la experiencia recogida por cada sociedad dentro del ámbito de su propio sistema y no como consecuencia del deseo de imitar al otro sistema". (1)

Una vez entrampados ambos sistemas en sus profundas crisis, era de esperarse la disminución gradual de la intensidad del conflicto. El debilitamiento de ambos contrincantes ha propiciado lo que era impensable: el acercamiento pragmático y la proliferación creciente de espacios de asimilación mutua y de convergencias entre los bloques que parecían antagónicos y que quedaron como sobrevivientes de la Segunda Guerra Mundial y la guerra fría.

Ya en la década de los sesenta se especulaba sobre la inevitabilidad de la convergencia comunismo-capitalismo. Varios analistas como Pitirim Sorokin (1869-1968), Raymond Aron (1905-1983) y Zbigniew Brzezinski (1928-2017) formularon la *teoría de la convergencia,* que sostenía que no obstante las grandes diferencias políticas y económicas y la animosidad entre las dos superpotencias, su desarrollo científico, tecnológico e industrial les conduciría hacia una creciente aproximación en sus sistemas de gobierno y de organización social, en el marco de una desideologización y despolitización entendidas no en el sentido de la muerte de las ideologías, sino de la superación de los dogmatismos.

En los años setenta, Walt W. Rostow (1916-2003) y otros políticos activaron las alarmas al percatarse de que en el capitalismo del bienestar occidental ya se aplicaban métodos de planificación estatal socialistas y algunas estrategias políticas de planificación y supervisión del mercado en pos del equilibrio social y la justicia.

La tradición socialista democrática de los países bajos y el auge de laborismo en Reino Unido avisaban sobre la posibilidad de un giro del capitalismo al progresivismo mixto con el socialismo positivo.

Ya con los primeros pasos de Deng Xiaoping (1904-1997) en el oriente comunista empezaba una inclinación del gran monstruo asiático-comunista a la economía de mercado. Ya hoy esta idea está más aceptada cuando vemos que los exsoviéticos viven en una sociedad de consumo masivo al mejor estilo de Occidente, que la Suecia del capitalismo socialista es la séptima economía del mundo y en la gran China comunista surge un millonario en dólares por semana bajo el concepto de "un país, dos sistemas".

Mediante la planificación matemática *(mathematical planning)* se preveía que los dos sistemas tenderían a aproximarse en cuanto a productividad, formación de los precios, planeación económica, atención a las demandas de los consumidores, seguridad social, modernización de los aparatos industriales y otros elementos de la economía, con lo cual era de esperar una disminución en la intensidad del conflicto entre el Este y el Oeste y entre el capitalismo y las reliquias de la guerra fría.

Hoy el comunismo no tiene otra meta que lograr su supervivencia dentro de la distopía, y para lograrlo necesita homologarse al capitalismo, cediendo dogmatismos. A regañadientes empieza un proceso promiscuo de intercambios que va contaminando al resto de las otras zonas hasta la convergencia.

La vulnerabilidad que ha sentido el capitalismo con el impacto de la falsa bandera de la covid-19 lo ha dejado en un grado de paralización y pánico insospechado. Esta sensación de fragilidad lo torna más autoritario y, por ende, se comporta más obsesivo con la implementación de los mecanismos de control biotecnológicos, en contra incluso de los principios libertad y respeto de la individualidad que siempre lo han distinguido. El aberrante chip-vacuna lo homologa con el totalitarismo despótico soviético, con los rezagos de estalinismo chino e incluso con los aberrantes métodos del fascismo.

La crisis de ambos sistemas los obliga a converger en el miedo. La convergencia del capitalismo con los métodos totalitarios de control en la zona del miedo constituye una involución y lo hace similar a los regímenes opresivos de las libertades, constituyendo una renuncia a todos los valores históricos por los que se luchó por siglos y que hicieron grande a América.

Es aquí uno de los puntos de convergencia del leninismo-capitalista que el gobierno del mundo nos propone como el nuevo orden.

La imperfección mutua los lleva a evolucionar hacia un mismo punto de convergencia a pesar de sus orígenes evolutivos diferentes. Se sustituye la identidad ideológica por el pragmatismo.

La rentabilidad social se descontamina de la influencia ideológica y las ideologías pasan a un plano no importante en la conducción del poder, como es el caso de las teologías, las religiones, el sexismo o las modas. Los problemas son dirimidos con alternativas funcionales no identificadas ideológicamente.

Con este enfoque funcionalista se anulan los ismos en un modelo práctico desideologizado.

El nuevo orden viene indicando que la ausencia del funcionalismo ha sido la causa del surgimiento de las aberraciones de ambos modelos políticos. Según Maurice Joly, dos ciegos no pueden gobernarse y alguien los debe guiar de la mano. Tanto el capitalismo como el socialismo ya tienen una cita en otro punto histórico: en la convergencia funcional que les propone el nuevo globalismo.

Un mundo bipolar o tripolar no es el nuevo orden que se busca. Es el mismo orden neoliberal anterior, pero menos fragmentado y concentrado en tres o cuatro bloques de poder importantes.

Un globalismo multipolarizado con varias concentraciones de poder es un mundo ideológicamente heterogéneo. Un mundo heterogéneo ideológicamente es un mundo lleno de fuentes de conflictos cíclicos, y eso es lo que no se quiere.

Cuando hablamos de polos nos referimos a grandes poderes en un espacio determinado como es en este caso el mundo. Cuando hablamos de polarización, entonces nos referimos a diferentes actores pertenecientes a uno de los polos en conflicto y pugna. Y cuando hablamos de una relación cooperativa, flexible y provechosa entre los polos estamos hablando de la convergencia de las diferencias de los polos homologadas en un punto.

La convergencia sería el fin de los liderazgos hegemónicos unilaterales, de los ismos, del policentrismo y de la multipolaridad. En fin, la convergencia nos traería un nuevo equilibrio de poderes que solo sería capaz de crear la convergencia. Ayudará a atenuar los restos de antagonismos heredados de la vieja guerra fría que todavía subsisten entre socialismo y capitalismo. Nos ayudaría en la búsqueda de consensos desde lo heterogéneo a lo homogéneo. La coincidencia de ambos polos en lo homogéneo puede contribuir a la disolución de los contornos de las viejas ideologías.

La existencia de un poder unificado compartido entre estos dos polos podría conducirnos a la convergencia de ambos en uno solo. Para lograrlo, el nuevo orden universal plantea que debe existir una forma de gobierno con principios y normas morales que puedan ser reconocidos por todos los miembros de la especie humana en cualquier situación, época y cultura. Para ello los modelos ideológicos en pugna, como el socialismo, el comunismo, el capitalismo neoliberal, los estados fundamentalistas o cualquier otra estructura étnica cerrada, constituyen un freno y un estorbo.

Los proglobalistas como James Rosenau (1924-2011) consideran que el mundo se ha convertido en algo demasiado complejo y dinámico como para que la independencia de un país por sí sola pueda satisfacer las necesidades y deseos de una nación aislada.

El nuevo orden mundial busca una gradual transformación de la forma de concebir el ejercicio de la política a nivel mundial. Buscan un mejor orden que supere a los que hasta ahora hemos conocido.

Ya vimos el lado blando y poético de la convergencia en el NOM. Ahora repasemos ahora su lado oscuro para estar claros de sus peligros. Para ese poder mundial financiero, la única manera de consolidar más riquezas es mediante la convergencia de todos los sistemas en un solo orden que les permita el control del mundo y de la raza humana. Es por ello que el nuevo orden llama al gran concilio relativista. Su convocatoria o su metalenguaje hacen hincapié en el llamado a un universalismo, un internacionalismo y una armonía de todos los puntos de vista en un todo.

Para este nuevo orden *consigliere*, es importante la implementación de una economía de dimensiones globales más global que la anterior, la instauración de nuevas relaciones de producción para poder expandir los límites de la acción. Se busca lograr un poder cuyos límites de acción sean las propias dimensiones del mundo. Un nuevo tipo de sociedad trasnacional que escape del central-nacionalismo, una forma de cooperación global mediante una distribución mundial del poder entre todos los países, para que todas estas fuerzas políticas y económicas estén correlacionadas.

Será un solo poder homologado el que dominará mediante la implementación de la microbiología, la nanotecnología, una sola forma de comercio, una ideología única, el transhumanismo, el dataísmo y la moneda virtual. En fin, puede ser el gran proyecto o también pueden convertirlo en la gran cárcel tecnológica o el regreso de un tipo de estalinismo digitalizado concebido por el *kommunisticheski* de Silicon Valley o por el Gafat, como un nuevo tipo de Tercer Reich.

Para lograr esta confluencia de fuerzas políticas no puede estar identificado con una ideología en específico. Aquí el socialismo y los capitalismos con sus viejas mañas quedan obsoletos. Su ideología se basa en una ideología de coexistencia y de cooperación entre diferentes actores de convicciones diferentes.

Nos dirigimos más temprano que tarde a la era de la homogenización política, de la homoideología, del homoeconomicismo, de lo homorreligioso, de la homogeopolítica y las homosexualidades. Nos dirigimos a la era de los vocablos compuestos y del doblepensar orwelliano. Nos dirigimos, en síntesis, a una etapa en las que las verdades serán inverosímiles y las mentiras serán verosímiles.

Será la culminación de la obra posmoderna: me refiero a la confluencia del capitalismo y el comunismo en el socialismo de mercado en un nuevo orden en el que las ganancias de privatizan y las deudas son un problema social. A la convergencia de todos los opuestos bajo la hegemonía del centrismo en un campo unificado.

La tecnología será el sustituto del partido de Orwell. Nosotros, los militantes tecnológicos, estaremos colimados todo el tiempo por el ojo del gran Mordor en una futura convergencia que puede ser muy gloriosa o puede ser la etapa de chip-dominación.

La convergencia será el verdadero "fin de la historia". Será realmente el fin de la concepción modernista de la historia, en la que las ideologías eran puras, rivales, antitéticas y no admitían las convergencias y el mestizaje político.

Las ideologías modernistas podían darse el lujo de ser puristas, porque se repartieron en partes iguales un trozo de la gran ideología universal del bienestar. Al fragmentar la gran concepción universalista y cada una representar una parte del todo pudieron alardear de tener un sello propio que no era más que una parte incompleta del todo. Es verdad que eran auténticas, pero también es una realidad que eran incompletas y en vez de representar el equilibrio o el bienestar total, solo se atrincheraron en la parte del bienestar que les tocó de la repartición.

Si la gran ideología del bienestar no hubiese sido fragmentada por la maldad de las elites financieras, si el mal no hubiera contaminado el gobierno del mundo, si los grandes capitales no hubiesen aplicado el principio de "divide y vencerás" y si el rumbo de la civilización no estuviera en manos de un poder satánico y plutócrata que pretende que los humanos lleguemos a un punto muerto de desgaste ideológico a causa de los constantes enfrentamientos entre cada parte defendiendo su porción como un todo, quizás nos hubiésemos ahorrado al menos una de las dos guerras mundiales, o guerras europeas como realmente fueron, para seguir la idea de Ernest Nolte (1923-2016).

Nos habríamos ahorrado el antisionismo fascista, el fin de la monarquía rusa, la distopía del comunismo, la guerra fría, el capitalismo tóxico salvaje, los Kennedy no habrían muerto, las torres gemelas seguirían siendo parte del paisaje de Nueva York, hubiera menos racismo, quizás tendríamos menos desigualdades, hubiera un solo partido universalista en Estados Unidos, Corea fuera una sola nación, no habría surgido el reguetón y otras secuelas también trágicas.

Quizás Marx hubiera escrito las bases de la ideología universal o no hubiera escrito nada. Stalin seguiría siendo un campesino, Hitler un predicador evangélico, Lenin un director de empresa, Mao el presidente de una cooperativa de arroceros, Fidel Castro un excelente abogado penalista, los Winsors tal vez sigan siendo así de antipáticos, Osama Bin Laden un jeque petrolero, el Che Guevara un reconocido cirujano, Freddy Mercury estaría de gira, Reagan hubiese hecho otras espantosas películas, Lennon hubiera conocido sus nietos, Martin Luther King seguiría soñando, y yo no estaría escribiendo esto.

Pero nada de esto pasó, no hay vuelta de página. Somos una raza imperfecta, y esas imperfecciones nos acompañarán a lo largo de una historia acosada por el mal, por lo oscuro, y esa oscuridad forma parte de nuestra naturaleza. A Darwin le faltó tiempo para completar su obra maestra final: el origen oscuro de las especies.

El pacto del poder cabal con el poder financiero es una mancuerna muy poderosa. El luciferismo como soporte filosófico del poder financiero ha sido capaz de redirigir las fuerzas naturales de la historia y ha impedido que las partes del rompecabezas hallen el acotejo final perdido.Lo que han hecho es incentivar los ismos, financiando el antagonismo constante entre los particularismos, porque en el gobierno universal donde todas las partes dispersas se reencuentren, la maldad no tiene un ministerio.

El "fin de la historia" no está en el agotamiento de esas partes incompletas en un momento histórico determinado. El real fin de la historia está en la conjunción de todas las partes en una convergencia, en un todo original en el que quede armado el rompecabezas inicial que fue fracturado y caotizado por la separación de cada parte.

Quizás pueda pecar del mismo ilusionismo inherente a toda utopía o quizás esto sea una distopía más igual a las que he cuestionado, pero que no se ha hecho y no se ha logrado. En la balanza pesan más elementos a favor que en contra para la formación de este nuevo orden universal al que vamos encaminados, inducido por la fatiga final de las utopías exhaustas o partes agotadas, demandando su acople con las otras para así terminar con los absolutismos y las medias verdades. Cada sistema o ismo no llegará a satisfacer el bienestar del hombre hasta que no se reencuentre con las otras partes que lo complementan.

El fin de la historia llegará con el agotamiento de los ismos, el fin de la historia llegará cuando estas pequeñas historias estén exhaustas. Será una realidad cuando llegue el fin de cada uno de estos pedazos de historia. Llegará con la convergencia y la plataforma conceptual para lograrlo. La tiene el posmodernismo cuando desacraliza, cuando es irrespetuoso y desmiente la falsedad de cada ismo recuperando de cada parte lo mejor para devolverlos a su posición original dentro del todo universalista.

Mientras más se enraíce el eclecticismo posmoderno estaremos más cerca de la convergencia y más cerca del fin del ciclo luciferino. Con el acoplamiento del socialismo con el capitalismo en el capitalismo-leninismo, unido al ecumenismo religioso en el nuevo orden, estaríamos uniendo la fe humanista cristiana, el bienestar social con la prosperidad económica. Sería un gran paso para completar al menos más de las tres cuartas partes del gran todo universalista.

Por tanto final de este largo viaje, me viene a la mente esta hermosa frase: "Soñé que sabía y sabía que soñaba". (3)

La convergencia histórica: versión corta

¿Cómo Fidel Castro, un lider de izquierda, puede ser
derechista y cómo un político de capitalista como
Barack Obama puede ser izquierdista?
Es sencillo: Fidel Castro era derecho
y Barack Obama es zurdo.

Bibliografía

Introducción. La revolución cubana: el Déjà vu del nuevo orden mundial

1-https://akifrases.com/frase/104629

2- *Las legendarias ideas de Albert Camus sobre la felicidad.* "Albert Camus: alcanzar la felicidad, beneficios de la tristeza, cómo ser feliz, qué te hace más feliz".

3-https://elfinanciero.com.mx/mundo/el-futuro-no-pertenece-a-los-globalistas-pertenece-a-los-patriotas-trump

4- Agencia EFE https://www.efe.com/efe/america/mundo/las-frases-de-la-74-asamblea-general-naciones-unidas/20000012-4076087)

5- Ibídem.

6- Ibídem.

7- Ibídem.

8- https://es.news-front.info/2020 / 02/06 / president-of-united-states-will-be-assassinated-if-he-opposes-the-deep-state/

9- Ibídem.

La era de Acuario

1- Aníbal Ernesto Fosbery. *The Catolic Culture,* EdtionsFasta, 2011. Https://www.astrologiadelser.com / miscellaneous-articles / age-of-aquarium-and-great-mutation-of-2020 /

Las revoluciones inevitables conllevan a los socialismos inevitables

1- Pablo Cazau. *La teoría del caos / Antroposmoderno.* Publicado el 10 de septiembre de 2019.

2- Ibídem.

3- Jose María Leyva. *Los herederos de Alí Babá,* La Tribuna, 2019.

La masonería: "El socialismo espiritual".

1-Jose María Caro Rodríguez. *El misterio de la masonería.*

2-Ibídem.

3-Ibídem.

4-Ibídem.

5-Ibídem.

6-Ibídem.

7-Ibídem.

8-Ibídem.

9-Ibídem.

10-https://www.ecured.cu/Historia_Masónica_en_Cuba.

11-https://www.todocuba.org/13-curiosidades-no-conocias-la-masoneria-cubana/

12-https://www.ecured.cu/Historia_Masónica_en_Cuba

13-Camila Acosta. "Masonería en Cuba: 160 años a destiempo" (II). Cubanet, 2019

14-Ibídem.

15-Camila Acosta. "Masonería en Cuba: 160 años a destiempo" (I). Cubanet, 2019.

16-José María Caro Rodríguez. *El misterio de la masonería.*

17-Ibídem.

18-Ibídem.

19-Ibídem.

20-Ibídem.

21-Ibídem.

22-Ibídem.

23-Ibídem.

24-Ibídem.

25-Ibídem.

26-Ibídem.

27-Ibídem.

28-Ibídem.

29-Ibídem.

30-.Oscar Barbosa Lizano. *Los masones: posibles constructores de la Cuba del siglo XXI.*

31-Ibídem.

32-José María Caro Rodríguez. *El misterio de la masonería.*

Los bolcheviques de shopping en la quinta avenida

1.Patrick Iber.El resurgimiento socialista en Estados Unidos. Tema Central.2019.

2.-Ibídem.

3.-Ibídem.

4.-Carlos Alberto Montaner. "¿Socialismo en Estados Unidos?". Infobae, 2019.

5-Bhaskar Sunkara: "Socialismo estadounidense y la 'izquierda de lo posible'". http://www.sinpermiso.info/textos/el-socialismo-estadounidense-y-la-izquierda-de-lo-posible-entrevista.09/06/2019.

5.-Ibídem.

7- Ernesto Linza Lata: "Putin: el socialismo 'siempre' lleva a la economía a 'un callejón sin salida'", cambio16.com., 23 de diciembre de 2018.

8- Ibídem.

9-https://es.panampost.com/editor/2015/06/23/cual-es-la-ideologia-del-papa-francisco/.

10- Richard Sennett. *La cultura del nuevo capitalismo*, Ediciones Anagrama, 2006.

El empobrecimiento como forma de dominio

1.-Ivana Costa. "El capitalismo del desastre". Entrevista a Naomi Klein. "Antroposmoderno", El Clarín, https://antroposmoderno.com/antro-version-imprimir.php?id_articulo=1145

2.-Keynes: "Los mercados pueden mantener su irracionalidad más tiempo del que tú puedes mantener tu solvencia".https://www.futuroafondo.com/es/educacion-financiera/SFB18-keynes-mercados-pueden-mantener-su-irracionalidad-mas-tiempo-del-que-tu-puedes.

El hombre nuevo y el nuevo hombre

1- Joel Medina. "El gran objetivo de la Iglesia cristiana es ser como Jesús". Iglesia sin Muro.

3.-Ibídem.

La doble moral y el doblepensar

1.-Moral comunista.http://www.filosofia.org/enc/ros/moral.htm

Lenin llegó a San Pedro

1.-"¿Cuál es la verdadera razón por la que Benedicto XVI renunció al pontificado?". *Religión*, 26 de diciembre de 2019.

2.-"Cardenal belga admite su papel en una 'mafia' para dirigir la Iglesia católica". Hispantv.

3.-Ibídem.

4.-El número de católicos en el mundo asciende a 1313 millones, un 1% más, pero disminuyen un 0,7% los sacerdotes. Europa Press, Roma, 6 de marzo.

5.-Gianni Valente. "Esperanza que espera entre los hombres hermanos". Entrevista al cardenal Godfried Danneels, revista *30 Días,* 2007.

6.-Ibídem.

7.-"Una nueva alianza mundial para erradicar la pobreza y transformar las economías a través del desarrollo sostenible", United Nations Publication, 2013.

8.-https://www.youtube.com/watch?v=P1nB7zC6xGQ

9.-Eugenio Scalfari. Papa Francisco: "Son los comunistas los que piensan como los cristianos", periódico *ABC*.

10.- Ibídem.

11.- Ibídem.

12.- Ibídem.

13.- Ibídem.

14.- Bonifacio de Cordoba. *El Observador,* 2018.

15.- Ibídem.

16.- Ibídem.

17.- Ibídem.

18- Ibídem.

18.- "Exespía de la Unión Soviética: Nosotros creamos la Teología de la Liberación", *Aciprensa,* 2015.

19.- Ibídem.

20.- Ibídem.

21.- Ibídem.

22.- Ibídem.

23.- Ibídem.

24.- Carrasco, E. "Heidegger y el cristianismo", Revista de Filosofía, Universidad de Chile (2004).

26 http://m.vatican.va/content/francescomobile/es/apost_exhortations/documents/Papa-francesco_esortazioneap_20131124_evangelii-gaudium.html

27- Obispo Munilla califica de "muy injusta" la película de Netflix "Los dos papas". Aciprensa.

28- Ibídem.

29- Marysel. "Socialista y teocrático el nuevo orden mundial". *Ley dominical.*

30- Ibídem.

El miedo como forma de dominación

1- Mónica Garrido. "El mundo después del coronavirus según Yuval Noah Harari". *Antroposmoderno,* 1ro. de abril de 2020.

2- Byung-Chul Han. *Sobre el poder,* Editorial Herder, 2017.

2.-Ibídem.

4- Francis Fukuyama. *Identidades. Las demandas de identidad y las políticas de resentimiento,* Ediciones Deusto, 2019.

5- Eduardo Infante. *Filosofía en la calle,* Editorial Ariel, 2019.

6- Patrick J. Deneen. *¿Por qué ha fracasado el liberalismo?,* Editorial Rialp.

Los comunistas en Goldman Sachs

1.-Ricardo Chirinos Bossio. *Socialismo y propiedad privada,* Aporrea.

2.-Ibídem.

3.-Herber Marcuse. "Los manuscritos económicos-filosóficos de Marx". http://bdigital.unal.edu.co/30295/1/29083-104457-1-PB.pdf

4.-Zbigniew Brzezinski, *TheTednotronic Era,* 1972.

5.-Deng Xiaoping. *Un país, dos sistemas,* Marxists Internet Archive, mayo de 2007.

6.-Ibídem.

7.-Ibídem.

8.-https://es.wikipedia.org/wiki/Un_país,_dos_sistemas

9.-"Supuesto excolaborador del Papa, exhibe a Evo". Portal Indice Político, 2019. https://indicepolitico.com/supuesto-ex-colaborador-del-papa-exhibe-a-evo/

10.- "Investigación: la multimillonaria cuenta secreta de Santos en el banco del Vaticano". El expediente.2019.https://elexpediente.co/investigacion-la-multimillonaria-cuenta-secreta-de-santos-en-el-banco-del-vaticano/

11.- Entrevista al diácono argentino Jorge Sonnante. "¿Hay cuentas de los expresidentes en el IOR del Vaticano? Juzguen ustedes". El Expediente.2019.https://elexpediente.co/entrevista-al-diaconoargentino-jorge-sonnante-hay-cuentas-de-los-expresidente-en-el-ior-del-vaticano-juzguen-ustedes/

12- María Puerto. *La voz de Galicia,* Internacional, 2018.

La crisis de los tulipanes

1- La clase media, esa gran desconocida que todos manosean.
La Vanguardia, Economía.

2- Byung-Chul Han. *La expulsión de lo distinto,* Editorial Herder, 2017.

Dentro de la revolución todo, contra la revolución nada

1.-Kemixon Reporter 2.0. Blog de la Biblioteca CID. Información sobre novedades y curiosidades.

2.-Erique Kirchman. El depravado mito De Las Estrellas Y La Cultura Del 'Casting Couch' En Hollywood.Revista Pantallas.2017 por el Diablo: 10 legendarios siervos de Satán.Manuel Jesús Palma. ABC.

3.-Ibídem.

4.-Ibídem.

5.-Ibídem.

6.-https://es.wikipedia.org/wiki/Me_Too_(movimiento)-

7.-Rafael Palacios. *The Murder of Music,* Mandala Editions, 2020.

8.-Ibídem.

9.-Ibídem.

10.- Ibídem.

11.- Ibídem.

12.- Ibídem.

13.- Ibídem.

14.- Ibídem.

La agenda socialista para el 2030

1-https://es.wikipedia.org/wiki/
Constituci%C3%B3n_de_la_Rep%C3%BAblica_Popular_China

2- Ibídem.

3.-Ibídem.

El Came y el eurocapitalismo leninista

1.-"Consejo de Ayuda Mutua Económica", *Mundo en crisis*. https://
sites.google.com/site/mundoencrisissxx/guerra-fria/consejo-de-ayuda-
mutua-economica

2.-Ibídem.

3.-"¿Cuáles son las principales organizaciones internacionales?". https://
www.libroderespuestas.com/cuales-son-las-principales-organizaciones-
internacionales/

Fidel Castro y el Windows 2.0

1.-Magdalena del Amo. "La identificación digital ID- 2020, el terrorífico
plan de Bill Gates para controlar la humanidad". https://
www.periodistadigital.com/politica/opinion/20200327/identificacion-
digital-id-2020-terrorifico-plan-diabolico-bill-gates-controlar-
humanidad-noticia-689404286249

2- Ibídem.

La cita del capitalismo y el socialismo en un lugar del posmodernismo

1- https://es.wikipedia.org/wiki/Arte_posmoderno

2.-Ibídem.

3.-Ibídem.

4- Ibídem.

El trumpismo leninismo y el marxismo inverso

4.-https://elpais.com/cultura/2019/01/29/actualidad/
1548784156_786812.html

5.-https://elpais.com/elpais/2019/01/05/opinion/
1546694357_917651.html
6.-Ibídem.

No es necesario ser comunista para querer un mundo mejor
1- Francis Fukuyama. *Identidades. Las demandas de identidad y las políticas de resentimiento,* Ediciones Deusto, 2019.
2- Ibídem.
3- Ibídem.
7.-Byung-Chul Han: "Al capitalismo no le gusta el silencio". https://www.bloghemia.com/2019/05/byung-chul-han-al-capitalismo-no-le.html
8.-Ibídem.
6- Pequeña recopilación de frases de Les Luthiers. http://benavent.org/bofh/luthiers.php.

Las conclusiones del inmigrante
1- Francis Fukuyama. Identidades. Las demandas de identidad y las políticas de resentimiento. Ediciones Deusto, 2019.

Conclusion: la convergencia histórica
1.-Rodrigo Borja. "Teoría de la convergencia", *Enciclopedia de la política,* 2019.
2.-Warren Buffett: "Hay lucha de clases y los ricos estamos ganando", *Rankia.* https://www.rankia.com/foros/economia/temas/1643555-warren-buffett-hay-lucha-clases-ricos-estamos-ganando.
3.-Monica Nita. *La bruja del amor y el yonki del dinero,* Letrame, 2019.